高等教育工程管理和工程造价专业系列教材

工程经济学

（第三版）

主　编　石振武　刘　洁
副主编　程有坤　李双欣　周晓冬
主　审　张国志

科学出版社
北　京

内 容 简 介

“工程经济学”是工程管理类专业所开设的专业课之一，它对培养工科专业学生的基本经济学素养和管理决策能力具有重要意义。本书是东北林业大学优秀研究生教材，根据实用型工程管理本科生和工程管理专业硕士生的培养要求，系统地介绍了工程经济学的基本原理和相关应用方法，主要内容包括工程经济分析的基本要素、现金流量与资金时间价值、工程项目经济评价的指标及方法、工程项目经济评价的不确定性分析、工程项目资金筹措与融资分析、工程项目的可行性研究与经济评价、设备更新的经济分析、价值工程、工程项目的预测与决策技术、经济评价案例等。本书针对课程思政的要求，结合专业课程的特点，从课程教学与思政育人目标、课程思政融入路径、课程学时安排与考核等方面对“工程经济学”课程的教学改革进行了有益的探讨。

本书可作为高等院校工程管理和工程造价专业硕士研究生、工程管理和土木工程相关专业本科生的教材，也可供各类工程技术人员学习参考。

图书在版编目（CIP）数据

工程经济学 / 石振武, 刘洁主编. -- 3 版. -- 北京 : 科学出版社, 2025. 6. -- (高等教育工程管理和工程造价专业系列教材). -- ISBN 978-7-03-080170-8

Ⅰ. F062.4

中国国家版本馆 CIP 数据核字第 2024JY5543 号

责任编辑：任锋娟 王 琳 / 责任校对：赵丽杰
责任印制：吕春珉 / 封面设计：东方人华平面设计部

科学出版社 出版
北京东黄城根北街 16 号
邮政编码：100717
http://www.sciencep.com
天津市新科印刷有限公司印刷
科学出版社发行 各地新华书店经销
*
2009 年 8 月第 一 版 2025 年 6 月第十三次印刷
2017 年 8 月第 二 版 开本：787×1092 1/16
2025 年 6 月第 三 版 印张：16 1/2
字数：385 000

定价：58.00 元

（如有印装质量问题，我社负责调换）
销售部电话 010-62136230 编辑部电话 010-62132460

第三版前言

工程管理硕士（master of engineering management，MEM）专业学位是为适应我国经济社会发展对高层次工程管理人才的迫切需求，完善专门人才培养体系，创新工程管理人才培养模式，提高工程管理人才培养质量而特别设置的专业学位。工程管理硕士的培养目标是培养具备良好的政治素质和职业道德，掌握系统的工程管理理论，以及相关工程领域的基础理论和专门知识，具有较强的计划、组织、指挥、协调、控制和决策能力，能够独立担负工程管理工作的高层次、应用型工程管理专业人才。本书力求在专业知识传授和能力培养的同时开展学生的价值引领与思想道德教育，实现专业课程教学与思想政治教育的有机融合。“工程经济学”是根据工程管理硕士专业学位领域研究生指导性培养方案，结合专业建设、课程建设和教学改革，以及学科的最新研究成果设置的专业主干课程。本书作为东北林业大学优秀研究生教材项目成果，在第二版的基础上简化了文字叙述，删减了重复内容，把工程项目财务评价、工程项目国民经济评价合并到工程项目可行性研究与经济评价中，增加了工程项目资金筹措与融资分析、工程项目的预测与决策技术、Excel 在等值计算及在经济评价指标计算中的应用，以及中俄黑河—布拉戈维申斯克界河公路大桥经济评价案例等内容。

本书由东北林业大学石振武、刘洁担任主编，黑龙江科技大学程有坤和东北林业大学李双欣、周晓冬担任副主编，东北林业大学管理科学与工程学科的王金茹、金玉凤、邓春瑶、朱镜蓉、毕爱琦、闫凤娟、史淑淑、张凌睿、王兴华、张超凡等研究生负责收集资料和书稿校对工作。具体编写分工如下：第 1 章由石振武编写，第 2、9 章由李双欣编写，第 3、7 章由周晓冬编写，第 4、5、6、10 章由刘洁编写，第 8 章由程有坤编写，第 11 章、附录由石振武、邓春瑶、史淑淑编写。全书由张国志教授审定。

在本书的编写过程中，编者参考了许多国内外有关教材、论著和研究成果，在此向有关作者表示感谢。

由于编者水平有限，书中不妥之处在所难免，恳请广大读者批评指正。

第一版前言

格兰特（Grant）撰写的现代工程经济学著作距今还不到百年，工程经济学的教学和研究就已经风靡全球。正像一位哲人所言，社会的需要比任何力量都要更强大地推动一门学科的发展。工程经济学源起于美国工程师惠灵顿（Wellington）。1887 年，惠灵顿发表了《铁路布局的经济理论》（*The Economic Theory of Railway Location*）一书，首次把成本分析方法应用于铁路最佳长度和路线曲率选择，突破了技术与经济两大学科互不相干的界限，为工程经济学的产生奠定了基础。一百多年来，特别是近几十年来，工程经济学作为一门学科不断发展，内容不断扩展，方法体系不断完善。随着现代科学技术的进步，市场竞争日趋激烈，产品与劳务必须同时具有技术优势和价格优势；工程项目规模越来越大、内部结构日趋复杂，人们的经验判断和简单评估已不足以解决工程项目的评价决策问题，任何一门单一的学科也不足以解决工程项目的决策问题，而只有把工程技术、经济理论、管理科学、计量方法等相关学科的成果有机地融合在一起，形成分析评价的方法体系才能满足现代经济活动的要求。

1992 年，邓小平同志提出“发展才是硬道理”的著名论断，为我国的发展赢得了宝贵的时间，使中国改革开放的巨轮驶上了正确的航程，从而解决了“要发展”的问题。20 多年以后，当我国的人均 GDP 已达到 1 800 美元时，我们需要也有能力深刻思考“如何发展”的问题——坚持科学发展就是我国今后的正确选择。这就要求我们在各项经济活动中，改变长期以来形成的高积累、高消耗、高增长的老路子，加强管理、降低消耗、维护环境、增加产品的科技含量。由此可见，当今时代比以往任何时候都更需要工程经济学。

应当指出，工程经济学中所说的“工程”是一个含义广泛的概念，不仅包括能形成实物资本的土木工程，而且包括任何一个可以评价的独立的技术方案。它所讲述的是采用何种方法对方案进行分析才能真正反映事物的本源，才能促进经济效益的提高。因此可见，不仅工程管理专业的学生需要学习工程经济学，所有将来从事管理、经济、技术工作的学生也都应具备一定的工程经济学知识。

近年来，有关工程经济学教材的编写、翻译、研究出现喜人局面，不同风格、不同体系的版本不断推向市场，这一方面反映了本学科社会需求的不断增加，另一方面也反映出我国工程经济学研究、教学队伍的壮大与水平的提高。本书是在广泛吸收国内外优秀教材、研究成果的基础上编写而成的。本书的编写力图突出两大特色：①在内容上坚持从实用出发，在讲清理论的基础上，重点讲述各种评价、分析方法及其综合应用，注重解决实际问题；②在体系上坚持完整性，不仅指内容的完整，包含一般教材中不涉及投资项目的国民经济评价、后评价等内容，还指适宜自学的完整性，即书中设置了小结、关键概念、思考与练习等，特别适宜读者自学和复习。

本书由武献华、石振武负责章节设计和总纂。具体的编写分工如下：武献华编写第一章，李伟编写第二章，马淑文编写第三章，宋维佳编写第四章，叶蔓编写第五章，郑晓云编写第六章，石振武编写第七章，陆书斋编写第八章，杨晓冬编写第九章，屈哲编写第十章，郑晓云编写第十一章。在本书的编写过程中，编者得到了东北财经大学、东北林业大学、哈尔滨工业大学、北京联合大学、浙江工商大学、昆明理工大学、科学出版社等单位的大力支持，得到了有关专家的指导，借鉴了相关的文献资料，在此一并致谢。

工程经济学这门学科还很年轻，还处在发展和完善的过程中，加之作者水平有限，书中不足之处在所难免，恳请读者提出宝贵意见。

目 录

第1章　绪　　论

【学习目标】

1）掌握工程经济学等概念；
2）熟悉工程经济学的研究对象与内容；
3）熟悉工程经济学的基本原则；
4）熟悉工程经济学的学科特点与研究方法；
5）了解工程经济学的产生与发展；
6）了解工程经济学的理论基础；
7）了解技术与经济的关系；
8）了解工程经济决策的难点和类型；
9）了解工程经济从业人员应具备的素质。

【关键概念】

工程经济学　工程经济决策　经济效益　机会成本　增量分析　边际成本

1.1　工程经济学概述

1.1.1　工程经济学的产生与发展及相关概念

1. 西方工程经济学的产生

工程经济学的产生至今已有100多年，其标志是1887年美国土木工程师惠灵顿出版的著作《铁路布局的经济理论》（*The Economic Theory of Railway Location*）。很显然，铁路线路的选择可以有多种方案，而且不同方案对铁路的建设费用、未来的运营费用和收益会产生很大的影响。于是，作为铁路工程师的惠灵顿首次将成本分析方法应用于选择铁路的最佳长度和路线的曲率，并提出了工程利息的概念，开创了工程领域中经济评价的先河。在其著作中，工程经济学被描述为“一门少花钱多办事的艺术”。

1920年，戈德曼（Godman）研究了工程结构的投资问题，并在著作《财务工程》（*Financial Engineering*）中提出了用复利来分析各方案的比较值的方法。实际上，工程师基本的职责之一是分析成本，以达到真正的经济性，即赢得最大可能数量的货币，“获得最佳财务效益”。

1930年，格兰特教授出版了《工程经济学原理》（*Principles of Engineering Economics*）一书，这是一本公认的学科代表著作，奠定了经典工程经济学的基础。在《工程经济学原理》一书中，作者指出了古典工程经济学的局限性，并以复利计算为基础，讨论了判别因子和短期投资评价的重要性，以及长期资本投资的一般比较。格兰特教授的许多贡献获得了社会认可，被称为“工程经济学之父”。

当今盛行的现金流量贴现法和投资分配限额原理，在一定程度上源于迪安（Dean）。1951 年，迪安指出，“时间具有经济价值，所以近期的货币要比远期的货币更有价值”。1978 年，布西（Bussey）在其著作《工业投资项目的经济分析》（*Economic Analysis of Industrial Investment Projects*）中，对工程项目的资金筹集、经济评价、优化决策及项目的风险和不确定性分析等进行了较为全面的总结。1982 年，里格斯（Riggs）出版的《工程经济学》（*Engineering Economics*），系统地阐述了工程经济学的内容，具有观点新颖、内容丰富、论述严谨的特点，把工程经济学的学科水平向前推进了一大步。书中写道：“工程师的传统工作是把科学家的发现转变为有用的产品。”如今，工程师不仅要提出新颖的技术发明，还要能够对其实施的结果进行熟练的财务评价。

2. 我国工程经济学的发展

我国对于工程经济学的研究和应用起步于 20 世纪 50 年代。“一五”时期，在学习苏联工程经济论证方法的基础上，将重点投资项目进行的经济评价作为投资决策的依据。之后，于光远、孙冶方建立了技术经济学。但总体而言，在 20 世纪 80 年代以前，我国对发展工程经济的重视受政治因素的影响较大，时有起落。

20 世纪 80 年代之后，我国工程经济学的发展才步入正轨。随着改革开放的深入发展，传统计划经济不讲核算、不讲效益的观点被逐渐摒弃，工程项目的成本核算中开始出现折现现金流量的概念。1984 年 3 月 3 日，国务院发文明确规定，所有新建、扩建的大中型项目及所有利用外资进行的基本建设项目，都必须有可行性研究报告。同年，交通部组织编制了《运输船舶技术经济论证名词术语》（JT 0013—1985），其中已经出现了工程经济学的若干基本概念。1987 年，国家计划委员会（以下简称国家计委）发布了《建设项目经济评价方法与参数》，初步确定了我国建设工程项目经济评价的原则和方法体系。之后根据我国社会主义市场经济环境的需要，相继于 1993 年和 2006 年进行了修订。

20 世纪 90 年代以来，（技术）经济分析论证工作普遍在经济建设中展开，工程经济学的原理和方法在经济建设中的宏观和微观项目评价中得到广泛应用。国内对工程经济学学科的体系、理论和方法、性质与对象的研究也十分活跃。随着有关工程经济的投资理论、项目评价等著作和文章的大量出现，逐步形成了有体系的、符合我国国情的工程经济学。工程管理专业是教育部 1998 年后颁布的《普通高等学校本科专业目录》中设置的一个新专业，“工程经济学”作为工程管理专业主干课程被列入专业课目录中。国务院也成立了工程经济中心，全国形成了一支庞大的工程经济工作者队伍，为工程经济学的发展和应用奠定了基础，并在吸收、借鉴国外先进经验的基础上建立了较为完善的工程经济学学科体系。

2006 年，《建设项目经济评价方法与参数》（第三版）的出版不但为提高我国经济评价工作质量提供了有力保证，也持续推动了工程经济学在我国的应用与发展。随着经济的腾飞，大型工程项目的显著增加，工程经济学的理论与方法在我国得到了广泛的普及与实践。2023 年，国家发展和改革委员会（以下简称国家发展改革委）发布了《政府投资项目可行性研究报告编写通用大纲（2023 年版）》、《企业投资项目可行性研究报告编写参考大纲（2023 年版）》和《关于投资项目可行性研究报告编写大纲的说明（2023 年版）》。2023 年 5 月，国家发展改革委对新版投资项目可行性研究报告编写大纲解读进行了宣贯，贯彻新发展理念和促进高质量发展的新要求——增加了绿色低碳发展、安全发展、数字化发展等研究内容，增加影响效果分析。如今，在复杂又密切联系着的现代工业、公共部门和政府之中，成本和价值的分析比以往更为细致、广泛（如工人的安全、环境影响、消费者保护）。缺少这些分析，整个项目极易成为一种收益不大的负担。因此，工程经济学家把工程经济学作为为工程师创立的一门独立的经济学科。

3. 工程、经济、技术与工程经济学

一般意义上，工程是指把自然科学的原理应用到工农业生产部门中而形成的各学科的总称。工程也指投入较多的人力、物力来完成的工作，如“211”工程、“菜篮子”工程等。

本书中的工程是指土木建筑或其他生产制造部门使用比较庞大且复杂的设备来进行的工作，如土木工程、机械工程、化学工程、水利工程等，也常指具体的建设项目和各种项目建设方案。

近现代，对于“经济”一词的含义有以下表述：①指经济关系或经济制度，如马克思主义政治经济学中的经济的含义；②一个国家国民经济部门或总体的简称，如国民经济、农业经济中的经济的含义；③指物质资料的生产，以及与其相适应的交换、分配、消费等生产和再生产活动，如工业经济学中研究的经济的含义；④指节约、精打细算之意，也指对资源的有效利用和节约，如工程经济学中研究的经济的含义。“经济”一词的多种含义视其使用范围不同而异，但在一定场合下使用，其含义是确定的。

技术是指人类在认识自然和改造自然中根据生产实际经验和自然科学原理而形成的有关生产劳动的经验、知识、技巧等。在人类物质生产、交换活动中，技术和经济是始终并存、不可分割的两个方面，两者相互促进又相互制约。任何一项新技术一定要受到经济发展水平的制约和影响，而技术的进步又促进了经济的发展，是经济发展的动力和条件。技术与经济的这种特性使它们之间有着紧密而不可分割的联系，它们之间这种相互促进、相互制约的联系使任何工程的实施和技术的应用不仅是技术问题，更是经济问题。一项工程被接受需具备两个条件：一是技术上可行，二是经济上合理。

工程经济学的产生原因是解决从经济角度对技术方案的选择问题，这也是工程经济学区别于其他经济学的显著标志。

工程经济学是工程学与经济学的交叉学科，是研究工程技术实践活动的经济效果的学科，即以工程项目为主体，以技术-经济系统为核心，研究如何有效利用资源及提高经济效益的科学。

1.1.2 工程经济学的研究对象

人们在进行工程项目决策时，通常会考虑以下问题。

1）为什么建设这个工程项目？（是否可以执行另外的工程建设项目？是否应当扩大或缩小规模？现行标准和施工流程是否需要修正？）

2）应当在何时建设这个工程项目？（生产能力是否能够及时满足预期的需要？投资的费用及其他条件是否有利于工程目前的开展？）

3）为什么选择这种方案建设这个工程项目？（是否存在其他可行方案？哪种方案具有最佳经济效益？）

上述是工程项目中通常遇到的一些问题，工程经济学的研究对象就是解决这类问题的方案和途径，即针对各种工程项目（或投资项目）考虑是否建设、何时建设、怎样建设，其核心是工程项目的经济性分析。这里所说的项目是指投入一定资源的计划、规划或方案，具有相对独立功能的，可以进行分析和评价的单位。其含义相当广泛，可以是一个拟建的工厂、车间，一项技术革新或改造计划，设备或设备某部件的更换方案，也可以是一项规模宏大的水利工程或交通设施工程等。通常，一个项目需要有独立的功能和明确的费用投入。

总的来说，工程经济学的研究内容就是工程项目技术、经济分析的一般方法，即研究采用何种方法、建立何种方法体系，才能正确估计工程项目的有效性，才能寻求到技术与经济的最佳结合点。工程经济学的研究对象是具体的工程项目，不仅指固定资产建造和购置活动中具有独立设计方案、能够独立发挥功能的工程整体，更包括投入一定资源的计划、规划和方案并可以进行分析和评价的独立单位。

1.1.3　工程经济学的理论基础

工程经济学的理论基础包括经济学、财务学和会计学、数学、管理学。

1. 经济学

有关的经济学理论有资源配置理论、机会成本理论、经济效益理论等。

经济学是研究如何分配有限的资源来满足人们的需求的科学。人们拥有的资源（人、财、物、时间、信息等）总是有限的，而人们对物质文化产品的需求是无限的。怎样用有限的资源去满足人们日益增长的需求，始终是经济学研究的中心课题。

对一个企业或组织而言，在特定的时期内能够使用的资源是有限的，要进行一项技术改造、引进一种先进工艺及其设备、改建或扩建某一生产项目，都是在资源限制的范围内开展的。如何优化资金配置是一个复杂的过程，它涉及对技术方案的比较选择及对不同投资方案的评估，所有这些决策都凸显了资源的稀缺性，进而迫使人们采取节约资源的措施。在决策过程中，需要权衡各种备选方案，并选择那些能使人们从有限的资源中获得最大回报的具体分配方案。

经济学实际上与选择问题有关——当有限的资源与人们的需求冲突时，就会迫使人们做出抉择。例如，政府用财政资金修建污水处理厂就不能进行道路、医院建设；企业用积累的发展基金购买新设备就不能购买土地进行厂房扩建等。机会成本（opportunity cost）又称“择机代价”，是一种假定性成本，用于在经营决策中评估被选择方案的价值。它是以未被选择的方案所放弃的利益来衡量的。换句话说，采纳某一方案的机会成本，就是放弃另一方案所带来的潜在利益。

在工程经济分析中，我们强调的节约并非意味着完全放弃一个项目而投资另一个项目，而是在同等条件和技术水平下，力求投资更少，或收益更多。

经济效益（economic benefit）是指人们在经济活动中所获得的经济成果与资源消耗总量的比较。有的学者将经济效益定义为所得与所耗、投入与产出、有效成果与消耗总量的对比关系。该指标反映了经济活动在补偿全部消耗后的剩余与投入资源的相对关系，是评估资源利用效率的重要指标。

2. 财务学和会计学

有关的财务学和会计学理论有资金的时间价值（time value of money）、财务报表

（financial statements）、长期投资决策等。

资金的时间价值指作为资金的一笔货币，在循环周转过程中，随时间向前（向后）推移产生的增值（或减值）。资金的时间价值是资金运动的基本规律，社会的生产过程也就是资金运动过程。资金作为一种重要的生产要素，理应从生产经营过程所创造的新的财富中取得回报，这就是资金增值的由来。在各种技术方案、技术项目、工程项目中，资金投入的数量不同，资金投入的时间不同，资金占用的时间不同，资金增值必然不同。要正确地评价技术方案的经济效益，就必须计算资金的时间价值。因此，资金时间价值理论为工程经济分析奠定了基础。

工程经济分析时需要运用财务报表，如现金流量表、投资估算表、成本费用估算表、资产负债表等，会计学的理论与方法是进行技术项目、工程项目财务评价与国民经济评价的必备知识。没有这些理论与方法，项目可行性研究的经济评价将无法完成。

资本预算决策、现金流量分析技术、资本预算的风险分析等长期投资决策理论也为工程经济分析提供了理论基础。因为有的技术方案、工程项目的实施就是一个长期投资的过程，所以系统地分析它们的经济效益是工程经济学的重要内容之一。

3. 数学

有关的数学理论与方法有概率论、代数方法等。

工程经济分析中数量化的方法是主要的分析手段。代数方法的应用必不可少，如资金的时间价值计算、各方案的经济效益计算等。此外，对项目进行不确定性分析、风险分析时还需要使用概率论的方法。因此，数学理论也是工程经济学的重要理论基础。

4. 管理学

有关的管理学理论有决策理论、社会比较理论等。

决策理论：第二次世界大战以后发展起来的系统理论、运筹学、计算机科学等综合运用于管理决策问题，形成的一门有关决策过程、准则、类型及方法的较完整的理论体系。

社会比较理论：美国社会心理学家利昂·费斯汀格（Leon Festinger）在1954年提出来的构想，指每个个体在缺乏客观条件的情况下，利用他人作为比较的尺度来进行自我评价的方法。

综上所述，工程经济分析的目的是为企业、事业单位和政府部门工作中的每一个工程项目（技术方案）的行动路线提供指导。决策是从思维到做出决定的过程，工程经济分析正是这一过程。通过工程经济分析，帮助上述组织的工程技术人员、管理人员提高决策的科学性。因此，管理学的决策理论无疑是工程经济学的理论基础。决策理论的创始人赫伯特·西蒙（Herbert Simon）指出“管理的重心在于经营，经营的重心在于决策，决策的重心在于方案的比较与选优”。这说明了决策在企业和社会经济活动中的重要性，也强调了方案比较对正确决策的重要性。

1.1.4 工程经济学的基本原则

1. 资金的时间价值原则

工程经济学中的基本概念是资金具有时间价值。由于现在获得的资金可以用来赚取利息，所以对于同一笔资金来说，越早获得越好。这是工程经济分析、评价的基础。

2. 机会成本原则

机会成本是指做出一种选择后放弃的机会中可能获得的最大效益。假设有一笔资金，投资者可以选择把它存进银行或投入企业运营中，假设选择投入企业运营中，那么这笔资金的储蓄利息就是把资金投入企业运营中的机会成本。

3. 增量分析原则

增量分析符合人们对不同事物进行选择的思维逻辑，经济分析必须以备选方案之间的差异为基础，方案之间的相同之处与决策无关（表 1.1）。在进行比较时，应从增量角度进行分析，即考察增加投资的方案是否是值得的，从而将两个方案的比较简化为单个方案的评价问题，决策的目标是最佳地利用有限的资源。做出一个选择势必要有所舍弃，一项选择的机会成本就是所放弃的最佳选择的价值。

表 1.1 设备购买和租赁方案比较 单位：美元

方案	每月燃料费	每月维护费	初始费用	月偿还	第三年年末残值
购买	760	550	7 400	370	9 000
租赁	760	550	2 200	550	

无论如何决策，在燃料和维护上的花费相同，因此是决策中的不相关项

增量分析项

4. 边际收益大于边际成本原则

有效的决策需要比较备选方案的增量成本和增量效益。每个备选方案都必须先确定其自身的经济价值是可行的，然后与其他方案进行比较。任何有意义的经济活动都应符合基本的经济原则，即边际收益必须大于边际成本。其中，边际收益指每增加一单位活动所增加的收益，边际成本指每增加一单位活动所增加的成本。

5. 风险与收益相匹配原则

额外的风险需要额外的收益进行补偿。投资任何项目都存在不同程度的风险（表 1.2），因此必须考虑方案的风险和不确定性。如果不能获得弥补风险的收益，那么投资者会提前购买他们所需的商品，或将资金投入可以获取充足回报的其他资产。

表 1.2 风险和收益权衡（股票、债券与储蓄存款的对比）

投资类别	潜在风险	预期收益率/%
股票（股权）	高	11.5
债券（债权）	中	4.8
储蓄存款（现金）	低或无	1.5

上述原则是基本的理论准则，提供了工程经济分析的基本逻辑。我们在工程项目中所做的经济分析均以这些原则为基础。

1.2 工程经济学的学科特点和研究方法

1.2.1 工程经济学的学科特点

工程经济学是工程技术与经济核算相结合的学科，是自然科学、社会科学密切交融的综合科学，是一门与生产建设、经济发展有着直接联系的应用性学科，它具有以下5个显著特点。

1. 综合性

工程经济学是一门综合性的学科，涉及经济、技术、管理等多个领域，需要综合运用多种知识。工程经济学是在经济学理论基础上发展起来的学科，因此它具有很强的理论基础和实践基础。工程技术的经济问题往往是多目标、多因素的，它所研究的内容既包括技术因素、经济因素，又包括社会因素与生态环境因素等。

2. 应用性

工程经济学是一门应用学科，它是以研究方法论为主的学科，主要研究经济效果的计算、分析、评价方法。工程经济学与生产实践有密切的联系，它的资料数据来源于实践，它的研究成果有待于实践检验。工程经济学所研究的方法广泛用于规划、设计、施工、生产等各个环节中。

3. 定量性

定量性是工程经济分析的一大特点。对一项技术实践进行综合评价时，需要采用定量分析与定性分析相结合的方法，但主要是以定量分析为主。定量分析的结果可为定性分析提供科学的依据。如果不进行定量分析，那么各种技术方案的经济性无法进行比较和选优。

4. 比较性

工程经济分析是指通过经济效果的比较，从多个可行的技术方案中选择最优方案或最满意方案。

5. 预测性

工程经济学主要是对未来要实施的技术方案、技术措施进行事先的论证。因为技术论证在先，所以很多数据要依靠预测得到。因为工程经济学具有预测性，论证结果与实际情况可能相符，也可能不相符，所以就要对某些不确定性因素（如价格、投资、成本等对经济效果产生影响的因素）进行综合的、科学的分析，以做出正确的决策。

1.2.2 工程经济学的研究方法

工程经济学以工程技术为背景，将经济学、财务学的理论相融合，形成了独特的理论知识体系，以解决工程技术实践中大量出现的技术方案的决策问题。常用的工程经济学的研究方法有以下4种。

1. 方案比较方法

方案比较方法是贯穿于工程经济学始终的基本方法。任何一项技术项目，如技术开发项目、工艺改进项目、设备更新项目或技术改造项目，都存在替代方案；企业要实现技术进步的目的，总有不同的技术路径、技术措施；工程项目投资也有不同的生产方案。因此，通过方案的比较与选择，才能找到最优的解决方法，从而提高项目决策的科学性。

2. 动态分析方法

工程经济学要运用动态分析方法，主要包括两个方面的内容：一是必须考虑工程项目使用资金的时间价值，即强调项目的投入资金与产出收益必须用复利法计算才能真实地反映项目的价值；二是要考虑工程项目发展过程中环境条件的变化。因此，经济分析中的投入与产出的动态计算是主要内容。要针对未来市场环境和价格的变化来预测工程项目的效益和可能面临的风险，从而做出科学的工程项目投资决策。

3. 定性与定量结合的方法

工程经济学既要运用定量方法进行工程项目的经济评价、项目不确定性分析、项目财务评价与国民经济评价、设备更新的经济分析等，又要运用定性方法对项目评价、项目可行性研究中的资源评价、建设规模与产品方案、实施进度、无形效果等非经济效果内容进行分析研究。由此可见，定性分析与定量分析是工程经济学不可或缺的两种工具。

4. 系统分析方法

系统分析方法是运用系统理论来研究工程经济问题的方法。首先，需要树立整体观念，把技术项目、工程项目看成一个由多个子系统组成的独立、完整的系统，各子系统之间既相互独立又相互联系。这与工程项目由许多子项目组成相似，如一个企业技术改造项目，包含若干子项目（生产工艺、机械设备、控制系统、测试检验、车间布置、土建工程等），子项目有各自的使用功能，所有子项目使用功能的聚合才能成为技术改造后的生产系统，各子项目的工作可视为实现技术改造项目总目标的手段或过程。其次，若要将技术项目、工程项目系统视为一个开放的系统，则需要明确它与外界（社会环境）的密切关系。项目的外部社会环境给项目提供技术资源、物质资源、劳动力资源、信息资源等。只有重视项目与社会环境之间物质、能量、信息的交换，才能保证项目系统具有活力，在资源有限的约束条件下，更好地实现项目目标。最后，评价技术项目、工程项目时，不仅要分析项目自身的投资效益，而且要评价其产生的社会效益（包括对生态环境的影响），从而实现项目与人文、社会、自然、环境的和谐发展。特大型建设项目对区域经济影响的评价就必须采用系统分析方法，才能得出科学的结论。

1.3 工程经济决策与从业人员的素质

微观决策包括企业根据市场确定产量，进行人、财、物的合理分配；消费者根据自己的有限收入决定其对各种商品的需求量。人们将与工程项目相关的经济决策称为工程经济决策（engineering economic decisions）。

1.3.1 工程经济决策的难点

在生产建设过程中，决策问题涉及各个细节。工程经济决策的任务是能正确地认识和处理工程技术和经济之间的关系，包括最佳关系和协调关系。例如，如何在保证技术方案先进性和可靠性的前提下，最大化经济效益是一个重要的难点。在购置固定资产（设备等）时，需要估计资产在使用期间会产生的利润。换言之，资产支出决策建立在未来预期的基础上。

企业对资产需求的不合理预估可能会引发严重的后果。具体而言，若企业对某项资产过度投资，将会造成不必要的财务负担。相反，若对固定资产的投入不足，则可能因设备陈旧而无法高效生产。这种情况不仅会降低生产效率，还可能导致企业失去市场份额。为了重新赢得失去的客户，企业可能需要投入巨大的营销费用，或通过降价、改进产品等方式来吸引客户，而这些措施的实施成本同样高昂。

1.3.2 工程经济决策的一般类型

工程经济决策有助于管理者抓住问题的关键，并帮助公司排除在现有的公司资源条件下不可行的方案。对于一项工程项目，其投资规模越大，所需要的分析就越详细。例如，旨在提高现有产品产量或控制和优化生产新产品的支出，需要详细的经济分析。新产品的生产和营销决策通常属于较高级别的决策，而维修决策属于较低级别的决策。工程经济决策有以下5种。

（1）设备或工艺选择决策

设备或工艺选择决策旨在从多个满足项目需求的方案中挑选出最优方案。例如，选择购买设备时，人们通常会选择成本最低或投资回报率最高的方案；在制定制造工艺时，则需要兼顾技术上的可行性和经济上的效益性。

（2）设备更新决策

设备更新是指采用结构先进、技术完善、效率高且耗能少的新设备，来替换那些已经无法或不宜继续使用的陈旧设备。设备更新投资主要是针对老旧或损坏设备的必要替换支出。

（3）新产品或产品扩展决策

新产品或产品扩展决策是企业在利用现有剩余生产能力开发新产品时，从多个备选的新品种中选择一个最优品种的决策。这类决策属于互斥方案的决策，通常需要综合考虑市场潜力、技术可行性、经济效益、风险评估及资源配置等因素。

（4）成本节省决策

成本节省决策在工程经济学中占据重要地位，它要求在保证项目质量和性能的前提下，通过优化设计、施工方法、材料选择和运营管理等手段，实现成本的最小化。节省成本的途径有以下几种：①在设计阶段利用价值工程和功能分析，识别并消除不必要的功能，以减少材料使用和生产成本；②选择合适的供应商和采购策略，如批量采购或签订长期合同，以降低材料成本；③采用节能设备、实施预防性维护和有效的资产管理，以降低长期运营成本等。

（5）质量或服务改善决策

质量改善决策依赖于有效的管理信息系统，以准确、全面地反映企业的绩效。做质量改善决策时，需要根据销售、生产、财务、法律法规及客户反馈等方面的信息，提出质量改善的备选项目，并从中选择经济效果明显、风险较小且企业有能力实施的质量项目。

服务改善决策需要从影响服务品质的相关因素出发，通过一系列措施来提升服务品质，降低客户流失率，进而增强企业效益和竞争优势。

1.3.3　工程经济从业人员应具备的素质

工程经济学是研究项目在技术和管理上取得最佳经济效果的一门学科。工程经济学是现代工程项目管理人员必备的基础知识。在我国建设领域的执业资格考试中，工程经济学是一门必考的基础课。随着科学技术的发展，新兴交叉学科不断涌现，工程经济学在更高层次上走向综合化和整体化。现代工程项目的纯技术工作、经济工作已不存在。参与项目建设的人员都应具备技术、经济及管理的综合能力。工程经济学的理论和方法具有很强的综合性、实用性、系统性和预测性。为有效地对工程项目进行经济分析，工程经济从业人员应主要具备以下基本素质。

（1）遵守法律的意识

严格遵守国家和有关部门制定的各项政策、法律法规，遵守职业操守，将工程管理理论与工程经济学原理紧密结合，不断减少工程项目与投资目标的偏差。

（2）实事求是的作风

工程经济从业人员应实事求是，遵守诚实、守信、客观、公正的原则，保证评价结果经得起时间和实践的检验。

（3）市场调查的方法

工程经济从业人员要了解社会需求及需求的变化规律，能够通过社会调查完成工程项目的可行性工作；熟悉工程项目资金的筹措方式及合理调整资金结构的技巧。

（4）科学预测的能力

工程经济分析具有很强的预测性，工程经济从业人员应掌握科学的预测方法，尽可能对未来的发展情况做出准确的估计和推测，提高决策的科学化水平。

典 型 案 例

1. 一期工程立项

中国科学技术馆，简称中国科技馆。

1958 年，中国科技馆开始筹建，称为“中央科学馆”。

1979年2月21日，国家计委批准兴建中国科技馆，并成立了筹建委员会。

1983年，茅以升等科学家提出加速实施中国科技馆建设的提案，得到国家领导人的支持。

1984年11月21日，一期工程破土动工。一期工程总建筑面积2万平方米，主要由综合业务楼、一期展厅和穹幕影厅组成，于1988年9月22日正式对社会开放。

2. 二期工程立项

1995年3月，全国人大代表和政协委员提出完成中国科技馆主体工程建设的建议和提案。

1996年11月，国家计委批准中国科技馆在一期工程的基础上扩建4.5万平方米的总体规划方案，工程分为二、三两期实施。

二期工程新展厅于1998年2月24日破土动工，1999年9月17日竣工，并于2000年4月29日正式对社会开放。二期工程建筑面积达2.3万平方米，用于展示现代科学技术、中国古代科技成就等。

3. 三期工程（新馆工程）立项

2001年10月，中国科学技术协会与北京市发展计划委员会比较三个方案后，决定采纳异地新建方案。

2002年6月12日，确定在奥林匹克公园内建设新馆，建设规模12万平方米，基建投资12亿元。

2005年4月1日，国家发展改革委下达《国家发展改革委关于中国科技馆新馆项目建议书的批复》，新馆项目正式立项。批复总建筑面积控制在10.2万平方米左右，总投资按10.9亿元控制。

新馆于2006年5月9日奠基，2009年9月16日正式建成开放。新馆总建筑面积10.2万平方米，其中展览面积4万平方米，展教面积4.88万平方米。

本章小结

工程经济学作为“一门少花钱多办事的艺术”，历经100多年的发展，如今同工业、交通运输业、建筑业等都存在着密切的联系。在项目投资决策分析、项目评估管理中，工程经济学的原理和方法得到广泛应用。工程经济学是一门应用性经济学科。本章对工程经济学的产生与发展进行了梳理，特别对我国工程经济学的发展过程进行了描述，对工程经济学中的工程、经济、技术与工程经济学等基本概念进行了界定，对工程经济学的研究对象、理论基础、学科特点和研究方法进行了阐述，对工程经济决策及工程经济从业人员应具备的素质进行了说明。

思考与练习

1．什么是工程经济学？其研究对象与内容是什么？
2．技术与经济两者之间的关系如何？
3．工程经济分析的基本原则是什么？
4．工程经济决策通常分为哪几类？
5．工程经济学常用的研究方法有哪些？
6．工程经济从业人员应具备哪些素质？

第 2 章　工程经济分析的基本要素

【学习目标】

1）掌握建筑安装工程费的构成及相关概念；
2）熟悉销售收入的计算方法；
3）理解利润与税金的关系；
4）了解成本与费用的概念区别和联系；
5）掌握总成本费用的构成和计算方法；
6）熟悉折旧与摊销的概念及计算；
7）了解工程项目投资的构成；
8）熟悉设备及工器具购置费的构成和计算方法。

【关键概念】

工程项目投资　建筑安装工程费　流动资金　成本　费用　总成本费用　生产成本　期间费用　销售收入　经营成本　沉没成本　机会成本　固定资产折旧　无形资产　利润　税金

2.1　工程项目投资及构成

投资的概念有广义和狭义之分。广义上，投资是指人们进行的有目的的经济活动，通过将一定的资源（如资金、时间、精力等）投入某个项目或计划，以期获得所期望的报酬或收益。这种经济活动旨在完成工程项目建设并达到生产条件或使用要求，或者实现其他预定的生产经营目标。在广义的投资中，工程项目投资特指为了完成特定工程项目，在整个建设期内（从筹建开始到项目全部竣工投产为止）计划或实际投入的费用总和。狭义的投资主要指的是在社会经济活动中，为实现某种预定的生产经营目标而预先垫付的资金。这通常涉及资金的直接投入和流动，以支持某项业务或项目的开展，并期望在未来获得经济回报。投资是一种涉及资源分配和预期回报的经济活动，其广义和狭义的定义分别涵盖了更广泛的经济活动和具体的资金投入行为。

2.1.1　工程项目投资的分类

（1）按用途分类

工程项目投资按用途分类，可分为生产性投资和非生产性投资两大类。其中，生产性投资主要是指直接将资金用于物质生产领域的投资，如工业企业的建设、制造业企业的扩张等，它们的主要目的是增加生产能力、提高生产效率，从而创造更多的物质财富。非生产性投资，则是指资金不直接用于物质生产，而是用于满足人们的精神文化需求或为生产建设提供间接服务的投资，如国防建设、科学技术研发、城市基础设施建设及文化教育事业发展等。这些投资的目的在于提升社会整体福祉、优化生活环境，以及为物质生产提供必要的支撑和保障。无论哪种投资，所投入的资金既可以是现金，也可以是人力、技术或其他资源。

（2）按建设性质分类

工程项目投资按建设性质分类，可分为新建项目投资、改建项目投资、扩建项目投资，以及恢复项目投资和迁建项目投资。这种分类有助于投资者、项目管理者和政策制定者更准确地理解和规划投资活动，以实现预期的社会效益和经济效益。这种分类反映了投资项目在物质生产建设中的不同角色和目的。新建项目投资涉及全新的设施建设，改建项目投资关注对现有设施的改造升级，扩建项目投资则是在现有基础上进行规模的扩大。同时，恢复项目投资涉及受损或废弃设施的恢复重建，而迁建项目投资则涉及设施的搬迁和重建。

（3）按形成的资产类型分类

工程项目投资按形成的资产类型分类，可分为固定资产投资、流动资产投资、无形资产投资和其他资产投资。这种分类方式有助于投资者和项目管理者明确投资方向和资金用途，确保资金的有效利用和项目的顺利推进。固定资产投资涉及购买和建造长期使用的固定资产，如机器设备、建筑物等；流动资产投资包括用于购买原材料、库存商品等短期使用的资产；无形资产投资则包括专利、商标等非物质形态的资产；其他资产投资则涵盖了除固定资产、流动资产、无形资产外的投资，如特准储备资产、长期待摊费用等。

2.1.2　工程项目投资的构成

工程项目生产性投资包括两个主要部分：一是建设期的建设投资，这涉及购置设备、建设厂房等固定资产的投入；二是用于生产运营的流动资金，这部分资金用于保障项目投产后日常的生产和运营活动，如购买原材料、支付员工工资等。

1）建设投资是一个综合性的过程，涉及多个方面的费用组成。它主要包括工程费用、工程建设其他费用、预备费及建设期利息。

① 工程费用是建设投资的核心部分，涵盖了设备及工器具购置费和建筑安装工程费。

a. 设备及工器具购置费是工程项目投资中的重要组成部分，它是根据具体的设计文件要求，由委托单位购置或自制符合固定资产标准的设备，以及新建、扩建项目所需的首套工器具和生产家具的费用。这笔费用可详细划分为设备原价、工器具原价及相关的运杂费。在工程项目生产性投资中，设备及工器具的投资不仅反映了其他部门创造的价值向工程项目的转移，还体现了生产技术的进步和资本结构的优化。当设备及工器具投资在整个项目投资中的比重增加时，通常意味着采用了更先进的技术和更高效的生产方式，这对于工程项目的长期效益和资本结构的优化具有积极的影响。

b. 建筑安装工程费指建设单位在建筑和安装领域所投入的资金，主要包含建筑工程费和安装工程费两大部分。建筑工程费涵盖了建设工程范围内所有建筑物、构筑物的建设费用，涉及场地平整、道路铺设、室外管道安装及大型土石方工程等。安装工程费则是指对于主要生产、辅助生产和公用工程等单项工程所需的机械设备、电气设备、专用设备和仪器仪表等设备的安装及其配件工程所需的费用，同时也包括工艺、供热、供水等管道、配件、闸门及供电外线的安装工程费用。

② 工程建设其他费用是指除建筑工程费和安装工程费外，为确保工程顺利进行并在

交付后正常运行，项目投资方需支付的费用。这些费用分为 3 类：第一类是土地使用费，涵盖土地征用补偿、迁移费及土地使用权出让金；第二类是项目建设相关费用，如建设管理、可行性研究、勘察设计及研究试验等费用；第三类是与未来企业运营相关的费用，如联合试运转、生产准备及办公和生活家具购置等费用。

③ 预备费是考虑建设过程中可能出现的风险因素而导致的建设费用增加的这部分费用，主要包括基本预备费和涨价预备费两部分。基本预备费是指在建设过程中因天气或地质条件等不可预见的因素发生而增加的费用，通常按照工程费用的百分比计提。涨价预备费是指在建设期间因物价上涨而增加的费用。

④ 建设期利息是建设投资中的一项重要支出，它反映了资金在建设期间所产生的利息费用。这部分利息支出是投资者为了筹集建设资金而需要支付的成本，也是项目建设过程中不可或缺的一部分。

2）流动资金是指为保证生产性工程项目的生产和经营的正常运行，按照相关规定列入工程项目投资的一部分流动资金。

工程项目投资的构成如表 2.1 所示。

表 2.1　工程项目投资的构成

<table>
<tr><th colspan="4">费用项目名称</th></tr>
<tr><td rowspan="22">工程项目投资</td><td rowspan="21">建设投资</td><td rowspan="2">工程费用</td><td>设备及工器具购置费</td></tr>
<tr><td>建筑安装工程费</td></tr>
<tr><td rowspan="16">工程建设其他费用</td><td>土地使用费</td></tr>
<tr><td>建设管理费</td></tr>
<tr><td>可行性研究费</td></tr>
<tr><td>研究试验费</td></tr>
<tr><td>勘察设计费</td></tr>
<tr><td>建设单位临时设施费</td></tr>
<tr><td>环境影响评价费</td></tr>
<tr><td>劳动安全卫生评价费</td></tr>
<tr><td>场地准备及临时设施费</td></tr>
<tr><td>引进技术及进口设备相关费用</td></tr>
<tr><td>工程保险费</td></tr>
<tr><td>特殊设备安全监督检验费</td></tr>
<tr><td>市政公用设施建设及绿化补偿费</td></tr>
<tr><td>联合试运转费</td></tr>
<tr><td>生产准备费</td></tr>
<tr><td>办公和生活家具购置费</td></tr>
<tr><td rowspan="2">预备费</td><td>基本预备费</td></tr>
<tr><td>涨价预备费</td></tr>
<tr><td colspan="2">建设期利息</td></tr>
<tr><td colspan="3">流动资金</td></tr>
</table>

2.1.3　设备及工器具购置费用

设备及工器具购置费可以分为两个主要组成部分：设备购置费、工器具及生产家具购置费。

1. 设备购置费

设备购置费是指为建设项目购置或自制的达到固定资产标准的各种国产或进口设备、工具、器具的费用。设备购置费由设备原价加上设备运杂费组成，其计算公式为

$$设备购置费=设备原价+设备运杂费 \tag{2.1}$$

式中，设备原价——国产设备或进口设备的原价；

设备运杂费——设备原价未包括的包装和包装材料费、采购费及仓库保管费、运输费、供销部门手续费、装卸费等。

（1）国产设备原价

国产设备原价通常是指购买国产设备时与供应商或制造商所签订的订货合同价，或者是设备制造商直接提供的交货价。为了确定这一原价，通常会参考供应商或生产厂家的报价、询价或合同价，有时也会采用特定的计算方法进行估算。根据设备的种类，国产设备的原价可进一步细分为国产标准设备原价和国产非标准设备原价。

1）国产标准设备是指依据国家相关主管部门颁布的标准图纸和技术标准，由我国设备生产厂家批量生产的，符合国家质量检测标准的设备。国产标准设备原价通常指设备生产厂家的交货价或出厂价。因为国产标准设备在市场上存在较为完善的交易体系，所以可以通过查询相关市场的交易价格，或者直接向设备生产厂家咨询来获取其出厂价（或交货价）。若设备存在包含备件和不包含备件的两种出厂价，那么设备原价通常以包含备件的出厂价为准。若购买的是由供应商提供的成套设备，那么设备原价以订货合同中的价格为准。

2）国产非标准设备指因缺乏国家相关主管部门颁布的标准图纸和技术标准，无法进行批量生产，需要依据特定的设计图纸，按照每次的订货量进行单独制造的设备。在确定国产非标准设备原价时，可以采用多种计算方法，如按系列设备插入估算法、成本估算法及分布组合定额估价法等。这些方法的共同目标是使计算出的设备原价尽可能接近其出厂价，同时要求计算方法简单易行。成本估算法因其直观性和实用性，常被用作国产非标准设备原价估算的首选方法。按成本估算法计算国产非标准设备原价时，其组成及计算公式如表 2.2 所示。

表 2.2　按成本估算法计算国产非标准设备原价时其组成及计算公式

序号	项目	计算公式
（1）	材料费	材料费=材料净重×(1+加工损耗系数)×每吨材料综合价
（2）	加工费	加工费=设备总质量（吨）×设备每吨加工费
（3）	辅助材料费	辅助材料费＝设备总质量×辅助材料费指标
（4）	专用工具费	（1）～（3）项之和乘以专用工具费率
（5）	废品损失费	（1）～（4）项之和乘以废品损失费率
（6）	外购配套件费	按设备设计图纸所列的外购配套件的名称、型号、规格、数量、质量，根据相应的价格加运杂费

续表

序号	项目	计算公式
（7）	包装费	（1）～（6）项之和乘以包装费率
（8）	利润	（1）～（5）项加（7）项之和乘以利润率
（9）	税金	增值税=当期销项税额-进项税额 当期销项税额=销售额×适用增值税税率[销售额为（1）～（8）项之和]
（10）	非标准设备设计费	按国家规定的设计费收费标准计算
合计	单台非标准设备原价={(材料费+加工费+辅助材料费)×(1+专用工具费率)×(1+废品损失费率)+外购配套件费]×(1+包装费率)-外购配套件费}×(1+利润率)+销项税额+非标准设备设计费+外购配套件费	

【例 2.1】 某公司为了提高生产效率，计划购买一台定制化的机械设备。该设备的生产厂家提供了以下费用信息：设备的基本价格为 30 万元，每吨加工费用为 5 000 元，设备总质量为 8 吨；辅助材料费为 5 000 元，进口增值税税额为 4 万元。此外，根据合同，该设备还需支付设计费用、安装费用、运输费用和保险费用，分别为 8 万元、6 万元、10 万元和 3 万元。专用工具费率为 3%，废品损失费率为 15%，外购配套件费为 12 万元，包装费率为 2%，利润率为 12%，增值税税率为 13%。请计算该定制机械设备的原价。

解： 加工费=8×0.5=4（万元）。

专用工具费=(30+4)×3%=1.02（万元）。

废品损失费=(30+4+1.02)×15%=5.253（万元）。

包装费=(30+4+1.02+5.253+12)×2%≈1.045（万元）。

利润=(30+4+1.02+5.253+12+1.045)×12%≈6.398（万元）。

销项税额=(30+4+1.02+5.253+12+1.045+6.398)×13%≈7.763（万元）。

该国产非标准设备的原价=30+4+1.02+5.253+12+1.045+6.398+8+6+10+3+4+7.763=98.479（万元）。

（2）进口设备原价

进口设备原价通常指设备到达买方边境、车站或港口并完成所有相关手续和税费支付后的抵岸价。这一价格由进口设备的到岸价（cost insurance and freight，CIF）和一系列进口从属费用组成。到岸价是指设备在到达买方边境、车站或港口之前的价格，它不包括后续的费用。进口从属费用则涵盖了进口关税、银行财务费、进口增值税、外贸手续费、消费税等。特别地，对于进口车辆，除上述费用外，还需额外缴纳车辆购置税。

1）进口设备交货方式。进口设备交货方式按其交货地点的不同，可分为内陆交货方式、目的地交货方式和装运港交货方式。

① 内陆交货方式指买卖双方在设备出口国的内陆某一指定地点完成设备交接的方式。在此地点，买方需要按照合同规定的时间和方式支付货款，接收货物，并自行负责办理相关的出口手续和装运工作。此外，一旦买方接收货物，他们即需承担之后所有相关的费用和风险。卖方有责任在约定的时间内交付合同规定的货物，并提供相关的凭证。卖方需要承担在交货之前的一切费用和风险。交货完成后，货物的所有权即从卖方转移至买方。

② 目的地交货方式指买卖双方在设备进口国的内陆或港口进行货物交接的方式，包括目的港船上交货（delivered ex ship，DES）、目的港船边交货（free alongside ship，FAS）、

目的港码头交货（delivered ex quay，DEQ，关税已付）及完税后交货（delivered duty paid，DDP，进口国目的地的指定地点）等交货形式。该类交货方式的特点是，买卖双方的责任、费用和风险以合同中约定的目的地交货点为界限进行划分。一旦卖方在交货点将货物置于买方的控制之下，货物的所有权就转移给买方，此时卖方才有权向买方收取货款。卖方在该类交货方式中需要承担较大的风险，因此在国际进口设备交易中，卖方均不太愿意选择这类交货方式。

③ 装运港交货方式指买卖双方在出口国的装运港完成货物交接的方式。这种方式是我国进口设备采用较多的一种方式，它有 3 种交货价，分别是装运港船上交货（free on board，FOB），对应离岸价；运费在内（cost and freight，C&F），又称 CFR 或 CNF；运费、保险在内（cost insurance and freight，CIF），对应到岸价。在此种交货方式中，卖方需按照合同规定在出口国的装运港交货，并在货物装船后，提供相应的货运单据，此时货物的所有权即从卖方转移至买方，同时卖方也有权凭单据向买方收取货款。当采用 FOB 交货方式时，买方负责派船接运货物，卖方应在合同规定的装运港和规定的期限内将货物装上买方指定的船只，并及时通知买方。货物在装船时越过船舷，风险即由卖方转移至买方。当采用 C&F 交货方式时，卖方必须支付把货物运至指定目的港所需的开支和运费，但从货物交至船上甲板后，货物的风险灭失或损坏及发生事故后造成的额外开支，在货物越过指定港的船舷后，就由卖方转由买方承担，另外要求卖方办理货物的出口结关手续。当采用 CIF 交货方式时，货价的构成因素中包括从装运港至约定目的港的通常运费和约定的保险费，因此卖方除具有与 C&F 交货方式的相同义务外，还要为买方办理货运保险。

2）进口设备抵岸价的构成与计算。进口设备抵岸价是指抵达买方边境港口或边境车站且支付完关税以后的价格，其构成及计算公式如表 2.3 所示。

表 2.3　进口设备抵岸价的构成及计算公式

序号	项目	计算公式
（1）	货价	装运港船上交货价（FOB）
（2）	国际运费	国际运费（海、陆、空）=（1）×运费率 国际运费（海、陆、空）= 运量×单位运价
（3）	运输保险费	$\dfrac{\text{原币货价}+\text{国际运费}}{1-\text{保险费率}}\times\text{保险费率}$
（4）	银行财务费	银行财务费=（1）×银行财务费率
（5）	外贸手续费	外贸手续费=[（1）+（2）+（3）]×外贸手续费率（一般取 1.5%）。 其中，（1）+（2）+（3）为到岸价（CIF）
（6）	关税	关税=到岸价（CIF）×进口关税税率
（7）	增值税	进口产品增值税税额=组成计税价格×增值税税率 组成计税价格=关税完税价格+关税+消费税
（8）	消费税	$\dfrac{\text{到岸价}+\text{关税}}{1-\text{消费税税率}}\times\text{消费税税率}$
（9）	海关监管手续费	海关监管手续费=到岸价×海关监管手续费率（一般为 0.3%）
（10）	车辆购置附加费	(到岸价+关税+消费税＋增值税)×进口车辆购置附加费率
合计		进口设备抵岸价=货价（FOB）+国际运费+运输保险费+银行财务费+外贸手续费+关税+增值税+消费税+海关监管手续费+车辆购置附加费

【例 2.2】 某公司从国外引进一批高端机器人设备，FOB 价为 1 000 万美元，设备总质量为 500 吨。国际运费标准为每吨 300 美元，海上运输保险费率为 1%，银行财务费率为 1.5%，外贸手续费率为 3%，关税税率为 30%，增值税税率为 13%，消费税税率为 20%，银行外汇牌价为 1 美元=7.092 5 元人民币，求该机器人设备的原价。

解：进口设备 FOB 价：$1\,000 \times 10^4 \times 7.092\,5 = 7\,092.5$（万元）。

国际运费：$300 \times 500 \times 7.092\,5 \approx 106.39$（万元）。

海运保险费：$[(7\,092.5+106.39)/(1-1\%)] \times 1\% \approx 72.72$（万元）。

到岸价：$7\,092.5+106.39+72.72=7\,271.61$（万元）。

银行财务费：$7\,271.61 \times 1.5\% \approx 109.07$（万元）。

外贸手续费：$7\,271.61 \times 3\% \approx 218.15$（万元）。

关税：$7\,271.61 \times 30\% \approx 2\,181.48$（万元）。

消费税：$[(7\,271.61+2\,181.48)/(1-20\%)] \times 20\% \approx 2\,363.27$（万元）。

增值税：$(7\,271.61+2\,181.48+2\,363.27) \times 13\% \approx 1\,536.13$（万元）。

进口设备原价：$7\,271.61+109.07+218.15+2\,181.48+2\,363.27+1\,536.13=13\,679.71$（万元）。

因此，该机器人设备的原价为 13 679.71 万元人民币。

（3）设备运杂费

设备运杂费涵盖了从设备采购地点（国产设备的来源地或进口设备的到岸港）到项目建设工地仓库或指定堆放地点的全过程中涉及的采购、运输、装卸、保管和运输保险等费用。这些费用具体包括：运费和装卸费、包装费、设备供销部门的手续费，以及采购与仓库保管费。对于运费和装卸费，根据设备种类的不同，国产设备的费用是指从制造厂交货地点到项目建设工地仓库或指定堆放地点的运输和装卸成本；进口设备的费用则是指从国内到岸港口或车站到建设工地仓库或指定堆放地点的运输和装卸成本。包装费是指为确保设备在运输过程中的安全而进行的包装所产生的费用，这部分费用并未计入设备的原价。设备供销部门的手续费则是根据相关部门规定的统一费率来计算的。采购与仓库保管费涉及设备的采购、保管、收发和验收等多个环节，包括相关人员的工资、工资附加费、差旅交通费、办公费，以及设备供应部门办公和仓库所占用的固定资产使用费、劳动保护费、工具用具使用费、检验试验费等。

设备运杂费的计算公式为

$$设备运杂费=设备原价\times设备运杂费率 \tag{2.2}$$

2. 工器具及生产家具购置费

工器具及生产家具购置费是指新建或扩建项目初步设计规定的，为保证项目初期时正常生产，所必须购置但又没有达到固定资产标准的设备、工卡模具、仪器、器具、生产家具和备品备件等的购置费。其计算公式为

$$工器具及生产家具购置费=设备购置费\times定额费率 \tag{2.3}$$

2.1.4 建筑安装工程费

建筑安装工程费是指为完成工程项目建造、生产性设备及配套工程安装所需的费用。但该费用不包括在安装工程中被安装的设备价值。我国现行建筑安装工程费用可划分为两种不同的组成形式，按费用的构成要素划分，建筑安装工程费用可划分为人工费、材料（包

括工程设备）费、施工机具使用费、企业管理费、利润、规费和税金；按工程造价的形成划分，建筑安装工程费用可划分为分部分项工程费、措施项目费、其他项目费、规费和税金。

（1）按费用的构成要素划分

按费用的构成要素划分，建筑安装工程费用的构成如表 2.4 所示。

表 2.4　按费用构成要素划分的建筑安装工程费用的构成

建筑安装工程费	人工费	计时工资或计件工资
		奖金
		加班加点工资
		特殊情况下支付的工资
	材料费	材料原价
		运杂费
		运输损耗费
		采购及保管费
	施工机具使用费	施工机械使用费
		仪器仪表使用费
	企业管理费	管理人员的工资
		办公费
		差旅交通费
		固定资产使用费
		工具用具使用费
		劳动保险费
		工会经费
		职工教育经费
		财产保险费
		财务费
		其他管理费
	利润	—
	规费	社会保险费
		住房公积金
		工程排污费
	税金	增值税
		城市维护建设税
		教育费附加
		地方教育附加

注：施工机械使用费包括折旧费、大修理费、经常修理费、安拆费及场外运费、人工费、燃料动力费、税费；社会保险费包括养老保险费、失业保险费、医疗保险费、生育保险费、工伤保险费。

1）人工费。在建筑安装工程费中，人工费是指依据相关规定的工资总额构成方式，建筑安装工程和附属生产单位所需支付直接从事施工作业的生产工人的各项费用。具体包括：计时工资（或计件工资）、奖金、津贴补贴、加班加点工资、特殊情况下支付的工资等。人工费的计算主要基于两个基本要素，即人工日工资单价和人工工日消耗量。人工日工资单价反映了施工企业中生产工人在每个工作日（遵循国家法定工作时间）内，按照其平均技术熟练程度从事施工作业应得的工资总额。人工工日消耗量则是指在常规的生产施工环境下，完成特定施工作业（如分部分项工程或结构构件）所需消耗的人工工日数量。这两个要素共同决定了人工费用的多少，为施工项目的成本预算和劳动力管理提供了重要依据。

2）材料费。在建筑安装工程费中，材料费是指工程项目建设过程中耗费的各种原材料、辅助材料、工程设备、零件、构配件、半成品或成品、工程设备的费用。具体包括：材料原价、运杂费、运输损耗费、采购及保管费等。材料费计算的基本要素包括材料单价和材料消耗量。材料单价是指将建筑材料从其来源地运输至工地仓库，并在材料出库和使用过程中所形成的综合平均单价，这一单价涵盖了材料的原价、采购及保管费用、运杂费，以及因运输产生的损耗费用等。材料消耗量通常是指在正常和合理的材料使用情境下，执行施工作业（如分项工程或结构构件的建造）时，所消耗的原材料、辅助材料、工程设备、零部件、构件、半成品或成品等物资的数量。这个消耗量是基于标准作业程序、技术规格和工程要求来确定的，以确保施工质量和效率。

3）施工机具使用费。在建筑安装工程费中，施工机具使用费是指在工程项目建设过程中从事施工作业所发生的施工机械或仪器仪表的使用费、租赁费。施工机械使用费以施工机械台班耗用量乘以施工机械台班单价表示，施工机械台班单价由折旧费、大修理费、经常修理费、安拆费及场外运费、人工费、燃料动力费、税费等组成。仪器仪表的使用费包括仪器、仪表的摊销费或维修费。

4）企业管理费。在建筑安装工程中，企业管理费是指企业为了组织、管理及运营工程项目而产生的各种费用。这些费用主要可以分为以下几类：首先是人力资源成本，包括管理人员的工资、奖金和津贴。此外，还包括劳动保险费和职工福利费，这些费用旨在为员工提供福利和保障。其次是日常运营成本，涵盖了办公费、差旅交通费、工具用具使用费。办公费主要包括文具、水电等日常办公开销。差旅交通费则涉及员工因公出差或调动时的费用，工具用具使用费则是指非固定资产的购置和维修费用。再次，资产及设施成本也是一大支出，主要包括固定资产使用费和财产保险费。固定资产使用费与房屋、设备等固定资产的使用直接相关，而财产保险费则为这些资产及车辆提供保险保障。最后，财务及其他费用，包括财务费及其他管理费。财务费涉及资金筹集和担保相关费用，其他管理费则可能包括绿化、广告和咨询等额外费用。通过明确这些分类，企业能够更有效地管理和控制工程项目的成本，确保项目按预算和计划顺利进行。这种费用的合理管理对于工程项目的成功至关重要。

5）利润。利润是指从事建筑安装工程的企业完成工程项目建设时获得的盈利。

6）规费。规费是指依据国家法律法规标准，由省级政府和省级有关权力部门规定必须缴纳或计取的费用，包括社会保险费（养老保险费、失业保险费、医疗保险费、生育保险费、工伤保险费，即“五险”）、住房公积金和工程排污费。对于其他应列而未列入的规费，应按实际发生计取。

7）税金。建筑安装工程中涉及的各种税费，包括增值税、城市维护建设税、教育费附加和地方教育附加等。其中，增值税的征收依据为《中华人民共和国增值税暂行条例》及相关实施细则。自 2016 年 5 月 1 日起，根据《财政部 国家税务总局关于全面推开营业税改征增值税试点的通知》（财税〔2016〕36 号），我国全面实施“营改增”改革，建筑服务等行业由原先缴纳营业税改为缴纳增值税。城市维护建设税、教育费附加和地方教育附加则分别依据《中华人民共和国城市维护建设税法》《征收教育费附加的暂行规定》及各地实施办法征收。

（2）按工程造价的形成划分

按工程造价的形成划分，建筑安装工程费用的构成如表 2.5 所示。

表 2.5　按工程造价形成划分的建筑安装工程费用的构成

建筑安装工程费	分部分项工程费	房屋建设与装饰工程
		仿古建筑工程
		通用安装工程
		市政工程
		园林绿化工程
		矿山工程
		构筑物工程
		城市轨道交通工程
		爆破工程
		……
	措施项目费	安全文明施工费
		夜间施工增加费
		二次搬运费
		冬雨期施工增加费
		已完工程及设备保护费
		工程定位复测费
		特殊地区施工增加费
		大型机械设备进出场及安拆费
		脚手架工程费
		……
	其他项目费	暂列金额
		计日工
		总承包服务费
		……
	规费	社会保险费
		住房公积金
		工程排污费
	税金	增值税
		城市维护建设税
		教育费附加
		地方教育附加

1）分部分项工程费。分部分项工程费是指针对各类专业工程中被细分为不同分部分项工程的各项费用。分部分项工程的划分必须遵循现行的国家或行业计量规范，通常会采用分部分项工程量乘以相应的综合单价的方法得到每个分部分项工程的费用，进而汇总得到整个专业工程的费用。

2）措施项目费。措施项目费是指在工程建设项目的施工作业过程中，为了保障技术实施、确保安全施工、满足生活需求及保护环境等方面所需的费用。这些费用的范围及测算方法，需要参照各类专业工程所遵循的现行国家或行业计量规范。这些费用都是为了确保工程顺利进行和高效完成而必须考虑的重要因素。

3）其他项目费。其他项目费涵盖了暂列金额、计日工和总承包服务费等多个方面。暂列金额是建设单位在工程量清单中预先设定的一笔费用，主要用于应对施工合同签订时无法确定或不可预见的材料、工程设备、工程变更、工程价款调整索赔等相关费用，并将其列入工程合同价款中。计日工则是指施工企业在施工作业过程中，因完成建设单位要求的施工图纸以外的零星项目或工作需要而产生的额外费用。总承包服务费则是指总承包单位在协调配合建设单位的专业工程发包过程中，或者是在保管建设单位自行采购的材料、工程设备过程中，以及管理施工现场、汇总和整理竣工资料过程中等产生的费用。

4）规费和税金。此项规费和税金的相关构成和计算方法与按费用的构成要素划分建筑安装工程费用中的对应内容相同，这里不再赘述。

2.1.5　工程建设其他费用

工程建设其他费用是指在从工程筹建到竣工验收交付使用的整个过程中，为确保工程顺利施工完成并在交付后正常发挥作用，除建筑安装工程费和设备及工器具购置费外的所有费用。这些费用按照其内容可以分为 3 类：首先是土地使用费，涉及土地购置、使用等相关费用；其次是与项目建设直接相关的其他费用，如设计费、监理费、保险费等；最后是与企业未来生产经营相关的其他费用，如员工培训费、市场推广费等。这些费用的合理规划和使用，对于确保工程建设的顺利进行和企业未来的稳健运营至关重要。

1. 土地使用费

土地使用费是指工程建设项目在实际建设过程中，由于其需要在地面上长期固定并占用一定面积的土地，为取得建设用地使用权而支付的相关费用。其一般包括取得土地使用权时以划拨形式支付的土地征用及迁移补偿费，或者以出让形式支付的土地使用权出让金。

（1）取得建设用地的基本方式

取得建设用地实际上是指依法获得国有土地的使用权。根据《中华人民共和国城市房地产管理法》的相关规定，获取国有土地使用权的方式主要有两种：划拨方式和出让方式。划拨方式是指政府无偿将土地的使用权转让给特定的使用者，通常用于公共利益或国家重点项目的建设。出让方式则是指土地使用权的获得者需要通过支付一定的费用（即土地使用权出让金）来获得土地使用权，多出现在商业性项目。这两种方式都是合法获取国有土地使用权的途径。

1）通过划拨方式获取国有土地使用权。国有土地使用权的划拨是指在县级以上人民政府的依法批准下，土地使用者通过缴纳补偿、安置等费用（或在特定情况下无偿获取），从而取得国有土地的使用权。国家对此严格明确了划拨土地使用权的类型和标准，主要涵盖国家重点扶持的能源、交通、水利等基础设施用地，国家机关用地和军事用地，公益事业用地，以及法律或行政法规规定的其他用地等。经过县级以上人民政府的批准，除法律、行政法规另有规定的情况外，土地使用者以划拨方式获取的土地使用权是没有使用期限限制的。这种划拨方式的存在，满足了国家和社会公共利益的需要，确保一些关键性、公益性项目的顺利进行。

2）通过出让方式获取国有土地使用权。国有土地使用权出让是指国有土地使用权被国家出让给土地使用者使用一定年限，而土地使用者需要支付土地使用权出让金给国家的行为。出让方式主要有两种：一是通过拍卖、招标、挂牌等竞争方式出让国有土地使用权；二是通过协议方式出让国有土地使用权。根据国家规定，商业用地、工业用地（不包括采矿用地）、娱乐用地和商品住宅用地等经营性用地，必须采取拍卖、招标、挂牌等竞争方式出让国有土地使用权。这样做旨在确保土地资源的合理配置和有效利用，同时防止土地资源的浪费和滥用。对于其他类型的土地，在供地计划公布后，如果同一宗地有两个或以上的意向用地者，则也应采用拍卖、招标、挂牌等竞争方式出让国有土地使用权。这有助于保证土地交易的公平性和透明度，维护土地市场的稳定和发展。通过协议方式出让国有土地使用权的，其出让金必须达到国家规定的最低标准。

（2）取得建设用地的费用

当通过行政划拨方式获取建设用地时，土地使用者必须支付征地补偿费用或向原用地单位（个人）支付一定的拆迁补偿费用。若通过市场机制取得建设用地，则土地使用者不仅需要承担上述费用，还必须向土地所有者支付土地出让金。这些费用确保了土地使用的合法性和公平性，同时也有助于保护土地所有者和使用者的权益。

1）征地补偿费用。征地补偿费用包括土地补偿费、青苗和地上附着物补偿费、安置补助费、新菜地开发建设基金、耕地占用税、土地管理费。土地补偿费是指补偿因征用农村土地造成的经济损失，通常为被征前 3 年平均年产值的 6～10 倍。青苗和地上附着物补偿费用于赔偿征地造成的农作物和附着物损失，按征地方案前其价值和折旧情况确定。安置补助费用于被征地单位和劳动力的安置与培训，以及不能就业人员的生活补助，标准为被征收前 3 年平均年产值的 4～6 倍，但每公顷最高不超过 15 倍，且土地补偿费和安置补助费总和不超过 30 倍。新菜地开发建设基金是地方财政征收的，用于开发新菜地。耕地占用税是对占用耕地建房或从事非农建设的单位或个人征收的税。土地管理费是征地工作中的相关费用，通常为前 3 项费用之和的 2%～4%。

2）拆迁补偿费用。拆迁补偿费用是拆迁人在城市规划区内拆除国有土地上的房屋时，给予被拆迁人的补偿和安置费用，主要包括货币补偿和房屋产权调换两种方式。货币补偿是拆迁人根据省级政府制定的规定，结合被拆迁房屋的位置、面积和用途，以房地产市场评估价来确定补偿金额，并支付给被拆迁人。房屋产权调换则是拆迁人用自己拥有或购买的房屋与被拆迁人的房屋进行产权交换，双方根据被拆迁房屋的价值和调换房屋的价格，结算产权调换的差额。这两种方式都是为了确保被拆迁人的合法权益得到保障。

3）土地使用权出让金。土地使用权出让金是指用地单位向国家支付的土地所有权收益，其标准通常是基于城市基准地价并综合考虑其他因素来确定的。基准地价是以城市土地的综合定级作为定价依据，它用某一特定的地价（或地价范围）来代表某类用途的土地在某一土地级别内的地价，作为土地使用权出让金的基础。基准地价必须经过市级相关部门的综合评估，并最终由市级人民政府审核通过。在有偿出让或转让土地时，政府不会统一规定地价，但双方在签订土地使用权出让或转让合同之前，必须由地价评估机构对该土地的价格进行评估，且应遵循以下原则：出让或转让地价不应对当前的投资环境产生较大影响；地价应与当地的社会经济承受能力相适应；地价评估应综合考虑土地用途、土地市场供求关系、已投入的土地开发费用、容积率及使用年限等因素。

2. 与项目建设直接相关的其他费用

与项目建设直接相关的其他费用的具体构成受项目不同的影响，通常包括建设管理费、可行性研究费、研究试验费、勘察设计费、建设单位临时设施费、环境影响评价费、劳动安全卫生评价费、场地准备及临时设施费、引进技术及进口设备相关费用、工程保险费、特殊设备安全监督检验费，以及市政公用设施建设及绿化补偿费。

（1）建设管理费

建设管理费是指在建设期内建设单位为了组织并完成工程建设项目支付的各项管理性费用，具体包括建设单位管理费和工程监理费。

1）建设单位管理费。建设单位管理费是指建设单位发生的管理性质开支，包括工作人员工资、工资性补贴、施工现场津贴、职工福利费、住房基金、养老保险费、医疗保险费、失业保险费、工伤保险费、办公费、差旅交通费、劳动保护费、工具用具使用费、固定资产使用费、必要的办公及生活用品购置费、必要的通信设备及交通工具购置费、零星固定资产购置费、招募生产工人费、技术图书资料费、业务招待费、设计审查费、工程招标费、合同契约公证费、咨询费、完工清理费、竣工验收费、印花税和其他管理性质开支。这些费用的合理管理和使用，对于确保建设项目的顺利进行和高效管理至关重要。

2）工程监理费。工程监理费是指由建设单位委托工程监理单位对工程建设项目实施工程监理的费用。依法必须实行监理的工程建设项目，其施工阶段的监理费用计算标准依据政府指导价，除此之外的其他工程建设项目施工阶段或其他阶段的监理与相关服务收费依据市场调节价。

建设管理费的测算方法为工程费用之和（包括设备及工器具购置费和建筑安装工程费用）乘以建设管理费费率，具体公式为

$$建设管理费=工程费用\times建设管理费费率 \tag{2.4}$$

（2）可行性研究费

可行性研究费是指在工程建设项目的投资决策阶段，基于调研报告对相关的建设、施工、技术或生产经营方案进行经济技术论证的过程中，所产生的编制和评审可行性研究报告的费用。这些费用的计算项目和方法，通常依据前期研究委托合同，或参考《关于进一步放开建设项目专业服务价格的通知》（发改价格〔2015〕299 号）中的相关规定和标准。这些费用是确保项目决策的科学性和经济合理性的重要因素。

（3）研究试验费

研究试验费是指在工程建设过程中，根据国家和行业规定进行的试验、验证费用，包括自行或委托其他部门的试验、验证费用，如人工、材料、设备和仪器使用费等。计算方法基于设计单位的试验和验证要求，但不包括新产品试制费、中间试验费和科学研究补助费，也不包括建筑材料、构件和建筑物的一般鉴定、检查费用及技术革新的研究试验费，以及勘察设计费或工程费用支出的项目。

（4）勘察设计费

勘察设计费是建设单位自行或委托勘察设计单位进行工程水文地质勘察、设计所发生

的各项费用（包括技术资料购置费），其主要包括初步设计费、工程勘察费、设计模型制作费、施工图设计费等。勘察费用一般按实际完成的工作量计算支付，而设计费用则根据不同的行业、不同的建设规模和工程内容繁简程度来制定费用定额，对于没有定额的，可按设计概算的一定百分比计算支付。

（5）建设单位临时设施费

建设单位临时设施费是指在建设期内建设单位使用临时设施所支付的搭设、维修、摊销或租赁费用。其中，临时设施主要包括临时宿舍、办公室、文化福利及公用事业房屋与构筑物、加工厂仓库及工程建设项目规定范围内的道路、水、电、管线等。这些临时设施的建设和维护对于保障施工过程的顺利进行至关重要。

（6）环境影响评价费

环境影响评价费是指在工程项目投资决策过程中，按照《中华人民共和国环境保护法》和《中华人民共和国环境影响评价法》等相关法律、行政法规的规定，对工程建设项目在建设和生产运营过程中可能造成的环境污染或影响进行评价而需支付的费用，其主要包括编制环境影响报告书、环境影响报告表及评估相关报告书和报告表所需支付的费用。

（7）劳动安全卫生评价费

劳动安全卫生评价费是指在工程项目建设中，为了评估和确保劳动安全卫生条件而支付的费用。这些费用通常用于聘请专业的安全卫生评价机构，对工程项目的劳动安全卫生条件进行全面的评估、监测和审查，以确保工程项目符合相关的安全卫生标准和规定。劳动安全卫生评价费的具体金额可能因工程项目的规模、性质、复杂程度及所在地区的不同而有所差异。

（8）场地准备及临时设施费

场地准备及临时设施费涵盖了两个主要方面：一是工程建设项目在施工前的场地准备工作所需的费用；二是建设单位为满足项目施工中的临时需求所支付的费用。具体来说，工程建设项目场地准备费涉及为使工程项目场地符合施工条件而进行的相关准备工作，如场地平整、清理、排水等。场地准备及临时设施费的计算公式为

$$\text{场地准备及临时设施费}=\text{工程费用}\times\text{费率}+\text{拆除清理费} \tag{2.5}$$

（9）引进技术及进口设备相关费用

引进技术及进口设备相关费用包括出国人员费用、来华人员费用、技术引进费、分期或延期付款利息、银行担保费及承诺费及进口设备检验鉴定费。

（10）工程保险费

工程保险费是指建设项目在建设期间根据需要实施工程保险所需的费用，它涵盖了多种类型的保险，以确保工程项目在建设和运营过程中的各种风险得到保障，主要包括建筑工程一切险、安装工程一切险、机器损坏保险等。工程保险费的测算方法，按照不同的工程类别，分别以其建筑工程费、安装工程费乘以建筑工程保险费率、安装工程保险费率来计算。

（11）特殊设备安全监督检验费

特殊设备安全监督检验费是指工程项目向安全监察部门支付的费用，主要用于安全监察部门根据相关的安全监察条例、实施细则，以及设计技术要求，对施工现场的特殊设备和设施进行安全检验。这些特殊设备和设施包括但不限于现场组装的锅炉、压力容

器和管道、电梯、消防和燃气设备等。这笔费用的目的是确保这些特殊设备和设施符合安全标准，从而保障工程项目的安全进行。由于这些特殊设备和设施涉及安全问题，所以必须经过安全监察部门的严格检验和监督。费用的具体计算方法通常是基于工程建设项目所在省（自治区、直辖市）安全监察部门的相关规定和标准。如果所在省（自治区、直辖市）的安全监察部门没有明确规定，那么这笔费用通常会按照受检验设备现场安装费的一定比例来估算。这样的做法有助于确保特殊设备和设施的安全性能，从而保护施工现场的人员安全。

（12）市政公用设施建设及绿化补偿费

市政公用设施建设及绿化补偿费，是指工程建设项目在施工过程中，因使用市政公用设施而需要支付的相关费用。这些费用依据项目所在地省级人民政府的相关规定进行计算，包括市政公用设施的建设配套费用及绿化工程的补偿费用。

3. 与企业未来生产经营相关的其他费用

（1）联合试运转费

联合试运转费指在新建或新增生产能力的工程建设项目中，在交付生产前，按照设计文件中规定的工程质量标准，对整个生产线或装置在负荷状态下进行联合试运转所产生的净支出费用。在试运转过程中，会产生一系列支出，这些支出包括但不限于试运转所需的原材料、燃料和动力消耗，低值易耗品的消耗，施工机械使用费，工具用具使用费，相关参与人员的工资，以及专家指导费用、保险金等。同时，试运转过程中也可能产生一定的收入，这主要来自试运转时生产的符合相关规定及质量标准的产品销售收入和其他收入。若工程建设项目不发生试运转或试运转收入大于（或等于）支出，则不列此项费用。当联合试运转收入小于试运转支出时，其计算公式为

$$\text{联合试运转费}=\text{联合试运转费用支出}-\text{联合试运转收入} \tag{2.6}$$

（2）生产准备费

生产准备费是指在新建或新增生产能力的工程建设项目中，企业在项目竣工交付后，为确保正常运营而需支付的一系列生产准备和研发相关费用。这些费用涵盖了多个方面，主要包括生产人员的培训费，以及参与施工、设备安装、调试和熟悉工艺流程及设备性能的相关人员的工资和工资性补贴。此外，还包括职工福利费、差旅交通费、劳动保护费等，这些都是为了保障生产顺利进行和员工的权益而必要的支出。其计算公式为

$$\text{生产准备费}=\text{设计定员}\times\text{生产准备费指标} \tag{2.7}$$

（3）办公和生活家具购置费

办公和生活家具购置费是指购置的用于保证新建、改扩建项目初期正常生产、使用和管理需要的办公及生活家具支付的费用，主要包括办公室、资料档案室、阅览室、食堂、浴室、单身宿舍所必须使用的办公和生活家具等。该项费用的测算方法按照相关人员的人数乘以费用指标计算。费用指标考虑了家具的种类、品质、价格等因素影响。

2.1.6 预备费

预备费是指考虑建设期可能发生风险因素而导致建设费用增加而事先预计的建设费用增加额。按我国现行规定，预备费分为基本预备费和涨价预备费。

1. 基本预备费

基本预备费是指为应对工程建设项目实施过程中可能出现的难以预料的支出而预先设置的费用，也称工程建设不可预见费。这笔费用主要用于应对施工过程中的设计变更及因设计变更而增加的工程量所产生的额外支出，确保项目能够顺利推进并应对突发情况。通过合理规划和使用基本预备费，可以降低项目因不可预见因素导致的风险，确保项目的经济效益和整体进度。

基本预备费的计算公式为

基本预备费=(工程费用+工程建设其他费用)×基本预备费率

=(设备及工器具购置费+建筑安装工程费+工程建设其他费用)×基本预备费率（2.8）

2. 涨价预备费

涨价预备费是指建设工期较长的工程建设项目在建设期内由于价格等变化增加的工程费用，主要包括人工、材料、设备、施工机械的价差费，以及建筑安装工程费及工程建设其他费用调整，利率、汇率调整等增加的费用，又称价差预备费或价格变动不可见预备费。

涨价预备费计算时采用复利测算方法，以国家规定的投资综合价格指数的投资额为基数进行计算，其计算公式为

$$\mathrm{PF}=\sum_{t=1}^{n} I_t[(1+f)^t-1] \tag{2.9}$$

式中，PF——涨价预备费；

n——建设期年数；

I_t——建设期中第 t 年的投资计划额，包括设备及工器具购置费、建筑安装工程费、工程建设其他费用及基本预备费；

f——年均投资价格上涨率。

【例 2.3】 某公司计划进行一项新工程项目，建设期为 4 年，各年投资计划额分别为第一年 8 000 万元，第二年 12 000 万元，第三年 15 000 万元，第四年 10 000 万元，年均投资价格上涨率为 6%，求建设项目建设期内的涨价预备费。

解：第一年的涨价预备费为

$$\mathrm{PF}_1=I_1[(1+f)-1]=8\,000\times 6\%=480\text{（万元）}$$

第二年的涨价预备费为

$$\mathrm{PF}_2=I_2[(1+f)^2-1]=12\,000\times[(1+6\%)^2-1]=1\,483.2\text{（万元）}$$

第三年的涨价预备费为

$$\mathrm{PF}_3=I_3[(1+f)^3-1]=15\,000\times[(1+6\%)^3-1]=2\,865.24\text{（万元）}$$

第四年的涨价预备费为

$$\mathrm{PF}_4=I_4[(1+f)^4-1]=10\,000\times[(1+6\%)^4-1]\approx 2\,624.77\text{（万元）}$$

所以，建设期的涨价预备费为

$$\mathrm{PF}=\mathrm{PF}_1+\mathrm{PF}_2+\mathrm{PF}_3+\mathrm{PF}_4=480+1\,483.2+2\,865.24+2\,624.77=7\,453.21\text{（万元）}$$

2.1.7 建设期利息

建设期利息是指在工程建设项目建设期间，因筹集资金而产生的融资费用和债务资金利息等，主要包括在建设期内应偿还的各类借款利息，如国内银行或金融机构的贷款、外国政府或国际商业银行的贷款、出口信贷，以及境内外发行的债券等。这些利息的计算遵循复利计息原则。对于国内银行借款，利息的计算按照现行的贷款规定进行。贷款总额会分年均衡发放，而利率则保持固定。在计算年度银行贷款利息时，通常采用半年计息的方式，而对于上年度的银行贷款，则按照全年计息，计算公式为

$$I_j=\left(P_{j-1}+\frac{1}{2}A_j\right)i \tag{2.10}$$

式中，I_j ——建设期第 j 年的应计利息；

$P_{j\text{-}1}$——建设期第 j-1 年年末贷款累计金额与利息累计金额之和；

A_j ——建设期第 j 年的贷款金额；

i——年利率。

【例 2.4】 某公司计划进行一项新工程项目，建设期为 5 年，今年进行均衡贷款，第一年贷款 800 万元，第二年贷款 1 000 万元，第三年贷款 1 200 万元，第四年贷款 900 万元，第五年贷款 700 万元，年利率为 8%，每年借款平均支用，建设期内利息只计息不支付，计算建设期利息。

解：建设期各年利息计算如下。

第一年利息：

$$I_1=0.5\times800\times8\%=32\text{（万元）}$$

第二年利息：

$$I_2=(800+0.5\times1\,000)\times8\%=104\text{（万元）}$$

第三年利息：

$$I_3=(800+1\,000+0.5\times1\,200)\times8\%=192\text{（万元）}$$

第四年利息：

$$I_4=(800+1\,000+1\,200+0.5\times900)\times8\%=276\text{（万元）}$$

第五年利息：

$$I_5=(800+1\,000+1\,200+900+0.5\times700)\times8\%=340\text{（万元）}$$

建设期利息：

$$I_1+I_2+I_3+I_4+I_5=32+104+192+276+340=944\text{（万元）}$$

2.1.8 流动资金

流动资金是和固定资产相对应的，指为维持生产经营性项目投产后的正常运营，购买原材料、低值易耗品、燃料、动力，以及支付职工工资所需的全部周转资金。流动资金在企业的整个生产经营过程中周转使用，且不断改变其实物形态，而其价值也伴随实物形态的转变进一步转移到新产品中，并在后期新产品的销售过程中实现回收。因此，流动资金自身并不发生任何消耗，在企业寿命终了时可以全部收回。

流动资金投资和固定资产投资同属于生产过程中不可缺少的生产要素，两者都在生

产过程中被长期占用。但固定资产投资属于长期投资，其价值在长期使用过程中被逐渐回收。流动资金投资则属于短期投资，一个供产循环过程就是一场周转。固定资产投资和流动资金投资相互依存，密不可分。

2.2 成本与费用

2.2.1 成本与费用的概念、联系与区别

1. 成本与费用的概念

成本与费用是经济分析中的基本要素之一，但是成本与费用是两个并行的概念，两者之间既有联系又有区别。成本是指企业为生产产品或提供劳务等日常活动所发生的各种资源或资金耗费，是一种现金流出。费用是指企业为生产产品或提供劳务等日常活动而发生的经济利益的流出。

2. 成本与费用的联系

1）成本与费用都是企业支出的构成部分（除偿债性和分配性支出外）。

2）成本与费用都是企业经济资源的耗费。

3）生产费用经对象化后进入生产成本，但企业在各期期末需要将当期已经销售产品的成本结转进入当期的费用。

3. 成本与费用的区别

1）成本针对一定的成本计算对象，是对象化的费用。

2）费用是企业在一定期间内发生的通用货币计量的耗费，包括生产费用和期间费用。生产费用经对象化后才能转化为产品的生产成本，而期间费用直接从当期损益中扣除，不会转化为产品的生产成本。

成本与费用的关系如图 2.1 所示。

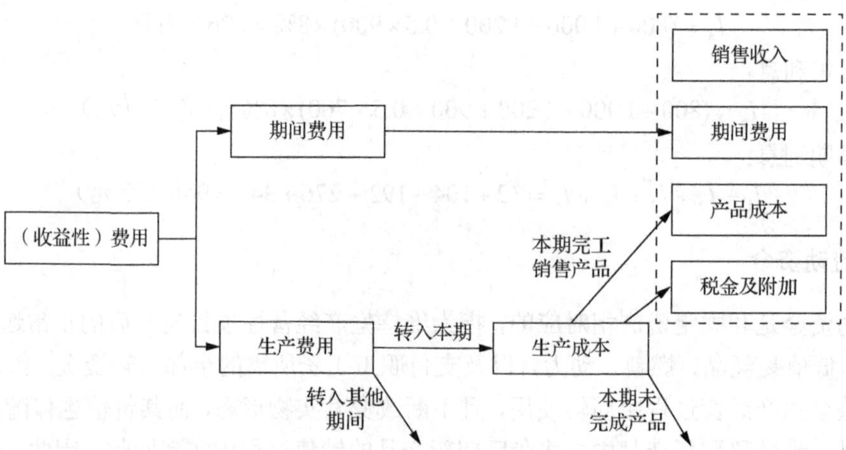

图 2.1 成本与费用的关系

2.2.2　总成本费用

总成本费用是指企业（或工程建设项目）为生产和销售产品或提供服务而在一定时期内（一般为 1 年）支付的全部费用，因此也称会计成本，是广义上的总成本。总成本费用根据不同的计算方法，可划分为不同的构成形式，可以由生产成本+期间费用法和生产要素法两种方法确定。

1. 按生产成本+期间费用法划分的总成本费用的构成

在工程建设项目的运营过程中，生产成本法被广泛用于计算工程建设项目的总成本费用。该方法的核心是将总成本费用分为生产成本和期间费用，通过这种方法，可以更加清晰、准确地了解项目成本的结构和分布，为项目的财务管理和决策提供有力支持，如图 2.2 所示。

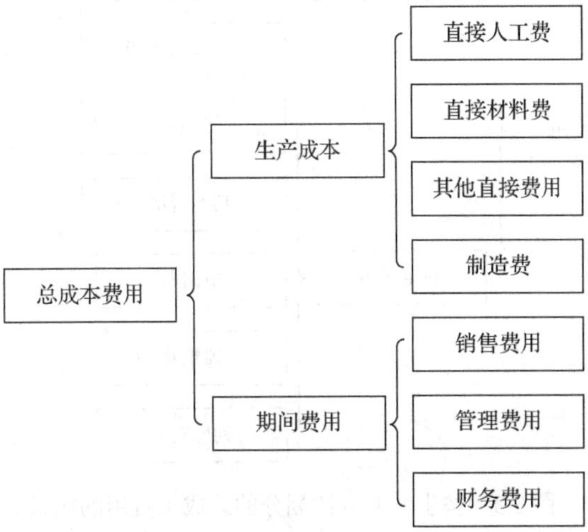

图 2.2　按生产成本+期间费用法划分的总成本费用的构成

（1）生产成本

生产成本是指能够和一定产品对象相联系的支出，可以分为直接费用和间接费用，直接材料费、直接人工费、其他直接费用构成产品的直接成本，制造费则构成产品的间接成本。直接成本加上间接成本构成产品的生产成本。

（2）期间费用

期间费用包括销售费用（operating expenses）、管理费用（management fee）和财务费用（finance charge）等与产品生产无直接关系的费用，这些费用需要直接计入当期损益。

1）销售费用。销售费用是指企业在产品销售过程中产生的费用，包括企业销售产品过程中产生的运输费、装卸费、展览费、包装费、业务费、保险费、广告费等，为销售本企业产品而专设的销售机构的职工工资、福利费、业务费等经营费用也应计入。

2）管理费用。管理费用是指企业行政及相关管理部门在进行组织、管理和经营活动过程中产生的各项费用，包括工会经费、印花税等相关税金、职工教育经费、聘请中介机构费、业务招待费、技术转让费、提取的存货跌价准备、无形资产摊销、咨询费、诉讼费、劳动保险费、提取的坏账损失、公司经费、研究与开发费及其他管理费用。管理费用一般发生在企业的行政管理部门，而直接组织产品生产的单位，如施工企业的工程处、车间等产生的组织管理费用，一般属于间接费用。

3）财务费用。财务费用是指企业筹集生产经营所需资金而产生的费用，包括利息支出（减利息收入）、汇兑损失（减汇兑收益）、金融机构手续费，以及筹集生产经营资金过程中产生的其他费用等。

2. *按生产要素法划分的总成本费用的构成*

生产要素法有利于企业在工程实施之前进行工程经济分析。根据生产要素法，总成本费用由可变成本（variable cost）和固定成本（fixed cost）两部分组成，如图 2.3 所示。

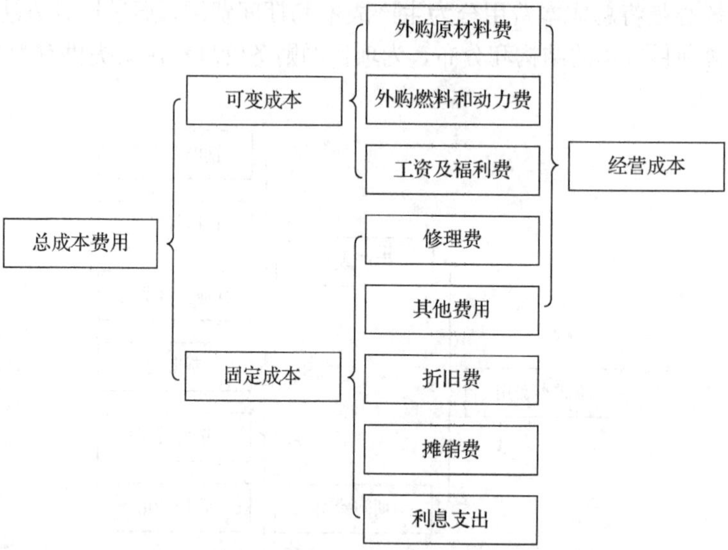

图 2.3　按生产要素法划分的总成本费用的构成

（1）可变成本

可变成本是指伴随产品产量及销售量变化而成正比例变化的各项成本费用，如外购原材料费、外购燃料和动力费、工资及福利费等。

（2）固定成本

固定成本是指不伴随产品产量及销售量变化而发生变化的各项成本费用，如修理费、其他费用、折旧费、摊销费、利息支出等。

按生产要素法估算总成本费用时，应编制总成本费用估算表，如表 2.6 所示。

表 2.6　总成本费用估算表

序号	项目	合计	计算期					
			1	2	3	4	…	*n*
1	外购原材料费							
2	外购燃料和动力费							
3	工资及福利费							
4	修理费							

续表

序号	项目	合计	计算期					
			1	2	3	4	…	*n*
5	其他费用							
5.1	其他制造费用							
5.2	其他营业费用							
5.3	其他管理费用							
	…							
6	经营成本（1+2+3+4+5）							
7	折旧费							
8	摊销费							
9	利息支出							
10	总成本费用合计（6+7+8+9）							
	其中：可变成本							
	固定成本							

2.2.3　经营成本

经营成本（operating cost），即付现成本，是工程经济学项目评价中所用的特定概念，通常在投资项目的决策与评价中反映企业的生产和管理水平，指的是企业由于生产和销售产品及提供劳务在一定期间内（一般为 1 年）实际发生的现金支出。其计算公式为

$$\text{经营成本}=\text{总成本费用}-\text{折旧费}-\text{摊销费}-\text{利息支出} \tag{2.11}$$

或

$$\text{经营成本}=\text{外购原材料费}+\text{外购燃料和动力费}+\text{工资及福利费}+\text{修理费}+\text{其他费用} \tag{2.12}$$

公式中的其他费用主要包括其他制造费用、其他营业费用和其他管理费用。注意，经营成本中并不包含折旧费、摊销费和利息支出。

2.2.4　非直接用于项目建设的成本

工程项目建设过程中还涉及两类非直接用于项目建设的成本，这两类成本来自经济学和管理学中的成本概念。

（1）沉没成本

沉没成本（sunk cost）是指由于过去的决策已经发生，并不能由现在或将来任何决定改变的成本。对企业来说，这是在过去已经支出且现在无法得到补偿的成本，其与公司未来的总现金流量无关。

沉没成本是历史成本，对于现在的决策是不可控成本。如果在现在的决策中将沉没成本纳入工程建设项目方案的总成本，则可能致使盈利的方案变成亏损的方案，从而造成决策失误。因此，在做决策时应排除沉没成本带来的干扰。

（2）机会成本

机会成本也称经济成本，代表在利用某种经济资源以获取特定收益时，所必须放弃的其他可能带来的最大收益。当有限的资源可用于多种经济活动时，它会产生多种潜在的投资和收益机会，一旦决定将资源投入某一特定用途，就必须放弃其他所有可能的用途及其

相应的收益。在其中，放弃的最佳潜在收益即为将资源投入特定用途的机会成本。机会成本可以概括为因选择某一经济活动而放弃的最佳潜在收益。机会成本并不是通常意义上所需支付的实际成本，而是一种可能失去的潜在收益。

机会成本中所指的机会必须是决策者可选择的项目，若不是决策者可选择的项目，则不属于决策者的机会。利用机会成本概念进行经济分析的前提是：①资源是稀缺的；②资源具有多种用途；③资源已经得到充分利用；④资源可以自由流动。

2.3 折旧与摊销

在投资方案的评估期间，折旧费和摊销费成了估算利润总额和所得税中总成本费用的重要组成部分，但并不直接构成现金流出。从企业的视角来看，折旧和摊销主要是用来在多个计算期内分摊过去一次性投入的固定资产或无形资产费用，以便核算当期应缴纳的所得税及可分配的利润，是一种会计记账的手法，并不代表真实的现金支出。因此，出于企业利益的考量，通常倾向于提高折旧费和摊销费的计提速度和额度，以减少并推迟缴纳的所得税。政府为了保证稳定的税收来源，往往会采取措施来抑制企业的这种倾向。

2.3.1 折旧

折旧（depreciation）是固定资产在使用过程中由于物理磨损或技术过时导致价值逐渐降低的会计处理方式。企业通过将固定资产的成本按照预定的使用年限逐年分摊到产品成本中，从而实现成本的回收和资产的更新。这一过程不仅帮助企业逐步将投资转化为流动资产，还确保了固定资产的持续更新和维护。

具体来说，折旧涉及两类损耗：有形损耗和无形损耗。有形损耗指固定资产因长期使用或自然环境因素导致的物理磨损，这种损耗直接影响资产的物理状况和使用年限。无形损耗指资产因技术快速迭代、市场需求变化或企业经营策略调整而提前失去原有价值，这种损耗会缩减资产的经济效益和实际使用年限。

通过折旧的会计处理，企业不仅能够合理安排资金用于资产的替换和升级，还可以确保会计记录的准确性，以反映企业财务状况的真实性。这使折旧成为企业会计和财务管理中的一个重要组成部分。

1. 折旧因素

影响固定资产折旧的因素主要包括以下 3 个：固定资产原值（historical cost of fixed asset）、预计净残值（estimated residual value）和固定资产估计使用年限（the estimated useful life of a fixed asset）。

（1）固定资产原值

固定资产原值应依据成本进行初始计量。不同类型的固定资产有不同的原值计算方式，对于外购的固定资产，其成本包括购买价格和相关税费，以及为使固定资产达到预定可使用状态所需的运输、安装、装卸和专业技术服务等费用；对于自行建造的固定资产，其成本涵盖所有必要的支出，以确保固定资产的建造和达到预定可使用状态；对于投资者投入的固定资产，其成本应根据投资合同或协议中约定的价值来确定，除非该价值被认为是不公允的。

（2）预计净残值

预计净残值是指固定资产预计残值与清理费用的差额。企业在为不同固定资产设定净残值时，应根据固定资产的特性和使用状况进行合理的预测。根据《企业会计准则》，净残值不得在确定之后随意变动，企业应每年至少复核一次。通常，固定资产净残值设定为其原值的 3%～5%，若企业预测的净残值超出此范围，则需要向相关财政部门报备。

（3）固定资产估计使用年限

固定资产估计使用年限是指固定资产的预计有效使用期限。虽然企业有权自主设定固定资产的使用年限，但这一决策需基于多个因素，如固定资产的预计生产能力、实际产量、可能的有形或无形损耗，以及法律法规对固定资产使用期限的具体规定等。

2. 折旧的计算

固定资产折旧方法的多样性对企业运营具有显著影响。不同的折旧方法计算出的折旧额会有差异，这直接影响了企业在每个经营期间的成本分摊。因此，产品成本、销售价格、所得税及税后利润都会受到波及，最终影响企业的净资产值。这意味着，选择适当的折旧方法对企业的短期利益和长期发展都至关重要。在选择折旧方法时，企业需综合考量其是否与经营策略相匹配，以及是否符合固定资产的实际损耗情况。在我国，企业常用的折旧方法包括平均年限法、工作量法、双倍余额递减法和年数总和法。每种方法都有其适用场景和限制，因此，企业应根据实际情况进行选择和调整。

（1）平均年限法

平均年限法，即直线法，是企业在计算固定资产折旧时最常用的一种折旧计算方法。该方法基于固定资产的使用年限，将固定资产价值均匀地分摊到每个年度或月份，因此，在固定资产的有效使用期限内，每年的累计折旧额将呈现出稳定的直线上升趋势。这种方法简单易行，有助于企业在预算和成本控制方面保持稳定。

年折旧额：

$$D=\frac{P-L}{N}=\frac{P(1-r)}{N} \tag{2.13}$$

年折旧率：

$$d=\frac{P-L}{P\times N}=\frac{P-P\times r}{P\times N}=\frac{1-r}{N}\times 100\% \tag{2.14}$$

式中，D——年折旧额；

P——固定资产原值（指固定资产的原始价值或重置价值）；

L——固定资产净残值（预计残值-清理费用，一般为原始价值的 3%～5%）；

N——估计使用年限；

r——净残值率（一般取 3%～5%）；

d——年折旧率。

【例 2.5】 某企业采购一套生产线，其原始价值为 60 万元，使用后固定资产净残值为 7 500 元，使用年限为 25 年。请计算年折旧率、年折旧额、月折旧额。

解： 年折旧率=(60−0.75)/(60×25)×100%=3.95%。

年折旧额=60×3.95%=2.37（万元）。

月折旧额=60×3.95%÷12=0.197 5（万元）。

（2）工作量法

工作量法是一种折旧计算方法，其核心在于将固定资产的折旧额与其实际完成的工作量（如行驶里程、工作小时/台班等）挂钩。企业一般采用以下两种工作量法计算固定资产折旧额。

1）按照行驶里程计算固定资产折旧额。在该方法中，固定资产每行驶单位里程的折旧额是固定的，具体计算方式是：将固定资产的总折旧额除以预计在其使用寿命内可以行驶的总里程数。这种方法适用于各年行驶里程不均衡的固定资产。虽然每行驶单位里程的折旧额是恒定的，但由于每年的行驶里程可能不同，所以每年的实际折旧额也会有所差异。这意味着，每年的折旧额将根据实际行驶的里程数进行计算，确保了折旧与固定资产的实际使用情况更加匹配，其计算公式为

$$m=\frac{P-L}{M}=\frac{P(1-r)}{M} \tag{2.15}$$

$$D_t=K_t m \tag{2.16}$$

式中，M——总行驶里程；

r——净残值率；

m——每单位行驶里程的折旧额；

K_t——第 t 期的实际行驶里程；

D_t——第 t 期的折旧额。

【例 2.6】 某企业有大客车一辆，原始价值为 2 500 000 元，净残值为 20 000 元，预计可行驶 500 000 千米，第一年行驶 40 000 千米。请计算每行驶千米的折旧额，以及第一年的折旧额。

解：每行驶千米的折旧额=(2 500 000−20 000)÷500 000=4.96（元）。

第一年应计提折旧额=40 000×4.96=198 400（元）。

2）按照工作小时计算固定资产折旧额。该方法是将固定资产的总折旧额平均分摊到其预计使用寿命内可以完成的总工作小时，从而计算出每工作小时的折旧额。这种计算方式特别适用于那些每年工作量不均衡的固定资产。在采用这种方法时，虽然每工作小时的折旧额是恒定的，但由于每年的工作量可能不同，所以每年的实际折旧额也会有所变化。这意味着，每年的折旧额将根据实际完成的工作小时数来确定，使折旧与固定资产的实际使用情况更加匹配。该方法中每工作小时的折旧额的计算公式为

$$\begin{aligned}\text{每工作小时的折旧额}&=\frac{\text{原始价值}+\text{清理费用}-\text{残余价值}}{\text{预计总工作小时}}\\&=\frac{\text{原始价值}\times(1-\text{净残值率})}{\text{预计总工作小时}}\end{aligned} \tag{2.17}$$

【例 2.7】 假设某公司购买了一辆汽车，原始价值为 50 000 元，清理费用为 8 000 元，残余价值为 12 000 元，预计可以使用 10 年。第一年行驶了 8 000 千米，第二年行驶了 6 500 千米。请计算每行驶千米的折旧额，以及第一年和第二年的折旧额（注：默认汽车的每年总行驶里程为 10 000 千米）。

解：每行驶千米的折旧额=(50 000+8 000−12 000)÷(10×10 000)=0.46（元/千米）。

第一年应计提折旧额=8 000×0.46=3 680（元）。

第二年应计提折旧额=6 500×0.46=2 990（元）。

（3）双倍余额递减法

双倍余额递减法是一种加速折旧的计算方法。在这种方法下，固定资产的年折旧额是每年年初的固定资产净值乘以双倍平均年限法的折旧率。这意味着随着资产净值的逐年减少，年折旧额也会相应递减。重要的是，这种方法是在不考虑固定资产净残值的前提下进行的。通过双倍余额递减法，企业可以在固定资产使用的前期阶段提取更多的折旧，而在后期则提取较少的折旧。这实际上是在不改变净残值率和折旧年限的前提下，改变了折旧额在各年之间的分布。这种策略有助于在早期阶段更快地回收固定资产投资，同时也有助于减轻后期的折旧负担。

固定资产的年折旧率和年折旧额的计算公式为

$$年折旧率=\frac{2}{折旧年限N}\times 100\% \tag{2.18}$$

$$年折旧额=固定资产净值\times年折旧率 \tag{2.19}$$

使用双倍余额递减法进行计算时，固定资产折旧年限最后两年的年折旧额为固定资产净额（即固定资产剩余价值与净残值的差额）的平均摊销额。

【例 2.8】 假设某公司购买了一批办公计算机，账面原值为 140 000 元，预计在使用 5 年后净残值为 5 000 元。请计算该批计算机的年折旧率和每年的折旧额。

解： 年折旧率=2÷5×100%=40%。

各年折旧额的计算如表 2.7 所示。

表 2.7　使用双倍余额递减法计算固定资产折旧额

年限	期初账面余额/元	折旧率/%	折旧额/元	累计折旧额/元	期末账面余额/元
1	140 000	40	56 000	56 000	84 000
2	84 000	40	33 600	89 600	50 400
3	50 400	40	20 160	109 760	30 240
4	30 240	—	12 620	122 380	17 620
5	17 620	—	12 620	135 000	5 000

（4）年数总和法

年数总和法是一种加速折旧的计算方法，用于计算固定资产每年的折旧额。每年的折旧额是固定资产的净值（即原始成本减去预计净残值）乘以一个逐年递减分数（分子为固定资产在计算期的年初剩余使用年数，分母为该固定资产所能够使用年数的逐年数字总和）。因此，年折旧率的计算公式为

$$年折旧率=\frac{折旧年限-已使用年数}{折旧年限\times(折旧年限+1)/2}\times 100\% \tag{2.20}$$

$$年折旧额=(固定资产原值-固定资产净残值)\times年折旧率 \tag{2.21}$$

在工程建设项目投资阶段需估算固定资产的折旧情况，应编制固定资产折旧估算表，如表 2.8 所示。

表 2.8　固定资产折旧估算表

序号	项目	合计	计算期					
			1	2	3	4	…	*n*
1	固定资产 A							
	原值							
	当期折旧额							
	净值							
2	固定资产 B							
	原值							
	当期折旧额							
	净值							
3	原值							
	当期折旧额							
	净值							

【例 2.9】 某公司购置了一台办公设备，原始价值为 90 000 元，净残值率为 15%，预计使用年限为 8 年，现采用年数总和法计算折旧额。每年折旧额的计算如表 2.9 所示。

表 2.9　使用年数总和法计算固定资产折旧额

年限	折旧总额/元	折旧率%	年折旧额/元	累计折旧额/元	账面余额/元
1	76 500	22.22	16 998.30	16 998.30	73 001.70
2	76 500	19.44	14 871.60	31 869.90	58 130.10
3	76 500	16.67	12 752.55	44 622.45	45 377.55
4	76 500	13.89	10 625.85	55 248.30	34 751.70
5	76 500	11.11	8 499.15	63 747.45	26 252.55
6	76 500	8.33	6 372.45	70 119.90	19 880.10
7	76 500	5.56	4 253.40	74 373.30	15 626.70
8	76 500	2.78	2 126.70	76 500.00	13 500.00

2.3.2　摊销

无形资产也称无形固定资产，指企业所持有的如信誉、特殊权利、知识、技术等非物质形态的价值形态资产，这些资产不以实物的形式存在，但能够长期为企业带来经济利益，常见的无形资产有特许经营权、专利权、租赁权、专有技术、著作权、商标权等。但是，无形资产并不是无限期的，它们的价值权利或特权通常具有一定的有效期限，随着时间的推移，其价值可能会逐渐减小或终止。因此，对于具有有限使用寿命的无形资产，企业需要在其使用寿命内进行摊销。在摊销过程中，无形资产的账面价值会相应减少，同时产生的摊销费用会计入企业的管理费用。这样的处理方式有助于企业更准确地评估无形资产的经济价值，并在财务报表中反映出其对企业经济利益的长期贡献。

摊销方法有以下 4 种。

1. 一次摊销

一次摊销是指将资产价值全部一次转入成本。

2. 分期摊销

分期摊销是指根据资产原值和预计使用期限，计算平均每单位使用期限的摊销费用。

3. 五五摊销

五五摊销是指先摊销资产价值的 50%，报废时再摊销剩余 50%的价值。

4. 净值摊销

净值摊销是指根据当期结存的资产净值和规定的摊销率进行摊销的方法。

2.3.3 折旧和摊销的区别

折旧和摊销通常应用于不同类型的资产，并且在具体用途和计算方法上有所不同。

折旧通常用于有形固定资产，如房屋、设备和机器等。这些资产在使用过程中会逐渐减值或损耗，因此会按照一定的方式将其成本分摊到其预期使用寿命内。折旧费用的计算通常采用平均年限法、双倍余额递减法等不同的计算方法，以反映资产在使用过程中的减值程度。折旧费用在资产的会计记录中作为费用列示，影响公司的利润表和资产负债表。

摊销通常用于无形资产，如专利、版权、商誉等。这些资产没有明显的物理形态，但它们代表了未来可以带来收益的权利。摊销是指将无形资产的成本分摊到其预期使用寿命内的会计期间，以反映其在使用过程中的逐渐消耗或减值。摊销费用的计算通常采用平均年限法或其他合适的摊销方法，具体取决于公司的会计政策和无形资产的特性。摊销费用同样在资产的会计记录中作为费用列示，影响公司的利润表和资产负债表。

2.4 销售收入、利润与税金

2.4.1 销售收入

1. 概念

收入是指企业在销售商品、提供劳务及他人使用本企业资产等日常活动中形成的经济利益的总流入，具体包括商品销售收入、使用费收入、劳务收入、股利收入及利息收入等。收入作为企业利润的主要来源，其中的经济利益主要是指直接或间接流入企业的现金或现金等价物。对于大部分企业来说，收入主要来自销售。销售（营业）收入是指企业销售产品或提供服务所取得的收入，是企业进行利润总额、销售税金及附加、增值税估算的基础数据。销售收入和同期总产值不同，总产值是生产阶段效益的一种反映，而销售收入则是产品经过流通领域之后为企业带来的真正效益。

2. 估算

评估销售收入时，关键在于预测企业每年可能实现的产品或服务销量。为实现这一目标，需要深入分析市场趋势、消费者需求、竞争态势及企业的生产能力等因素。此外，产品销售单价的确定同样重要。企业应根据每年市场的具体情况，选择合理的固定价格或变动价格进行估算。在做出这一决策时，必须充分考虑各种可能影响产品销售单价的因素，

包括不同产品之间的相对价格变动及整体价格水平的波动等，销售收入的估算公式为

$$销售收入=产品年销售量\times产品销售单价 \tag{2.22}$$

如果企业生产多种产品，则总销售收入的估算公式为

$$销售收入=\sum(某种产品年销售量\times该种产品销售单价) \tag{2.23}$$

式中，产品销售单价的确定通常依据出厂价格，但在某些情况下，也可能采用送达用户的价格或离岸价格，具体选择取决于企业的销售策略和市场条件。在估算销售收入时，若企业所生产的产品种类相对单一，那么每年的销售收入可以通过将产品销售单价与产品年销售量相乘来得出。然而，若企业产品种类繁多，那么就需要参照销售收入、销售税金及附加、增值税估算表（表 2.10）来进行更详细的估算。这要求首先分别计算每种产品的年销售收入，然后进行汇总，从而确定企业在生产期各年的总销售收入。

表 2.10 销售收入、销售税金及附加、增值税估算表

序号	项目	合计	计算期					
			1	2	3	4	…	n
1	销售收入							
1.1	产品 A 的销售收入							
	单价（含税）							
	数量							
	销项税额							
1.2	产品 B 的销售收入							
	单价（含税）							
	数量							
	销项税额							
2	销售税金及附加							
2.1	增值税							
2.2	消费税							
2.3	城市维护建设税							
2.4	教育费附加							
3	增值税							
	销项税额							
	进项税额							

2.4.2 利润

1. 概念与分配

利润，作为企业在其生产经营活动中所创造的价值与所承担的成本之间的差额，直接体现了企业在特定会计期间内的经营绩效。利润以货币为量化工具，不仅反映了企业在日常运营中的效率和效益，更是企业经济活动成果的最终体现。企业的最终经营成果主要可以归结为两类：盈利与亏损。企业的利润根据其来源和性质，可以细分为营业利润、利润总额和净利润。营业利润主要来源于企业的核心经营活动，如销售商品、提供服务等。利润总额则不仅包括了营业利润，还涵盖了企业非经营性的收支及投资收益等。净利润则是企业在扣除所有税费后的最终利润，它代表了企业在一个会计期间内真正的盈利能力和经

营成果。

企业可供分配的利润包括企业当期实现的净利润、年初未分配利润（或减去年初未弥补亏损），以及其他转入后的余额。按照《企业会计准则》，企业可供分配的利润可依据以下顺序进行分配。

（1）计提法定公积金

法定公积金，又称强制公积金，是指企业必须依法从税后利润中提取的专项资金。根据《中华人民共和国公司法》的相关规定，公司既不能通过章程或股东大会决议取消法定公积金的提取，也不能擅自削减其法定比例。这笔资金具有特定的用途，通常用于弥补企业的亏损、扩大生产经营规模及增加公司的注册资本。

（2）经股东大会决议计提任意公积金

任意公积金是指公司在法定公积金之外，经过股东会决议从税后利润中额外提取的公积金。与法定公积金不同，任意公积金的提取并非法律强制要求，因此企业在是否提取及提取比例方面拥有自主权。

（3）向投资者分配的利润或股利

根据《中华人民共和国公司法》的规定，有限责任公司在完成亏损弥补和公积金计提后，剩余的税后利润应当按照相关法律法规所规定的比例向投资者进行分配。而对于股份有限公司，其税后利润的分配则是基于股东所持有的股份比例进行的，除非公司章程中有特别规定不按照持股比例进行分配。这样的分配机制确保了公司的利润分配公平、透明，并符合法律法规的要求。

（4）未分配利润

经过上述分配后，剩余的可供投资者分配的利润部分称为未分配利润（或未弥补亏损）。这部分利润可以留待以后年度进行分配。若企业出现亏损，则可以按规定使用以后年度的利润来弥补这些亏损。在企业的资产负债表中，未分配的利润（或未弥补亏损）应当在所有者权益项目中单独列示，以清晰反映企业的财务状况和权益结构。这样的处理方式有助于投资者和利益相关者了解企业的盈利能力和长期发展趋势。

2. 营业利润

营业利润是企业利润的主要来源，其计算公式为

营业利润=营业收入-营业成本-税金及附加-销售费用-管理费用-财务费用-资产减值损失
+公允价值变动收益（损失为负）+投资净收益（损失为负）　（2.24）

营业收入是企业通过经营活动所获得的实际收入总额，这一总额由主营业务收入和其他业务收入两部分构成。其中，主营业务收入主要来源于企业为实现经营目标所从事的经常性活动，这些收入构成了企业收入的主要部分，反映了企业主营业务的市场表现和经济效益。营业收入还包括其他业务收入，这部分收入来自企业除主营业务外的其他销售或业务活动。

税金及附加是指企业在经营活动中缴纳的城市维护建设税、消费税、教育费附加、资源税、地方教育附加等。由于“营改增”后营业税已被取消，税金及附加主要反映与增值税相关的附加税项。

资产减值损失是指企业计提各项资产减值准备所形成的损失。

公允价值变动收益（或损失）是指企业交易性金融资产等公允价值发生变动时形成的应计入当期损益的利得（或损失）。

投资净收益（或损失）是指企业在各种对外投资活动中获取的投资收益与投资损失的差额，如果投资净收益为负值，则为投资净损失。

3. 利润总额

利润总额是企业在一定时期内生产经营活动的最终财务成果，是企业生产经营各方面的效益，计算公式为

$$利润总额=营业利润+营业外收入-营业外支出 \tag{2.25}$$

式中，营业外收入是指与企业日常生产经营活动无直接联系，且企业在获取这些收入时无须付出相应代价的纯收入。营业外收入主要来源于一些非经营性的活动或事项，主要包括以下几个方面：固定资产盘盈、处置固定资产净收益、确定无法支付的应付款项、教育费附加返还款、罚款净收入及出售无形资产净收益等。这些营业外收入虽然不属于企业主营业务范畴，但在一定程度上反映了企业的非经营性收益能力和资产利用效率。企业在分析自身经济状况时，也应充分考虑营业外收入的影响。

4. 净利润

净利润是指利润总额与所得税的差额，其计算公式为

$$净利润=利润总额-所得税 \tag{2.26}$$

2.4.3 税金

1. 概念和分类

税金（tax）是指国家为了实现其职能，凭借政治权力对具有纳税义务的企业单位和个人征收的财政资金。依据法律规定，税金是对具有纳税义务的企业和个人进行征收的，这一过程称为税收。税收作为国家对社会产品和国民收入进行分配的一种方式，具有强制性、无偿性和固定性等基本特征。税收不仅为国家提供了重要的财政收入，同时也是国家进行宏观调控的重要经济杠杆。通过调整税收政策，国家可以影响经济活动的各个方面，如消费、投资、储蓄等，从而实现经济的平衡和健康发展。因此，税收在调节和控制经济运行、促进国民经济健康发展方面发挥着不可替代的作用。

在我国的现行税制中，税收依据课税对象的不同性质可以划分为以下五大类。

（1）流转税类

流转税类的征税对象为商品生产、流通环节中的劳务服务流转额，主要包括增值税、消费税等。

（2）资源税类

资源税类的征税对象为被开发或占用的各种资源，主要包括资源税和土地使用税等。

（3）所得税类

所得税类的征税对象为单位或个人在一定期间内的生产经营或其他所得，包括企业所得税、外商投资企业和外国企业所得税、个人所得税等。

（4）财产税类

财产税类的征税对象为法人和自然人所拥有及转移的财产价值和增值额，主要包括车

船税、房产税和土地增值税等。

（5）行为税类

行为税类的征税对象为国家规定的某一特定行为，主要包括固定资产投资方向调节税（目前暂停征收）、车船使用税、印花税等。

下面仅介绍与工程建设项目投资活动有关的税种及其计算方法。

2. 增值税

增值税（added value tax）是一种流转税，其征税对象集中在商品生产和流通中的新增价值和商品附加值。在商品的销售价格中，增值税并不作为组成部分，而是作为价外税存在。在企业的财务处理中，增值税既不会被计入成本费用，也不会被计入销售收入。

（1）征税对象

征税对象主要是指在国内销售或进口的有关货物，以及提供加工修理、修配劳务的单位或个人。

（2）征税范围

征税范围主要包括企业在生产、商业批发及零售环节销售的货物和在进口环节的进口货物等。

（3）计算公式

增值税应纳税额为纳税人当期销项税额与进项税额的差额，计算公式为

$$增值税应纳税额=销项税额-进项税额 \tag{2.27}$$

式中，销项税额是指纳税人在销售货物或提供应税劳务后，按照销售额乘以增值税率计算并向购买方收取的增值税额。我国现行的增值税税率设置较为灵活，依据不同行业和应税行为采取差别税率。根据财政部、税务总局等联合发布的《财政部 税务总局 海关总署关于深化增值税改革有关政策的公告》（2019 年第 39 号文件），自 2019 年起，建筑服务行业适用的增值税税率为 9%。此外，依据《中华人民共和国增值税暂行条例》第七条规定，出口货物通常适用零税率，即在出口环节免征增值税，出口企业可以依法申请进项税额的退税。销项税额的计算公式为

$$\begin{aligned}销项税额&=销售额\times增值税税率\\&=销售收入（含税销售额）\div(1+增值税税率)\times增值税税率\end{aligned} \tag{2.28}$$

进项税额是指纳税人在购买货物或接受应税劳务时应支付或承担的增值税金额。在商品销售的各个环节，销售方需要按照相关规定，在增值税专用发票上明确标注不含增值税的销售价格及对应的增值税额。购买方在收到这些发票后，应根据发票上注明的增值税税额来确定当期的进项税额。这样的规定确保了增值税的准确计算和缴纳，维护了税收的公平性和有效性。进项税额的计算公式为

$$进项税额=外购原材料、燃料和动力费\div(1+增值税税率)\times增值税税率 \tag{2.29}$$

3. 消费税

消费税（consumption duty）是针对特定应税消费品（如生产、委托加工和进口的商品）的单位或个人征收的一种流转税。这种税种的征收是在普遍实施增值税的基础上进行的，旨在根据国家的消费政策和产业政策，有针对性地调节部分消费品的税收负担。消费税作为一种特殊税种，其征收范围有限，但针对性强，旨在促进资源的合理配置和引导消

费者的健康消费。

（1）征税范围

根据最新政策规定及《中华人民共和国消费税暂行条例》及《消费税法（征求意见稿）》的精神，中国消费税主要对以下几类特定消费品进行征收，目的在于引导消费结构、调节收入分配、保护环境和促进节能减排。具体征税范围可归纳为以下五大类。①对生态环境和公共健康有显著危害的消费品，包括烟草制品、酒类、鞭炮等。这类产品具有成瘾性或危险性，国家通过征收高额消费税以遏制其过度消费，减少对社会健康和公共安全的负面影响。②奢侈品和高档非生活必需品，包括高档化妆品、高档手表、珠宝首饰、高档乘用车（如豪华汽车、超大排量车辆）等。此类商品征税的主要目的在于调节高收入人群的消费行为，缩小社会收入差距，促进公平。③高能耗、高污染产品，如大排量汽车、摩托车、成品油等。这类产品的征税体现了“绿色税制”理念，通过提高其消费成本，引导消费者选择更节能环保的产品，有利于推动低碳转型和绿色发展。④依赖不可再生资源的产品，主要包括石油及其制品、部分稀有资源类消费品。通过消费税对资源型产品征税，有助于控制其不合理消费，促进资源节约与合理配置。⑤消费基数大、税源广泛的产品，如小排量汽车等日常消费频繁、但价格相对较低的商品。虽然对单个消费者影响较小，但整体税基广泛，有利于国家财政收入的稳定获取。

（2）计算公式

消费税的应纳税额可以使用从价定率和从量定额两种计税方法进行计算，一般消费税的纳税人为应税消费品的生产者，并在其销售该消费品时完成纳税，消费税的计算公式如下。

1）实行从价定率计算：

$$\begin{aligned}\text{应纳税额}&=\text{应税消费品销售额}\times\text{适用税率}\\&=\text{销售收入（含增值税）}\div(1+\text{增值税率})\times\text{消费税率}\\&=\text{组成计税价格}\times\text{消费税率}\end{aligned}\tag{2.30}$$

式中，应税消费品销售额通常是指销售应税产品取得的全部价款（除应交增值税税额外），主要包括应税产品的销售收入，其他业务收入，以及随着同类产品销售从购置方取得的各种形式的价外收入。

2）实行从量定额计算：

$$\text{应纳税额}=\text{应税消费品销售数量}\times\text{单位税额}\tag{2.31}$$

式中，应纳税消费品销售数量需根据具体情况予以确定。销售应税消费品时，应税消费品销售数量为其销售数量；委托加工应税消费品时，应税消费品销售数量为受托方收回数量；自产自用应税消费品时，应税消费品销售数量为其移送使用数量；进口应税消费品时，应税消费品销售数量为海关核定的进口征税数量。

4. 城市维护建设税

城市维护建设税是我国对缴纳增值税、消费税的单位和个人依法征收的一种附加税，其目的是用于城市和乡镇的公共设施建设和维护资金的筹集。纳税人应按其实际缴纳的增值税和消费税总额，乘以适用税率计算缴纳城市维护建设税。

$$\text{城市维护建设税}=(\text{增值税实缴额}+\text{消费税实缴额})\times\text{适用税率}\tag{2.32}$$

适用税率根据纳税人所在地的行政区划确定：市区为 7%，县城和建制镇为 5%，其他地区为 1%。

5. 教育费附加

教育费附加（extra charges of education funds）是一种为了增加地方教育经费、促进地方教育事业发展而征收的附加税费。根据相关规定，教育费附加需与消费税、增值税一并缴纳。其计税基础为纳税人实际缴纳的消费税、增值税税额。值得注意的是，教育费附加的征税率为 3%，通过征收教育费附加，可以确保更多的资金被投入到教育事业中，从而推动地方教育水平的持续提升。其计算公式为

$$教育费附加=(消费税+增值税)\times 3\% \tag{2.33}$$

6. 所得税

所得税（income tax）是以单位或个人在一定时期内的纯收入为征税对象的各个税种的总称。我国的所得税可主要划分为 3 种：企业所得税、外商投资企业和外国企业所得税、个人所得税。

（1）企业所得税

在我国，企业所得税的纳税人是指依法设立的具有法人资格的公司制企业及其他取得应税所得的组织，包括有限责任公司、股份有限公司、外商投资企业等。其中不包括个体工商户、个人独资企业和合伙企业等不具有法人资格的经营主体，它们适用的是《个人所得税法》中的经营所得项目，税负由投资人个人承担。企业所得税的计算公式为

$$应纳税额=应纳税所得额\times 税率 \tag{2.34}$$

式中，应纳税所得额是指纳税人在每一个纳税年度的收入总额与准予扣除项目金额的差额，其计算公式为

$$应纳税所得额=收入总额-准予扣除项目金额 \tag{2.35}$$

式中，纳税人的收入总额包括生产经营收入、利息收入、转让财产收入、特许权使用费收入、租金收入、股息等权益性投资收益等。准予扣除项目金额是指纳税人在取得收入时，与其直接相关的成本、费用、税金和损失等。不准予扣除的项目金额则包括资本性支出、开发支出、无形资产受让费用、被没收的财物损失、违法经营的罚款、自然灾害或意外事故中由保险公司赔偿的部分、各项税收滞纳金和罚金，以及与收入取得无直接关联的其他费用支出。企业所得税的税率分为法定税率和优惠税率两类。自 2008 年 1 月 1 日起，我国施行了《中华人民共和国企业所得税法》，其中规定企业所得税的税率为 25%，适用于大多数企业。优惠税率则适用于应纳税所得额在一定限定额度以下的企业，它们可以享受较低的税率优惠。根据财政部和税务总局发布的《关于延续实施小微企业所得税优惠政策的公告》（财政部 税务总局公告 2023 年第 6 号），自 2023 年 1 月 1 日至 2024 年 12 月 31 日，对小型微利企业实施如下企业所得税优惠，包括：年应纳税所得额不超过 100 万元的部分，按 20%的法定税率计征企业所得税，并按 12.5%的比例计入应纳税所得额，实际税负为 2.5%；年应纳税所得额超过 100 万元但不超过 300 万元的部分，按 20%的税率计征企业所得税，并按 25%的比例计入应纳税所得额，实际税负为 5%。享受上述政策的小型微利企业应同时满足以下条件：年应纳税所得额不超过 300 万元，从业人数不超过 300 人，资产总额不超过 5 000 万元，且不属于国家限制类或淘汰类产业。

根据《中华人民共和国企业所得税法》第二十八条规定，国家对符合条件的高新技术企业实行 15%的优惠企业所得税税率。高新技术企业是指从事国家重点支持的高新技术领

域、具备持续研发能力、拥有核心自主知识产权的企业。企业须通过科技主管部门和税务机关联合组织的高新技术企业认定，并按规定每三年重新评审一次，方可继续享受税收优惠。

（2）外商投资企业和外国企业所得税

外商投资企业和外国企业所得税是对位于中国境内的外商投资企业和外国企业，在经营活动中所获取的经营所得和其他所得进行征税的一种税种。具体的纳税义务人包括外资企业、中外合作经营企业、中外合资经营企业等外商投资企业，以及在中国境内设立机构、场所的，或虽未设立机构、场所但收入来源于中国境内的外国公司、企业和其他经济组织。在2008年以前，我国对内资企业与外资企业实行不同的所得税制度，外资企业通常享有较低的优惠税率。然而自《中华人民共和国企业所得税法》于2008年1月1日起正式施行以来，我国开始实行统一的企业所得税制度，统一税率为25%，并对高新技术企业、小微企业、部分行业等设立特定优惠政策。原有“双轨制”已被废止，现行政策强调税收制度的公平性与规范性。

（3）个人所得税

个人所得税是对个人取得的各类应税所得依法征收的一种所得税。征税对象包括工资薪金、劳务报酬、稿酬、特许权使用费、经营所得、利息股息红利、财产转让所得等多个项目。根据不同类型的所得，依法设定相应的扣除标准和税率，按应纳税所得额计算缴纳税款。

2.4.4　销售收入、成本、税金及利润之间的关系

销售收入、成本和税金是评估企业在生产经营活动中投入与产出状况的3个核心要素。销售收入反映了企业产品或服务的市场价值；成本则代表了企业在生产产品或提供服务过程中所需的各种资源和费用；税金作为企业对社会贡献的一部分，也体现了企业的法律责任。利润作为销售收入与成本之间的差额，是衡量企业在生产经营活动中经济效益的关键指标。它不仅反映了企业管理效率、市场竞争力及资源利用能力，还是评估企业可持续发展能力和未来投资潜力的重要依据。因此，对利润的合理管理和优化，对于企业的长期稳定发展具有重要意义。

销售收入、税金、成本和利润之间的关系如图2.4所示。

- 销售收入
  - 销售税金及附加
    - 增值税、消费税、城市维护建设税
    - 教育费附加及资源税
  - 总成本费用
    - 折旧费、摊销费
    - 利息支出
    - 外购原材料、燃料和动力费（经营成本）
    - 修理费（经营成本）
    - 工资及福利费（经营成本）
    - 其他费用（经营成本）
  - 利润总额
    - 所得税
    - 税后利润（可供分配利润）
      - 盈余公积金（含公益金）
      - 应付利润
      - 未分配利润

图2.4　销售收入、成本、税金和利润之间的关系

典 型 案 例

某建筑工程项目计划从国外进口一批特殊设备，质量为 1 000 吨，装运港船上交货价（FOB 价）为 600 万美元。其他有关费用参数如下。

1）国际运费标准：200 美元/吨。

2）海上运输保险费率：0.4%。

3）银行手续费率：0.7%。

4）外贸手续费率：1.0%。

5）关税税率：25%。

6）消费税税率：3%。

7）增值税税率：13%。

8）外汇牌价：1 美元=7.092 5 元人民币。

9）设备的国内运杂费率：3.0%。

根据以上信息，计算该批设备的购置费用。

解：货价=FOB 价×汇率=600 万×7.092 5=4 255.50（万元）。

国际运费=运量×单位运价=1 000×200×7.092 5=141.85（万元）。

运输保险费=(货价+国际运费)/(1−海上运输保险费率)×海上运输保险费率=(4 255.50+141.85)/(1−0.004)×0.004≈17.66（万元）。

到岸价=货价+国际运费+运输保险费=4 255.50+141.85+17.66=4 415.01（万元）。

银行财务费=货价×银行手续费率=4 255.50×0.7%≈29.79（万元）。

外贸手续费=到岸价×外贸手续费率=4 415.01×1.0%≈44.15（万元）。

进口关税=到岸价×关税税率=4 415.01×25%≈1 103.75（万元）。

进口设备增值税=(到岸价+进口关税)×增值税税率=(4 415.01+1 103.75)×13%≈717.44（万元）。

设备运杂费=到岸价×设备运杂费率=4 415.01×3.0%≈132.45（万元）。

最后计算设备购置费：设备购置费=到岸价+设备运杂费+银行财务费+外贸手续费+进口关税+进口设备增值税=4 415.01+132.45+29.79+44.15+1 103.75+717.44=6 442.59（万元）。

所以，该批设备的购置费用为 6 442.59 万元人民币。

本 章 小 结

工程经济学是一门专注于研究工程项目经济效益的学科，其核心在于比较工程项目的投入与产出。这些投入与产出涵盖了从建设投资、流动资金，到运营过程中形成的收入、成本、费用和利润等方方面面。为了更有效地理解和运用这些概念，将其按照相似性特征归类为工程经济分析的基本要素，这些要素构成了工程经济分析的核心数据基础。

本章深入介绍了这些基本要素的构成及其相互关系，以及各要素的具体组成和计算方法。其中包括工程项目投资的概念、分类及其构成；设备及工器具购置费用的构成及其计算方法，特别是进口设备的原价计算；建筑安装工程费的构成要素及其概念，按费用构成要素及造价形成的分类；工程建设其他费用的构成及其概念；预备费（包括基本预备费和涨价预备费）的计算方法；成本与费用的概念、区别及联系；总成本费用的构成及其相关要素的概念；经营成本、沉没成本和机会成本的概念及其计算方法；固定资产折旧和无形资产摊销的概念、影响因素及其计算方法；销售收入、利润和税金的相关概念及其计算方法等。通过对这些要素进行详细解析，我们可以更好地理解工程项目经济效益的形成和变化，为工程项目的投资决策提供科学依据。

思考与练习

1．试述工程项目投资的构成。

2．试述两种预备费的区别。

3．试述工程建设其他费用的构成。

4．简述成本与费用的区别与联系。

5．试述固定资产折旧的计算方法和适用条件。

6．试述销售收入、成本、税金及利润之间的关系。

7．某施工机械原始价值为 360 万元，折旧年限为 6 年，年平均工作 300 个台班，预计净残值率为 3%。按工作台班法提取折旧，求机械台班折旧费。

8. 某制造企业 2023 年年度工程结算收入为 2 000 万元，营业成本和税金及附加为 500 万元，管理费用为 200 万元，财务费用为 150 万元，其他业务收入为 200 万元，投资收益为 150 万元，营业外收入为 100 万元，营业外支出为 80 万元，所得税为 100 万元。请计算该企业当年的营业利润。

9．某车辆 6 年前的原始成本为 90 000 元，目前的账面价值为 30 000 元，现在的市场价值为 16 000 元。请计算该车辆的沉没成本。

10．某工程项目的设备及工器具购置费为 3 500 万元，建筑安装工程费为 1 000 万元，工程建设其他费为 1 500 万元，基本预备费率为 10%。请计算该项目的基本预备费。

第 3 章　现金流量与资金时间价值

【学习目标】

1）了解现金流量的概念和分类；
2）掌握现金流量表和现金流量图的画法；
3）掌握利率的含义及基本的计息方式；
4）掌握名义利率和实际利率的含义；
5）了解资金时间价值的含义、本质及其影响因素；
6）掌握一次支付型和多次支付型的资金等值计算方法。

【关键概念】

现金流量　现金流量图　名义利率　实际利率　复利　资金时间价值

3.1　项目计算期与现金流量

人们通常依据项目内特定时期的现金流量对投资项目及产品方案进行评价与分析。因此，确定项目计算期的长短与现金流量的大小至关重要。

现金流量指工程项目中的现金与现金等价物的流入与流出。本章将对现金流量的概念及分类、现金流量表和现金流量图进行介绍。

3.1.1　项目与项目计算期

项目是指投入一定的资源的计划、方案、规划，并且可以进行分析和评价的独立单元。一个项目通常包括以下特点：具有特定目标，有明确的开始和终止日期，资金有限，消耗资源，在一定约束条件下（主要是限定时间、限定资源）的一次性任务。项目财务效益与费用的估算涉及整个计算期的数据。项目计算期是指对项目进行经济评价应延续的年限，包括建设期和运营期，是财务评价的重要参数。

1. 建设期

项目评价中的建设期是指从项目资金正式投入开始到项目建成投产为止的时期。建设期主要工作包括安排计划、签订合同、筹集资金、组织施工等前期准备工作。建设期的确定应综合考虑项目的建设规模、建设性质（新建、扩建和技术改造）、项目复杂程度、当地建设条件、管理水平与人员素质等因素。由于建设期内只有投入，没有或很少有产出，所以，建设期过长会增加项目的成本，推迟项目获利时期的到来。因此，一般而言，在保证工程项目或工程建设质量的前提下，应尽可能地缩短项目建设期。

2. 运营期

项目评价中的运营期是指项目正式投入运行后的时期，又分为投产期和达产期。投产后达到设计生产能力的时间称为投产期，达到设计生产能力后的时期称为达产期。

运营期的确定应结合多种因素综合考虑，包括行业特点、主要装置（或设备）的经济寿命期限等。除某些采掘工业受资源储量限制需确定合理的开采年限外，一般工业项目的运营期可按固定资产综合折旧寿命计，一般项目的运营期为 15 年左右。对于某些折旧年限较长的特殊项目，如大型基建、交通等，其运营期可延长至 25 年。项目的运营期需要根据行业的特点来具体确定。

3.1.2 现金流量及相关概念

工程经济学中将项目看作一个系统，为使这个系统顺利规划、设计、建设和运营而付出的现金，称为现金流出；项目付诸运营后产生的收入、残值回收等收回的现金称为现金流入。现金流入和现金流出统称为现金流量。

1. 现金流量的组成和含义

具体地讲，现金流入量是指在项目的整个计算期内流入项目系统的资金，即项目引起的现金收入的增加额。通常包括：项目投产后每年可增加的销售收入；项目报废时的残值收入或中途转让时的变现收入；项目结束时收回的原来投放在各种流动资产上的营运资金[①]。其他现金流入量（如捐赠收入、补贴收入）等。

现金流出量是指在项目的整个计算期内流出项目系统的资金，即项目引起的现金支出的增加额。通常包括：在固定资产、无形资产、开办费上的投资；项目建成投产后为开展正常经营活动而需投放在流动资产（原材料、在产品、产成品和应收账款等）上的营运资金；为制造和销售产品所发生的各种付现成本；各种税款，即项目投产后依法缴纳的、单独列示的各项税款（包括所得税）；其他现金流出量。

净现金流量是指在项目的整个计算期内每个时刻的现金流入量与现金流出量之差。当现金流入量大于现金流出量时，净现金流量为正，反之为负。

现金流量分析方法是工程经济学中的一种重要方法。现金流量分析方法具有以下作用：①对获取现金的能力做出评价；②对偿债能力做出评价；③对收益的质量做出评价；④对投资活动和筹资活动做出评价。

2. 现金流量的分类

按照经营业务发生的性质，通常将现金流量分为以下 3 类：经营活动产生的现金流量、投资活动产生的现金流量和筹资活动产生的现金流量。只是现金形式转变，而不涉及真实现金数量的增加和减少的业务（如从银行提取现金、现金和现金等价物之间的转换等），均不产生现金流量。

3. 确定现金流量应注意的问题

（1）明确现金的具体含义

项目现金流量管理中的现金，不是通常所理解的手持现金，这里的“现金”是广义的，

① 项目报废时的残值收入或中途转让时的变现收入，以及项目结束时收回的原来投放在各种流动资产上的营运资金，这两项统称为回收额。

指企业的库存现金和银行存款，还包括现金等价物，即企业持有的期限短、流动性强、容易转换为已知金额的现金，以及高流动性和低风险性的投资等。

（2）明确现金流量发生的时点

现金流量的发生具有时间性，每一笔现金流量的进出要与时间相对应，由于资金具有时间价值，不同时点上发生的现金流量的性质与效力不同。

（3）明确现金是实际发生的

现金流量的发生必须是项目系统实际收到或支出的资金（包括现钞、转账支票等凭证）。不应将项目内部的现金转移（如折旧、应收账款等）作为现金流量。

（4）明确分析角度

在不同的经济系统中，同一笔资金的流动从不同的角度考察有不同的内涵和结果。例如，从企业角度而言税金是现金流出；从国家角度看，由于税金只是国民经济系统内资金的一种再分配，属于内部的转移支付，所以税金既不属于现金流出，也不属于现金流入。

3.1.3　现金流量的表示方法

1. 现金流量表

现金流量表是用表格的形式描述不同时点上发生的各种现金流量的大小和方向，能够直接、清楚地反映项目在整个计算期内各年的现金流量（资金收支）情况的一种表格，利用它可以进行现金流量分析，如表 3.1 所示。

表 3.1　现金流量表范例　　单位：万元

项目	计算期						
	1	2	3	4	5	…	n
现金流入量	0	0	700	900	900	…	950
现金流出量	2 000	700	100	120	100	…	120
净现金流量	−2 000	−700	600	780	800	…	830

净现金流量是现金流量表中的一个重要内容，通常现金流入取正号，现金流出取负号。项目所处的计算期阶段不同，其各年的现金流量有正有负，其计算如下。

1）项目建设期内每年净现金流量的计算公式为

$$净现金流量=-(固定资产投资+流动资产投资) \tag{3.1}$$

这个阶段只有现金流出，没有现金流入，因此净现金流量通常为负。

2）项目运营期内每年净现金流量的计算公式为

$$净现金流量=销售收入-经营成本-销售税金-所得税 \tag{3.2}$$

在这个阶段，通常净现金流量是正值。如果出现负值，则说明该项目处于亏损状态。

3）项目计算期最后一年的年净现金流量的计算公式为

$$\begin{aligned}净现金流量=&销售收入+回收固定资产残值+回收流动资金-经营成本\\&-销售税金-所得税\end{aligned} \tag{3.3}$$

在这个阶段，该项目寿命期进行到了最后一年，前期投入的流动资金要回收，还要回收固定资产残值，因此这一年的年净现金流量一般是正值。

【例 3.1】 某工业项目情况如下：固定资产投资为 50 万元，无形资产投资为 20 万元，咨询和人员培训费共 2 万元；流动资金投资为 20 万元，全部为贷款，利率为 8%。项目于第 2 年投产，产品销售收入第 2 年为 60 万元，第 3～8 年为 95 万元；总成本第 2 年为 37 万元，第 3～8 年为 50 万元；第 2～8 年折旧费用为 6 万元；第 8 年年末（项目寿命期末）处理固定资产可得收入 8 万元并收回全部流动资金。根据上述条件，制作项目现金流量表，如表 3.2 所示。

表 3.2　项目现金流量表　　单位：万元

项目	计算期				
	0	1	2	3～7	8
1．投资	72	20			
1.1 固定资产投资	50				
1.2 无形资产投资	20				
1.3 递延资产投资	2				
1.4 流动资金		20			
2．经营成本			29.4	42.4	42.4
2.1 总成本			37	50	50
2.2 折旧与摊销			6	6	6
2.3 贷款利息			1.6	1.6	1.6
3．销售收入			60	95	95
4．流动资金回收					20
5．期末残值					8
6．净现金流量	−72	−20	30.6	52.6	80.6

注：① 经营成本=项目 2.1−项目 2.2−项目 2.3。
② 贷款利息=流动资金×利率=20×8%=1.6（万元）。
③ 净现金流量=项目 3+项目 4+项目 5−项目 2−项目 1。

此外，通过项目现金流量表可计算项目内部收益率、净现值和投资回收率等评价指标，并考察项目的盈利能力，为各个方案进行比较建立了共同的基础。

2．现金流量图

现金流量图是描述现金流量作为时间函数的图形，它能表示资金在不同时间点流入与流出的情况。运用现金流量图，可全面、形象、直观地表达项目系统的资金运动状态。现金流量图是一种反映项目系统资金运动状态的图式，即把项目系统的现金流量绘入时间坐标图中，并表示出各现金流入、流出与相应时间的对应关系。

现金流量图包括三大要素：大小、流向、时点。其中，大小表示资金的数额；流向指项目的现金流入或流出；时点是指现金流入或现金流出所发生的时间。

现金流量图的具体画法如下（现金流量可以通过现金流量图来表示）：用水平线表示项目的寿命周期（或计算年限），线下方的 0～n 个自然数为计息期数，每一期的数字表示该期末发生的现金流入或流出，现金流入画在水平线的上方，现金流出画在水平线的下方。

现金流量图的一般形式如图 3.1 所示。

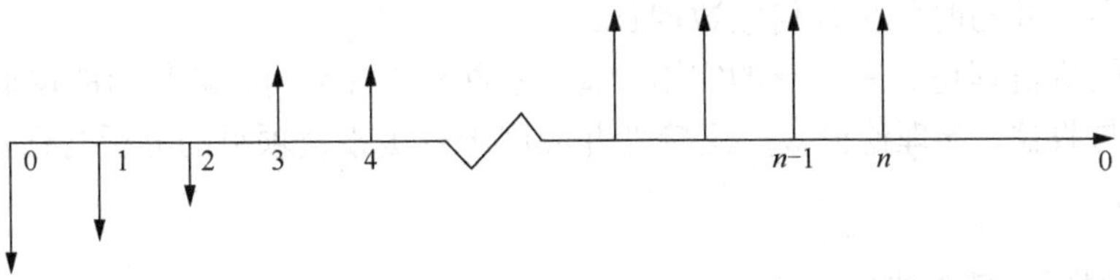

图 3.1　现金流量图的一般形式

【例 3.2】 某建设项目期初投资 200 万元，第 2 年进入投产期，追加投资 100 万元，当年见效，收益为 500 万元，支出为 350 万元，第 3～5 年的现金收入均为 800 万元，现金支出均为 500 万元，第 5 年年末回收固定资产余值 50 万元，试绘制该项目的现金流量图。

解：该项目的现金流量图如图 3.2 所示。

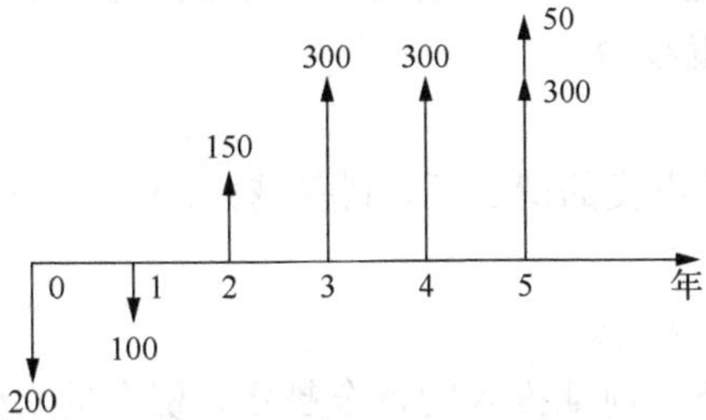

图 3.2　某项目的现金流量图

3.2　资金的时间价值

资金时间价值是指资金随着时间的推移在生产经营活动中增加（减少）的价值。使不同时点、不同数量的资金具有相同价值的计算过程称为资金等值计算，其常用的计算方式有一次支付和多次等额支付。由于计息期与利率期不相等，出现了名义利率和实际利率的概念，当计息期短于利率期时，实际利率会高于名义利率。

3.2.1　资金时间价值的含义

资金时间价值，又称货币时间价值，是指资金的价值随时间的推移而发生价值的增加，增加的那部分价值就是原有资金的时间价值。

在工程经济计算中，技术方案的经济效益及其消耗的人力、物力和资源，最后都是以价值形态，即资金的形式表现出来的。资金运动反映了物化劳动和活劳动的运动过程，而这个过程也是资金随时间运动的过程，其实质是资金作为生产经营要素，在扩大再生产及其流通过程中，随时间周转使用的结果。因此，在工程经济分析时，不仅要着眼于技术方案资金量的大小（资金收入和支出的多少），也要考虑资金发生的时间。

资金时间价值是指投资者认识到资金及其随时间增长的价值增值之间的量化关系。具体而言，投资者认为，投入的资金其价值会随时间的推移，按一定的复利率呈几何级数增长，这即为资金的时间价值。

如果资金用于投资，则意味着放弃当前的消费。这种牺牲当前消费以换取未来更多消费的行为，从消费者的角度来看，推迟消费应获得相应的补偿，且推迟消费的时间越长，补偿也应越多，并与时间呈几何级数增长。

资金时间价值理论具有广泛的实用价值，它通过分析不同时期货币的现值来评估投资项目的成本与收益。该理论已被广泛接受并应用于我国投资项目的分析与评价中，并发挥着积极作用。

3.2.2 资金时间价值的影响因素

（1）资金的使用时间

在单位时间的资金和利率一定的条件下，资金的使用时间越长，资金的时间价值就越大；使用时间越短，资金的时间价值就越小。

（2）资金数量的多少

在其他条件不变的情况下，资金数量越多，资金的时间价值就越多；反之，资金的数量越少，资金的时间价值就越少。

（3）市场利率的大小

一般来讲，在其他条件不变的情况下，利率越大，资金的时间价值就越大；利率越小，资金的时间价值就越小。

（4）资金投入和回收的特点

在总资金一定的情况下，前期投入的资金越多，资金的负效益就越大；反之，后期投入的资金越多，资金的负效益就越小。

（5）资金周转的速度

在单位时间、单位资金和利率一定的条件下，资金周转越快，在一定的时间内等量资金的周转次数越多，资金的时间价值就越多；反之，资金的时间价值就越少。

（6）通货膨胀

通货膨胀的出现会使资金贬值，贬值会减少资金的时间价值，即通货膨胀水平越高，资金的时间价值越小。

由于资金的时间价值受到上述多种因素的影响，所以在对项目进行投资分析时要从以上几个方面进行分析和评价。

3.2.3 资金时间价值的衡量尺度

衡量资金时间价值的尺度有两种，一种是绝对尺度，以确切的数值表示，如利息、盈利或收益；另一种是相对尺度，通常以百分比表示，如利率、利润率、收益率等。

3.3 利息、利率与计息方式

3.3.1 利息

利息，是指贷款者放弃获取投资收益的补偿，是一段时期内放弃货币流动性的报酬。或者说，是贷款者因暂时让渡货币资金使用权，从借款者那里取得的超过借贷货币数额的报酬。对于借款者来说，利息是借用本金应付出的代价，即

$$I = F - P \tag{3.4}$$

式中，I——利息；

F——目前债务人应付（或债权人应收）总额，即还本付息总额（本利和）；

P——原借贷金额，常称为本金。

3.3.2　利率

1. 利率的含义与计算方法

利息水平的高低由利息率表示，利息率简称利率。利率是指借贷期内获得的利息额与借贷资本金的比率，是衡量利息高低的指标，也称收益率。在经济学中，利率的定义是从利息的定义中衍生出来的，即在理论上先承认了利息，再以利息来解释利率。在实际计算中却正好相反，常根据利率计算利息。利率的计算公式为

$$i = \frac{I}{P} \tag{3.5}$$

式中，i——利率；

I——利息；

P——本金。

【例 3.3】 某公司现借得本金 1 000 万元，一年后付息 80 万元，则年利率为多少？

解： $\frac{80}{1\,000} \times 100\% = 8\%$，即年利率为 8%。

2. 利率的分类

在经济生活中，利率不仅有多种具体表现形式，也有不同的分类方式。

根据计息的时间周期不同，利率可以分为年利率、月利率、日利率。年利率、月利率和日利率之间的换算关系是：年利率等于月利率乘以 12，月利率等于日利率乘以 30。

按利率的真实水平，利率可以分为名义利率与实际利率。

在利息计算或贷款合同谈判时，通常用年利率表示利率的高低，这个年利率 i 即称为名义利率。在实际的贷款条件中，往往一年内计息多次，如六个月、三个月、一个月等，期利率等于名义利率除以一年内的计息次数（或者说名义利率等于期利率与一年内计息次数的乘积）。所谓实际利率是指年初的一笔资金按期利率进行计算的年末总利息与年初本金之比。

名义利率与实际利率的差异主要取决于实际计息期与名义计息期的差异，它们的关系如下：

$$\text{实际利率} i_{\text{实际}} = (1 + i_{\text{名义}} / m)^m - 1 \tag{3.6}$$

式中，m——一年内的计息次数。

为了便于比较名义利率与实际利率的差异，设 $i_{\text{名义}} = 12\%$，当计息期不同时，实际利率如表 3.3 所示。

表 3.3　计息期与实际利率的关系

计息期	一年内计息次数	实际利率/%
一年	1	12
六个月	2	12.36
三个月	4	12.550

续表

计息期	一年内计息次数	实际利率/%
一月	12	12.682 5
一天	365	12.747 5
一小时	8 760	12.749 6
无限小	∞	12.749 7

【例 3.4】 有一笔资金 1 000 万元，年利率为 12%，计息期为半年（即每半年计息一次），求一年后的本利和 F。

解：名义利率 $i_{名义}=12\%$，半年计息一次。

半年期利率为 $12\%\div 2=6\%$，一年内计息 2 次，根据式（3.6），实际年利率为 $i_{实际}=(1+i_{名义}/2)^2-1=(1+0.12/2)^2-1=12.36\%$。

实际利率为 12.36%，一年后的本利和为 $F=1\,000+1\,000\times 12.36\%=1\,123.6$（万元）。

3.3.3 计息方式

资金的计息方式分为单利和复利两种。

1. 单利

单利的特点是对利息不再付息，只以本金为基数计算利息，所生利息不计入计算下期利息的基数。我国商业银行的存款产品多采用单利计息。

单利的计算公式为

$$I=Pin \tag{3.7}$$

$$F=P(1+ni) \tag{3.8}$$

式中，I——利息；

P——本金；

i——利率；

n——计息周期数；

F——本利和。

单利计息的公式推导如表 3.4 所示。

表 3.4　单利计息的公式推导

计息周期数	期初本金	当期利息	期末累计本利和
1	P	Pi	$P+Pi=P(1+i)$
2	P	Pi	$P(1+i)+Pi=P(1+2i)$
3	P	Pi	$P(1+2i)+Pi=P(1+3i)$
⋮	⋮	⋮	⋮
n	P	Pi	$F=P[1+(n-1)i]+Pi=P(1+ni)$

【例 3.5】 某公司存款账户上有 20 000 元，现年利率为 2.25%，单利计算分析如下。

第 1 年的利息 $I=Pin=20\,000\times 2.25\%\times 1=450$（元），第 1 年年末，账户上的资金应该是 20 450 元。

以此类推：前 n 年的利率为 $2.25\%n$，第 n 年年末，存款账户总额为 $20\,000\times(1+2.25\%n)$元。

【例 3.6】 假如某公司以单利方式借入 1 000 万元，年利率为 4%，第 4 年年末偿还，计算各年的利息与本利和。

解：各年的利息与本利和如表 3.5 所示。

表 3.5　单利计算分析　　单位：万元

计息周期数	年初贷款	年末利息	年末本利和	年末偿还
1	1 000	1 000×4%=40	1 040	0
2	1 040	40	1 080	0
3	1 080	40	1 120	0
4	1 120	40	1 160	1 160

可以看出，在以单利计息的情况下，总利息与本金、利率及计息周期数成正比关系。此外，在利用式（3.8）计算本利和 F 时，要注意式中 n 和 i 反映的时期要一致。例如，若 i 为年利率，则 n 应为计息的年数；若 i 为月利率，则 n 应为计息的月数。

由表 3.4 和表 3.5 可知，单利的年利息额都仅由本金产生，其新生利息不再加入本金产生利息，即“利不生利”。这不符合客观的经济发展规律，没有反映资金随时都在“增值”的概念，即没有完全反映资金的时间价值。因此，在工程经济分析中单利使用较少，通常只适用于短期投资或短期贷款。

2. 复利

复利，俗称“利滚利”，其特点是除本金要计息外，前期的利息也要计利息。在计算利息时，复利计算需要将本期所生利息加入本金然后计算下期利息，即第 1 年按本金计算利息，第 2 年将第 1 年的利息计入本金，计算出第 2 年的利息，以后各年以此类推。复利的计算公式为

$$F = P \times (1+i)^n \tag{3.9}$$

$$I = F / P \tag{3.10}$$

式中，F——本利和；

P——本金；

i——利率；

n——计息周期数；

I——利息。

复利计息的公式推导如表 3.6 所示。

表 3.6　复利计息的公式推导

计息周期数	期初本金	当期利息	期末累计本利和
1	P	Pi	$P+Pi=P(1+i)$
2	$P(1+i)$	$P(1+i)i$	$P(1+i)(1+i)=P(1+i)^2$
3	$P(1+i)^2$	$P(1+i)^2 i$	$P(1+i)^2(1+i)=P(1+i)^3$
⋮	⋮	⋮	⋮
n	$P(1+i)^{n-1}$	$P(1+i)^{n-1}i$	$F=P(1+i)^{n-1}(1+i)=P(1+i)^n$

【例 3.7】 某公司以复利方式借入 1 000 万元，年利率为 4%，第四年年末偿还，计算

各年的利息与本利和。

解：各年的利息与本利和如表 3.7 所示。

表 3.7　复利计算分析各年的利息与本利和　　单位：万元

计息周期数	年初贷款	年末利息	年末本利和	年末偿还
1	1 000	1 000×4%=40	1 040	0
2	1 040	1 040×4%=41.6	1 081.6	0
3	1 081.6	1 081.6×4%=43.264	1 124.864	0
4	1 124.864	1 124.864×4%=44.995	1 169.859	1 169.859

将例 3.6 与例 3.7 进行比较，可以看出，同一笔借款，在利率和计息周期均相同的情况下，用复利计算出的利息金额比用单利计算出的利息金额要多，如例 3.6 与例 3.7 两者相差 9.859（1 169.859−1 160）万元。显然，在本金越大、利率越高、计息周期越多时，两者差距就越大。复利计息比较符合资金在社会再生产过程中运动的实际状况，因此，在实际中得到了广泛的应用。在工程经济分析中，一般采用复利计息。

3.4　资金等值计算与应用

资金等值（cash equivalent），是指由于资金时间价值的存在，使不同时点上不同金额的资金可以具有相同的经济价值。影响资金等值的因素有 3 个：资金数额的大小、资金发生的时间、利率。

3.4.1　资金等值计算的基本参数

1. 现值

现值（present value）指发生在（或折现到）某一现金流量序列起始点的现金流量价值。它并非专指一笔资金“现在”的价值，而是一个相对概念，记为 P。现值表示资金发生在某一特定时间序列起始点上的价值。在工程经济分析中，现值表示在现金流量图中起点的投资数额，或投资项目的现金流量折算到起点时的价值。折现计算法是评价投资项目经济效果时经常采用的一种基本方法。

2. 终值

终值（future value），又称未来值、将来值，指发生在（或折现到）某一现金流量序列终点的现金流量价值，记为 F。其含义是指期初投入或产出的资金转换为计算期末的终值，即期末本利和的价值。对于某一特定的现金流量序列，F 肯定是发生在后面，而 P 肯定是发生在前面（但并不一定总是发生在 0 时点）。

3. 年金

年金（annuity）是指每年（或按等时）等额支付的现金系列，即年度等值或年金，记为 A。年金的特点是资金的收入或付出不是一次性发生的，而是分次等额发生的，而且每次发生的间隔期都是相等的。年金在实践中是广泛存在的，如单位给职工交纳各种保险金、房租、教育储蓄等都属于年金的范畴。

根据每次收付款发生的具体时点不同，又可以把年金分为普通年金、即付年金、递延年金和永续年金。其中，普通年金和即付年金是年金的两种基本类型。

1）普通年金。普通年金是指从第一期开始，在一定时期内每期期末等额收付的系列款项，也称后付年金。

2）即付年金。即付年金是指从第一期开始，在一定时期内每期期初等额收付的系列款项，也称先付年金或预付年金。

3）递延年金。递延年金是指从第一期以后才开始的，在一定时期内每期期末等额收付的系列款项。它是普通年金的特殊形式。凡不是从第一期开始的普通年金都是递延年金。

4）永续年金。永续年金是指从第一期开始，无限期每期期末等额收付的系列款项，它也是普通年金的特殊形式。诺贝尔奖奖金就是典型的永续年金。

在工程投资决策中，常假设在项目存续的某段时期内，每年的净现金流量是相等的，这样的问题为普通年金问题。在工程投资预算中，若假设建设期每年投入的资金量是相等的，且建设款是在年初投入，则这就是一个即付年金问题。

4. 折现率

折现率（discount rate）或贴现率是指将未来某时点的现金流量等值转化为起始点价值的过程。在工程经济分析中，把根据未来的现金流量求现在的现金流量时所使用的利率称为折现率，记为 i。本书中利率和折现率一般不进行区分，均用 i 表示。

5. 期数

期数（n）在利息计算中是指计算利息的次数，即计息周期数，在经济分析中一般代表项目的寿命。计算利息的期数通常以“年”为单位，记为 n。

3.4.2 资金等值计算的类型、方法与应用

1. 一次支付计算

一次支付是指在分析经济系统现金流量时，现金流入或流出均在一个时点发生。在考虑资金时间价值的情况下，P 是 F 的现值，F 是 P 的终值。

（1）一次支付终值计算（已知现值求终值）

一次支付终值计算，即已知期初投资为 P，利率为 i，求第 n 年年末收回的本利和（终值）F。计算方法与前面介绍的复利计息的本利和计算公式相同。

$$F = P(1+i)^n = P(F/P,i,n) \tag{3.11}$$

式中，$(1+i)^n$ 称为整付终值系数，记为 $(F/P,i,n)$。

一次支付终值的现金流量图如图 3.3 所示。

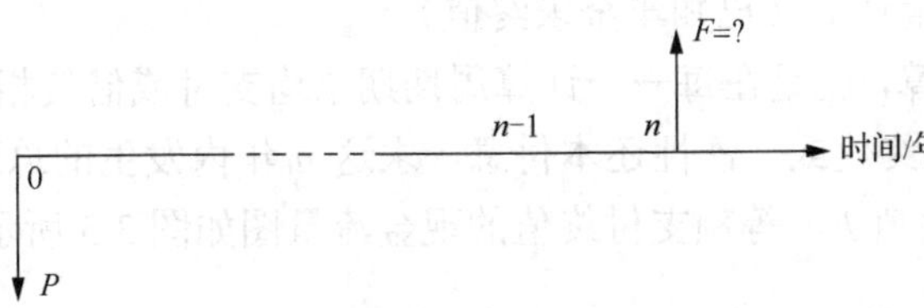

图 3.3　一次支付终值的现金流量图

【例 3.8】 某项目投资贷款 200 万元，年利率为 12%，求 5 年后的本利和。

解：根据式（3.11），有

$$F = 200 \times (1+0.12)^5 = 352.46 \text{（万元）}$$

或

$$F = 200 \times (F/P,12\%,5) = 352.46 \text{（万元）}$$

（2）一次支付现值计算（已知终值求现值）

已知未来某一时间的终值 F，利率为 i，求现在一次投资 P 应为多少，即一次支付现值计算问题，可以通过一次支付终值公式进行变换获得，即已知 F、i、n，求现值 P。一次支付现值的现金流量图如图 3.4 所示。

$$P = F\frac{1}{(1+i)^n} = F(P/F,i,n) \tag{3.12}$$

式中，$(1+i)^{-n}$ 称为一次偿付现值系数，记为 $(P/F,i,n)$。

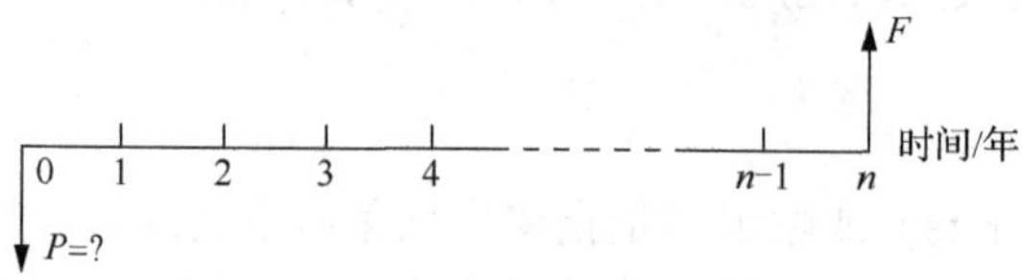

图 3.4　一次支付现值的现金流量图

【例 3.9】 如果 10 年后需要一笔投资 100 000 元，现需存入一笔资金，若利率为 10%，一年计息一次，则现在应存入多少资金？

解：根据式（3.12），有

$$P = 100\ 000 \times (1+10\%)^{-10} = 38\,554 \text{（元）}$$

或

$$P = 100\ 000 \times (P/F,i,n) = 38\,554 \text{（元）}$$

其中，$(P/F,10\%,10) = 0.385\,54$。

2. 等额支付系列公式

分析一个项目计算期内的现金流量时，除了一次支付的类型，大多数是分布在整个计算期内的，即多次支付。现金流入和流出发生在多个时点，其数额可以是不等的，也可以是相等的，当现金流序列是连续且数额相等时，则称为等额系列现金流。

应用条件：每期支付的金额相同，均为 A；支付间隔相同，通常为 1 年；均为正常年金，发生在每期期末；第一个 A 发生在第一期的期末，求终值时，F 与最后一个 A 同时发生；求现值时，P 发生在第一个 A 的前一个时点上。

（1）等额支付终值计算（已知年金求终值）

等额支付终值计算，就是在每一个计算周期期末均支付或借贷相同的数额 A，年利率为 i，n 年后一次提取终值或一次性还本付息，求这 n 年内发生的总现金流量值的问题。即已知 A、i、n，求终值 F。等额支付终值的现金流量图如图 3.5 所示。

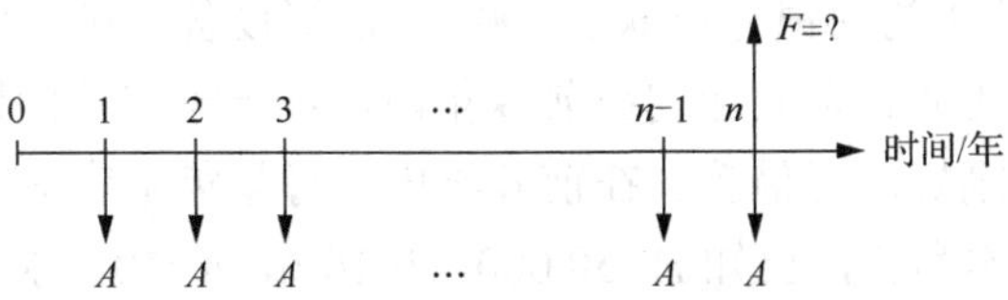

图 3.5　等额支付终值的现金流量图

从图 3.5 中可以看到，在第 1 年年末投资值为 A，在第 2 年年末时的本利和为 $A(1+i)$，同时，第 2 年年末继续投资 A；在第 3 年年末时的本利和为 $A(1+i)^2$，以此类推，第 n 年年末投资 A，当年的本利和为 $A(1+i)^{n-1}$。这样，这 n 年中，每年年末投资 A，n 年后的本利总和为

$$F = A + A(1+i) + \cdots + A(1+i)^{n-2} + A(1+i)^{n-1}$$

等式两边同时乘以(1+i)进行化简，得

$$\left.\begin{aligned} &F(1+i) = A(1+i) + A(1+i)^2 + \cdots + A(1+i)^{n-1} + A(1+i)^n \\ &F(1+i) - F = -A + A(1+i)^n \\ &Fi = A[(1+i)^n - 1] \\ &F = A\frac{(1+i)^n - 1}{i} = A \times (F/A, i, n) \end{aligned}\right\} \tag{3.13}$$

式（3.13）为等额支付终值计算公式，其中 $\frac{(1+i)^n - 1}{i} = (F/A, i, n)$ 称为等额支付系列终值系数。

【例 3.10】 某项工程项目建设期为 5 年，每年年末用掉银行借款 40 万元，年利率为 10%，问到第 5 年年末欠银行多少钱？（已知年金求终值）

解：已知 A=40 万元，i=10%，n=5，求 F。

$F=A(F/A,10\%,5)$，查附表 10 得$(F/A,10\%,5)$=6.105 1，即 F=40×6.105 1=244.204（万元）。

（2）等额支付偿债基金计算（已知终值求年金）

等额支付偿债基金，又称存储基金、积累基金，指为了在第 n 年年末取得一笔基金 F，在利率为 i 的条件下，求 n 年中每年年末需要支付的等额金额 A。等额支付偿债基金的现金流量图如图 3.6 所示。

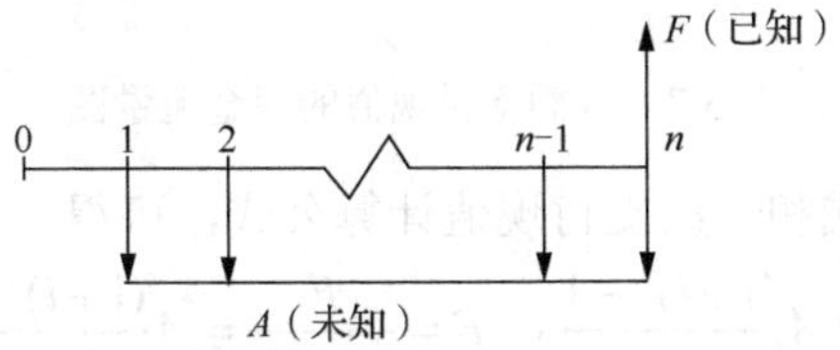

图 3.6　等额支付偿债基金的现金流量图

根据等额支付年金终值计算公式的变换，可得等额支付偿债基金的计算公式为

$$A = F\frac{i}{(1+i)^n - 1} = F(A/F, i, n) \tag{3.14}$$

式中，$\frac{i}{(1+i)^n - 1}$ 称为等额支付偿债基金系数，记为 $(A/F, i, n)$。

【例 3.11】 某企业年初向银行贷款 50 000 元购买设备，年利率为 10%，银行要求在第 10 年年末本利一次还清。企业计划在前 6 年内，每年年末等额提取一笔钱存入银行，存款利率为 8%，到时刚好偿还借款。在前 6 年内，每年年末应提取多少？

解：1）计算贷款本利和，已知 P=50 000，i=10%，n=10，求 F。

$$F = 50\,000 \times (F/P,10\%,10) = 50\,000 \times 2.593\,7 = 129\,685.00\text{（元）}$$

2）将 F 按 8%换算为第 6 年年末值，即原本要求 10 年还本付息的贷款提前 4 年还清本息和，则求第 6 年年末需要偿还的终值。已知 F=50 000，i=8%，n=4，求 P（F_6）。

$$P = F_6 = F \times (P/F,8\%,4) = 129\,685.00 \times 0.735 = 95\,318.48\text{（元）}$$

3）将 F_6 换算为 6 年的等额存款，已知 $F_6 = 95\,318.48$，i=8%，n=6，求 A。

$$A = F_6 \times (A/F,8\%,6) = 95\,318.48 \times 0.136\,3 = 12\,991.91\text{（元）}$$

所以，在前 6 年内，每年年末应提取 12 991.91 元。

【例 3.12】 某工厂第 10 年年末应向银行偿还 100 000 元，若年利率为 10%，一年计息一次，则该厂从第 1 年到第 10 年，每年年末应等额向银行存入多少钱，才能使本利和正好偿清这笔债款？

解：已知 F=100 000 元，i=10%，n=10，则

$$A = F(A/F,10\%,10)$$

查附表 10 得 $(A/F,10\%,10) = 0.062\,7$，即

$$A = 100\,000 \times 0.062\,7 = 6\,270\text{（元）}$$

即从第 1 年到第 10 年，每年年末应等额向银行存入 6 270 元，才能使本利和正好偿清这笔债款。

（3）等额支付现值计算（已知年金求现值）

等额支付现值计算，就是如果对某技术方案进行投资，投资金额为 P，预计在未来的 n 年内，投资人可以在每年年末获得相同数额的收益 A，设折现率为 i，求 P 是多少的问题。等额支付现值的现金流量图如图 3.7 所示。

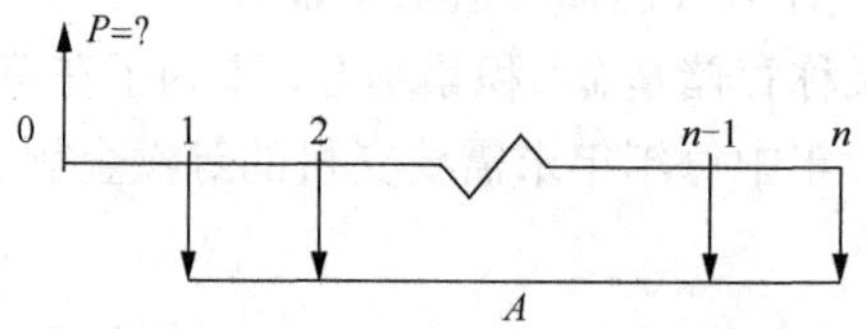

图 3.7　等额支付现值的现金流量图

根据等额支付终值公式和一次支付现值计算公式，可得

$$F = A\frac{(1+i)^n - 1}{i},\quad P = \frac{F}{(1+i)^n} = A\frac{(1+i)^n - 1}{i(1+i)^n}$$

即有

$$P = A\frac{(1+i)^n - 1}{i(1+i)^n} = A(P/A,i,n) \tag{3.15}$$

式中，$\frac{(1+i)^n - 1}{i(1+i)^n}$ 称为等额支付现值系数，记为 $(P/A,i,n)$。

【例 3.13】 某人贷款买房，预计他每年能还贷 2 万元，打算 15 年还清，假设银行的

按揭年利率为 5%，则现在最多能贷款多少？

解：已知 A=2，n=15，i=5%，求 P。

$$P = A\frac{(1+i)^n-1}{i(1+i)^n} = 2\times(P/A,5\%,15) = 2\times10.380 = 20.76\text{（万元）}$$

所以，他现在最多能贷款 20.76 万元。

【例 3.14】 1～10 年每年年末可获得收益 100 万元，年利率为 10%，10 年的收益相当于现值多少？（已知年金求现值）

解：根据式（3.15），得 $P = A(P/A,10\%,10)$，查附表 10 得 $(P/A,10\%,10) = 6.144\,6$，即 $P = 100\times6.144\,6 = 614.46$（万元）。

（4）等额支付资金回收计算（已知现值求年金）

等额支付资金回收计算，就是如果一个技术方案或投资项目的期初投资金额为 P，收益率为 i，求在 n 年内每年年末可以回收的等额资金 A 的问题，即已知 P、i、n，求年金 A。等额支付资金回收的现金流量图如图 3.8 所示。

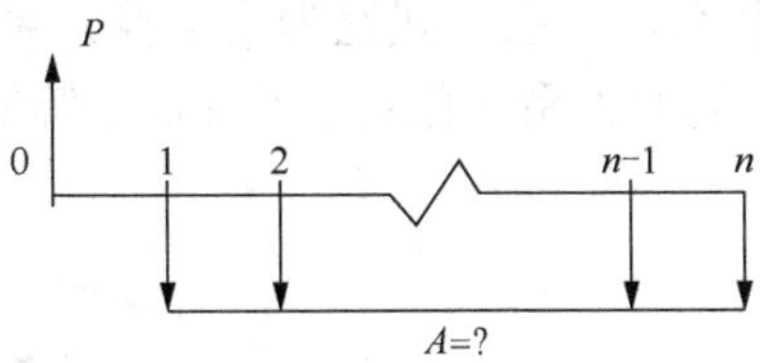

图 3.8　等额支付资金回收的现金流量图

可以看出，它是等额支付现值公式的逆运算，由式（3.15）变形可得

$$A = P\frac{i(1+i)^n}{(1+i)^n-1} = P(A/P,i,n) \tag{3.16}$$

式中，$\frac{i(1+i)^n}{(1+i)^n-1}$ 称为等额支付资金回收系数，记为 $(A/P,i,n)$。

【例 3.15】 期初有一笔资金 1 000 万元投入某个项目，年利率为 10%。从 1～10 年每年年末等额收回多少钱，到第 10 年年末正好将 1 000 万元本金及利息全部收回？（已知现值求年金）

解：根据式（3.16），得 $A = P(A/P,10\%,10)$，查附表 10 得 $(A/P,10\%,10) = 0.162\,7$，即 $A = 1\,000\times0.162\,7 = 162.7$（万元）。

3. 资金等值计算公式总结与应用

一次支付终值计算公式、一次支付现值计算公式、等额支付终值计算公式、等额支付偿债基金计算公式、等额支付现值计算公式、等额支付资金回收计算公式是工程经济学中对项目进行评估和分析的 6 个常用的基本公式。在这 6 个基本公式中，又以复利终值（或现值）计算公式为最基本的公式，其他公式则是在此基础上经数学运算得到的。资金时间价值等值计算公式归纳如表 3.8 所示。

表 3.8　资金时间价值等值计算公式

公式名称		已知项	欲求项	系数符号	公式
一次支付	终值计算	P	F	$(F/P,i,n)$	$F=P\times(1+i)^n$
	现值计算	F	P	$(P/F,i,n)$	$P=F\dfrac{1}{(1+i)^n}$
等额支付	年金终值	A	F	$(F/A,i,n)$	$F=A\dfrac{(1+i)^n-1}{i}$
	偿债基金	F	A	$(A/F,i,n)$	$A=F\dfrac{i}{(1+i)^n-1}$
	年金现值	A	P	$(P/A,i,n)$	$P=A\dfrac{(1+i)^n-1}{i(1+i)^n}$
	资金回收	P	A	$(A/P,i,n)$	$A=P\dfrac{i(1+i)^n}{(1+i)^n-1}$

6 个基本公式之间存在联系，一些公式互为逆运算，系数之间互为倒数，其关系如图 3.9 所示。理清这些公式之间的关系，有助于理解资金等值计算公式的含义，也有利于对其进行计算和应用。

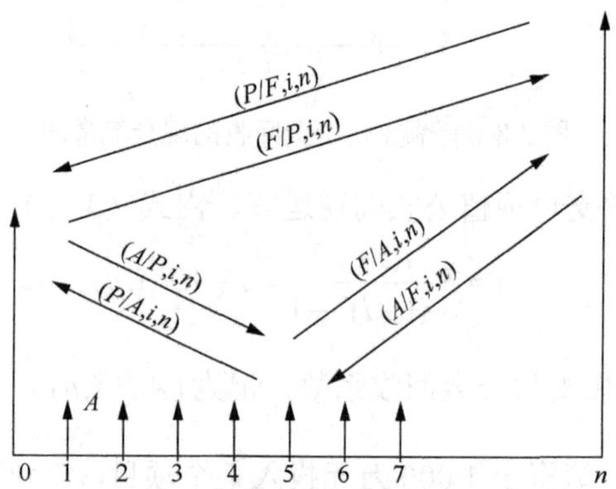

图 3.9　资金等值计算公式的相互换算关系

运用上述公式计算时应注意以下几个问题。

1）实施方案的初始投资，假定发生在方案的寿命初期。

2）方案实施过程中的经常性支出，假定发生在计息期（年）末。

3）i 为计息期的有效利率。

4）终值与现值都是相对的概念，终值是相对于现值的终值，并非仅指最终的价值；同样，现值是相对于终值的现值，并非仅指现值的价值。

5）当问题包括 F 和 A 时，系列的最后一个 A 是和 F 同时发生的。

6）当问题包括 P 和 A 时，系列的第一个 A 是在 P 发生一年后的年末发生的。

【例 3.16】 某房地产公司准备申请 100 万元贷款，偿还期为 5 年，年利率为 10%，试按照下面 4 种还款方式，分别计算 5 年还款总额。

1）每年年末还 20 万元本金和所欠利息。

2）每年年末只还所欠利息，本金在第 5 年年末一次还清。

3）每年年末等额偿还本金和利息。

4）第 5 年年末一次还清本金和利息。

解：1）每年年末还 20 万元本金和所欠利息。

第 1 年的利息：100×10%=10（万元）。

第 2 年的利息：80×10%=8（万元）。

第 3、4、5 年的利息分别为 6 万元、4 万元、2 万元。

还款总额：F=30+28+26+24+22=130（万元）。

还款情况如表 3.9 所示。

表 3.9　第 1 种方式下的还款情况　单位：万元

项目	偿还期						
	期初	第 1 年	第 2 年	第 3 年	第 4 年	第 5 年	合计
期初余额		100	80	60	40	20	
当年利息		10	8	6	4	2	
付息		10	8	6	4	2	30
还本		20	20	20	20	20	100
还本付息		30	28	26	24	22	130
期末余额	100	80	60	40	20	0	

2）每年年末只还所欠利息，本金在第 5 年年末一次还清。

还款总额：F=100+100×10%×5=150（万元）。

还款情况如表 3.10 所示。

表 3.10　第 2 种方式下的还款情况　单位：万元

项目	偿还期						
	期初	第 1 年	第 2 年	第 3 年	第 4 年	第 5 年	合计
期初余额		100	100	100	100	100	
当年利息		10	10	10	10	10	
付息		10	10	10	10	10	50
还本		0	0	0	0	100	100
还本付息		10	10	10	10	110	150
期末余额	10	100	100	100	100	0	

3）每年年末等额偿还本金和利息。

年还款额：$A=100\times(A/P,10\%,5)=26.38$（万元）。

还款总额：$F=26.38\times5=131.9$（万元）。

还款现值：$P=26.38\times(P/A,10\%,5)\approx100$（万元）。

每年还款情况如表 3.11 所示。

表 3.11　第 3 种方式下的还款情况　单位：万元

项目	偿还期						
	期初	第 1 年	第 2 年	第 3 年	第 4 年	第 5 年	合计
期初余额		100.000 0	83.620 0	65.602 0	45.782 0	23.980 0	

续表

项目	偿还期						
	期初	第 1 年	第 2 年	第 3 年	第 4 年	第 5 年	合计
当年利息		10.000 0	8.362 0	6.560 2	4.578 0	2.398 0	
付息		10.000 0	8.362 0	6.560 2	4.578 0	2.398 0	31.900 0
还本		16.380 0	18.018 0	19.819 8	21.802 0	23.982 0	100.000 0
还本付息		26.380 0	26.380 0	26.3800	26.380 0	26.380 0	131.900 0
期末剩余本金	100	83.620 0	65.602 0	45.782 0	23.980 0	0.000 0	

4）第 5 年年末一次还清本金和利息。

还款总额：F=100×(F/P,10%,5)=161.05（万元）。

还款现值：P=161.05×(P/F,10%,5)≈100（万元）。

还款情况如表 3.12 所示。

表 3.12　第 4 种方式下的还款情况　　单位：万元

项目	偿还期						
	期初	第 1 年	第 2 年	第 3 年	第 4 年	第 5 年	合计
期初余额		100.00	110	121	133.10	146.41	
当年利息		10.00	11	12.1	13.31	14.64	
付息						61.05	61.05
还本						100.00	100.00
还本付息						161.05	161.05
期末余额	100.00	110.00	121.00	133.10	146.41	0.00	

典 型 案 例

某商业银行存款的年利率为 3%，按照复利计息，自 2025 年开始，连续 5 年每年年末存入银行 10 000 元，问 5 年年末可以一次性从银行取出多少资金？如果连续 5 年每年年初存入银行 10 000 元，问 5 年年末能够一次性从银行取出多少资金？

解：计算如下。

1）第一种情形，已知 $F=A\times(F/A,i,n)$，A=10 000，查附表 3 得(F/A,3%,5)=5.309 1，即 F=10 000×5.309 1=53 091 元，所以 5 年年末能够一次性从银行取出 53 091 元。

2）第二种情形，年初存入，应在上述结果的基础上乘以系数（1+i），即 F=10 000×5.309 1×(1+3%)=53 091×1.03=54 683.73 元，即 5 年年末能够一次性从银行取出 54 683.73 元。

本 章 小 结

资金时间价值与现金流量是工程经济学的基础，本章主要介绍现金流量、资金时间价值、资金等值的概念及其应用。本章通过图表和实际例题对概念和公式的使用进行了解释和应用示例，从而加强了对现金流量和资金时间价值等概念的理解和运用。

思考与练习

1．什么是项目计算期？

2．什么是现金流量？它包括哪些内容？

3．什么是现金流量图？如何绘制现金流量图？

4．如何理解资金时间价值？影响资金时间价值的因素有哪些？

5．利息与利率的关系是什么？单利计息与复利计息的区别是什么？

6．什么是资金等值？资金等值计算都有哪些类型？

7．名义利率与实际利率的含义是什么？

8．某人存款 10 000 元，以季度为计息期，季利率为 4%，试求年末终值。

9．一笔项目投资贷款 100 万元，年利率为 12%，求 5 年后的本利和。（已知现值求终值）

10．某企业计划建造一条生产线，预计 5 年后需要资金 3 000 万元，设年利率为 10%，问现在需要存入银行多少资金才能满足需求？（已知终值求现值）

11．某项目第 1 年年初投资 1 000 万元，第 2 年年末继续投资 2 000 万元，年利率为 8%，问第 4 年年末回收多少资金，此项目才具有可行性？（已知现值求终值）

12．某项目贷款 200 万元，银行 10 年内等额收回全部贷款，已知贷款利率为 10%，求项目每年的净收益不应少于多少万元？（已知现值求年金）

第 4 章 工程项目经济评价的指标及方法

【学习目标】

1）掌握静（动）态投资回收期、净现值、净年值、内部收益率、投资收益率等评价指标的概念及计算方法，并能灵活用于项目的评判；

2）掌握独立型方案、互斥型方案的比选方法，并能针对实际工程进行方案的比选；

3）了解工程项目经济评价的指标体系；

4）了解工程方案的类型、概念和特征。

【关键概念】

工程项目经济评价　静态投资回收期　动态投资回收期　借款偿还期　净现值　内部收益率　投资收益率

4.1 工程项目经济评价的指标

4.1.1 工程项目经济评价的概念及基本内容

1. 工程项目经济评价的概念

工程项目经济评价是通过对拟建项目计算期内相关技术经济要素的系统分析（包括项目投入产出数据的收集、预测与测算），运用科学方法对多个备选方案进行综合对比和论证，最终评估其经济效果、财务可行性和经济合理性的专业分析过程。这一评价体系为项目决策阶段提供核心依据，旨在通过量化分析手段辅助投资者进行科学决策。

2. 工程项目经济评价的基本内容

工程项目经济评价的基本内容按照技术方案的目标、性质、财务主体、投资者，以及对社会和经济的影响程度等具体情况来评价，主要包括技术方案的盈利能力评价、技术方案的偿债能力评价、技术方案的财务生存能力评价等。

（1）技术方案的盈利能力评价

技术方案的盈利能力评价是指对拟定技术方案在整个计算期间的盈利能力和盈利水平进行分析与评价，主要分析指标包括净现值、内部收益率、静态投资回收期、总投资收益率和资本金净利润率等。

（2）技术方案的偿债能力评价

技术方案的偿债能力评价是指对拟定技术方案的财务主体偿债能力进行分析与评价，主要分析指标包括利息备付率、资产负债率和偿债备付率等。

（3）技术方案的财务生存能力评价

技术方案的财务生存能力评价是指根据拟定技术方案的现金流量表，对其在整个计算期内各年的投资、融资和经营活动过程中所产生的现金流入和现金流出进行分析和评价。通过测算净现金流量和累计盈余资金，可以判断拟定技术方案是否具有财务上的可持续性，即是否具备足够的净现金流量来维持整个工程项目在整个计算期内的正常运营。

4.1.2　工程项目经济评价的指标体系

工程项目经济评价效果的好坏与否，一方面源于基础数据的可靠性和完整性，另一方面源于选取评价指标体系的合理性。因此，正确选取评价的指标体系，才能使经济评价结果与客观实际情况相吻合，且使经济评价结果具有实际意义。通常情况下，工程项目经济评价的指标体系依据其评价深度要求、可获得资料的情况、项目自身所具有的实际条件，可选用不同的指标体系，且这些指标体系中的评价指标之间具有主次之分，可从不同层面反映工程项目经济效果的好坏。因此，工程项目经济评价的指标体系可以按照不同的划分标准，形成不同的分类方式。

1. 按是否考虑资金时间价值分类

根据工程项目经济评价的指标体系是否考虑资金的时间价值，工程项目经济评价指标体系可分为静态评价指标和动态评价指标，如图 4.1 所示。

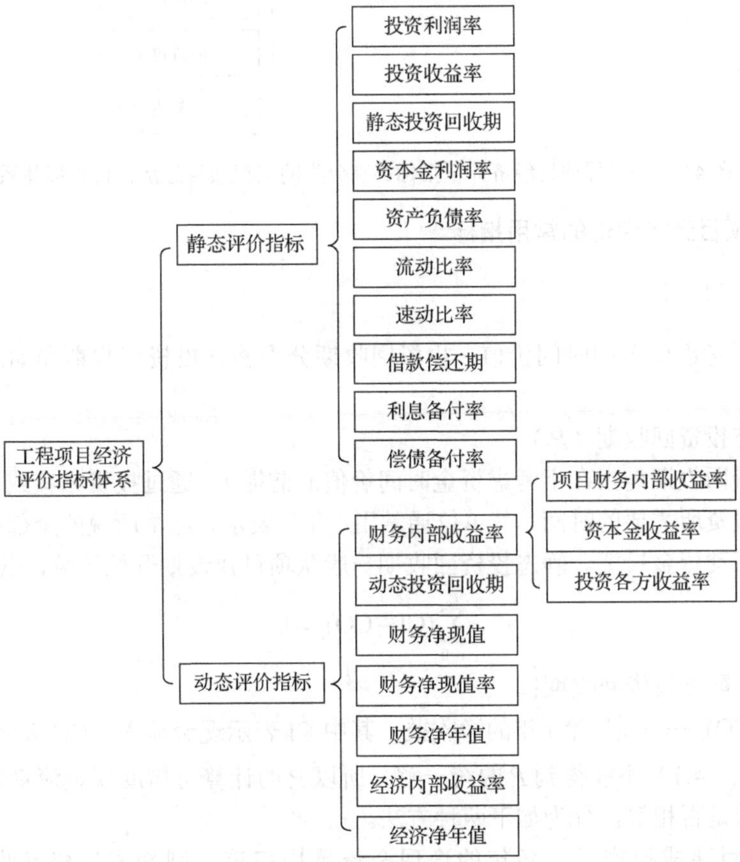

图 4.1　按是否考虑资金时间价值分类的工程项目经济评价指标体系

2. 按工程项目经济评价指标类别分类

根据工程项目经济评价指标类别的不同，工程项目经济评价指标体系可分为时间性指标、价值性指标和比率性指标，如图 4.2 所示。

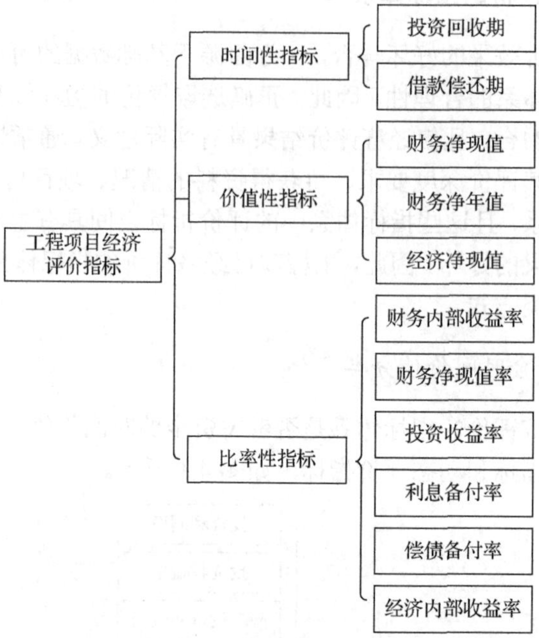

图 4.2　按工程项目经济评价指标类别分类的工程项目经济评价指标体系

4.1.3　工程项目经济评价的常用指标

1. 投资回收期

根据是否考虑资金的时间价值，投资回收期分为静态投资回收期和动态投资回收期两类。

（1）静态投资回收期（P_t）

静态投资回收期是指在不考虑资金时间价值的前提下，通过投资方案或项目净收益收回全部原始投资所需要的时间，其单位通常用“年”表示。这里所说的全部投资包括固定资产投资和流动资金投资。静态投资回收期一般从项目建设期开始计算，其计算公式为

$$\sum_{t=0}^{P_t}(\mathrm{CI}-\mathrm{CO})_t=0 \tag{4.1}$$

式中，P_t——静态投资回收期；

$(\mathrm{CI}-\mathrm{CO})_t$——项目第 t 年的净收益，其中 CI 表示现金流入，CO 表示现金流出。

通常由式（4.1）不能得到 P_t 的统一解，所以 P_t 的计算可借助现金流量表，根据项目每年的净收益是否相等，分为如下两种方法。

1）若项目建成投产后，各年的净现金流量均相等，则静态投资回收期的计算公式为

$$P_t=\frac{I}{A}+P_{\mathrm{k}} \tag{4.2}$$

式中，I——项目投入的全部资金；

A——每年的净收益，即 $A=(\mathrm{CI}-\mathrm{CO})_t$；

P_{k}——项目建设期。

2）若项目建成投产后，各年的净现金流量不相等，则静态投资回收期可依据累计净现金流量求得，即静态投资回收期就是现金流量表中累计净现金流量由负值转为正值之间的年份，其计算公式为

$$P_t=\left(\begin{matrix}\text{累计净现金流量}\\ \text{开始出现正值的年份}\end{matrix}\right)-1+\frac{|\text{上年累计净现金流量}|}{\text{当年的净现金流量}} \tag{4.3}$$

计算时，可以采用直观列表法在项目现金流量表上完成。

【例 4.1】 某工程项目的总投资为 1 000 万元，两年建成投产。投产后每年的净收益为 130 万元。问该项目的静态投资回收期为多少？

解：该投资项目每年的净收益相等，建设期为 2 年，可以直接用公式计算其静态投资回收期。

$$P_t=\frac{I}{A}+P_{\mathrm{k}}=\frac{1\,000}{130}+2\approx 9.69\text{（年）}$$

【例 4.2】 某工程项目的净现金流量如表 4.1 所示，计算该项目的静态投资回收期。

表 4.1　某工程项目的现金流量及累计现金流量计算表　　单位：万元

项目	计算期							
	0	1	2	3	4	5	6	7
现金流入（CI）			5	6	7	7	7	7
现金流出（CO）	8	10	2	2	3	2	2	2
$(\mathrm{CI}-\mathrm{CO})_t$	−8	−10	3	4	4	5	5	5
$\sum(\mathrm{CI}-\mathrm{CO})_t$	−8	−18	−15	−11	−7	−2	3	8

解：该投资项目每年的净收益不相等，利用式（4.3）计算其静态投资回收期，为

$$P_t=6-1+\frac{|-2|}{5}=5.4\text{（年）}$$

静态投资回收期可以在一定程度上反映项目的资金回收能力，其计算相对简便，对评价技术更新较快的项目有一定的帮助。然而，该指标未能考虑资金的时间价值，也没有对投资回收期之后的收益进行分析，因此无法全面评估项目在整个寿命期的总收益和获利能力。静态投资回收期容易引导人们偏向于短期效益好的项目，而忽视那些短期效益较差但长期收益较高的项目，而动态投资回收期弥补了该指标的不足。

（2）动态投资回收期（P_t^*）

动态投资回收期的计算是指把投资项目各年的净现金流量按基准收益率折成现值之后，再来推算投资回收期，这是它与静态投资回收期的根本区别。动态投资回收期就是累计净现金流量值等于零的年份，其计算公式为

$$\sum_{t=0}^{P_t^*}(\mathrm{CI}-\mathrm{CO})_t(1+i_{\mathrm{c}})^{-t}=0 \tag{4.4}$$

式中，P_t^*——动态投资回收期；

$(\mathrm{CI}-\mathrm{CO})_t$——项目第 t 年的净收益；

i_c——基准收益率（也称基准折现率）。

在实际应用中，可根据投资项目现金流量表中的净现金流量现值，使用下列计算公式近似求解动态投资回收期：

$$P_t^* = \begin{pmatrix} \text{累计净现金流量折现值} \\ \text{开始出现正值的年份} \end{pmatrix} - 1 + \frac{|\text{上年累计净现金流量折现值}|}{\text{当年的净现金流量折现值}} \tag{4.5}$$

【例 4.3】 某工程项目的现金流量如表 4.2 所示，已知基准收益率为 10%，试计算该项目的动态投资回收期。

表 4.2 某工程项目的现金流量及累计净现金流量折现值计算表 单位：万元

项目	计算期						
	0	1	2	3	4	5	6
现金流入（CI）			5 000	6 000	8 000	8 000	7 500
现金流出（CO）	6 000	4 000	2 000	2 500	3 000	3 500	3 500
$(\mathrm{CI}-\mathrm{CO})_t$	−6 000	−4 000	3 000	3 500	5 000	4 500	4 000
$(\mathrm{CI}-\mathrm{CO})_t(1+i_c)^{-t}$	−6 000	−3 636	2 479	2 630	3 415	2 794	2 258
$\sum(\mathrm{CI}-\mathrm{CO})_t(1+i_c)^{-t}$	−6 000	−9 636	−7 157	−4 527	−1 112	1 682	3 940

解：该投资项目每年的净收益不相等，项目的计算数据如表 4.2 所示，利用式（4.5）插值计算该项目的动态投资回收期，为

$$P_t^* = 5 - 1 + \frac{|-1\,112|}{2\,794} = 4.4 \text{（年）}$$

在对投资方案进行工程项目经济评价和项目选择时，投资回收期指标可用于衡量方案或项目资金回收的快慢，因此，需要提前确定一个基准投资回收期，并以此作为评价及衡量的标准。对于基准投资回收期的确定，可以依据国家或部门制定的标准，即依据全社会或某个行业投资回收期的平均水平确定；也可以依据企业自定的目标，即依据企业期望的投资回收期水平确定。

（3）判别准则

设基准投资回收期为 P_c，由计算获得的投资回收期（P_t 或 P_t^*）与所确定的基准投资回收期（P_c）进行比较来判断项目是否可行，具体如下。

1）当 P_t（或 P_t^*）$\leqslant P_c$ 时，该项目可行，在经济上可以接受。

2）当 P_t（或 P_t^*）$> P_c$ 时，该项目不可行，在经济上应拒绝。

2. 借款偿还期

借款偿还期（repayment period of loan）是指在国家财政规定及投资项目的具体财务条件下，项目投产后可以用作偿还贷款的项目收益（税后利润、折旧、摊销及其他收益等）来偿还项目投资借款本金和利息所需要的时间，其是反映项目借款偿还能力的重要指标。

借款偿还期的计算公式为

$$I_d = \sum_{t=0}^{P_d} (R_p + D + R_0 - R_t)_t \tag{4.6}$$

式中，I_d——固定资产投资借款本金和利息之和；

P_d——固定资产投资借款偿还期（含建设期）；

$R_{\rm p}$——年利润总额；

D——当年可用于偿还借款的折旧；

R_0——当年可用于偿还借款的其他收益；

R_t——还款期间的年企业留利，可用于偿还借款的其他收益；

$(R_{\rm p}+D+R_0-R_t)_t$——项目第 t 年用于还款的数额。

与投资回收期计算类似，借款偿还期可根据借款还本付息计算表直接推算（计算单位为年），其具体推算公式为

$$P_{\rm d}=\begin{pmatrix}\text{借款偿还后开始}\\ \text{出现正值的年份}\end{pmatrix}-1+\frac{\text{当年应偿还的借款额}}{\text{当年可用于还款的收益额}} \tag{4.7}$$

时间型指标具有直观、简单等特点，它符合投资者的心理，便于为投资者衡量风险，在进行项目评价时常被采用。由投资回收期指标的计算公式可知，一个具体的项目，其投资回收期存在的条件是其值应小于项目实际的寿命。然而，当项目的寿命超过所计算的投资回收期时，超出期限部分的运行效果并未在投资回收期指标中得到体现。这意味着，时间型指标（如投资回收期）的缺点在于，它们无法反映投资回收期之后方案各年的情况，从而无法全面展现项目在整个寿命期的真实经济效果。因此，时间型指标通常只能作为辅助工具使用。

【例 4.4】 已知某项目借款还本付息数据如表 4.3 所示，计算该项目的借款偿还期。

表 4.3　某项目借款还本付息的计算　　单位：万元

序号	资金项	计算期					
		1	2	3	4	5	6
1	本年借款						
1.1	本金	400	600				
1.2	利息（i=6%）	12	42.72	54.283 2	36.540 2	14.732 6	1.808 3
2	还款资金来源			300	400	400	400
2.1	利润总额			200	310	310	310
2.2	用于还款的折旧和摊销			150	150	150	150
2.3	还款期企业留利			50	60	60	60
3	年末借款累计	412	1 054.72	809.003 2	445.543 4	60.276	

解： 各年利息计算如下。

$I_1=\frac{1}{2}\times400\times6\%=12$（万元）。

$I_2=\left(400+12+\frac{1}{2}\times600\right)\times6\%=42.72$（万元）。

$I_3=\left(400+12+600+42.72-\frac{1}{2}\times300\right)\times6\%=\left(1\,054.72-\frac{1}{2}\times300\right)\times6\%=54.283\,2$（万元）。

$I_4=\left(1\,054.72-300+54.283\,2-\frac{1}{2}\times400\right)\times6\%=\left(890.003\,2-\frac{1}{2}\times400\right)\times6\%=36.540\,2$（万元）。

$I_5=\left(809.003\,2-400+36.540\,2-\frac{1}{2}\times400\right)\times6\%=\left(445.543\,4-\frac{1}{2}\times400\right)\times6\%=14.732\,6$（万元）。

$$I_6 = (445.5434 - 400 + 14.7326) \times \frac{1}{2} \times 6\% = 1.8083 \text{（万元）。}$$

借款偿还期为

$$P_d = (6-1) + \frac{60.276 + 1.8083}{400} = 5.155 \text{（年）}$$

判别准则：由计算获得的借款偿还期与贷款机构要求的还款期限进行比较来判断方案或项目是否具有借款偿债能力，具体如下。

1）若借款偿还期≤贷款机构要求的还款期限，则认为项目具有借款偿债能力，该项目可行，在经济上可以接受。

2）若借款偿还期>贷款机构要求的还款期限，则认为项目不具有借款偿债能力，该项目不可行，在经济上应拒绝。

3. 净现值

净现值（net present value，NPV）是指将投资方案或项目在整个计算期内各年的净现金流量，按照一个预计的基准收益率（i_c）或设定折现率，折现到投资方案开始实施初期的现值之和，该指标是反映投资方案在计算期内获利能力的动态评价指标。

净现值的计算公式为

$$\text{NPV} = \sum_{t=0}^{n} (\text{CI} - \text{CO})_t (1 + i_c)^{-t} \tag{4.8}$$

式中，NPV——项目的净现值；

$(\text{CI}-\text{CO})_t$——项目第 t 年的净现金流量，其中 CI 表示现金流入，CO 表示现金流出；

i_c——基准收益率或设定折现率；

n——项目的计算期，一般为该项目的寿命周期。

净现值表示在设定的折现率 i_c 的水平下，方案在不同时点发生的净现金流量折现到期初时，整个计算期内所能得到的净收益。在计算时，i_c 是事先给定的常数，设定了项目的评价尺度，由此，净现值的大小就表明了一个项目在该尺度下的盈亏水平。

判别准则：净现值作为评价投资方案或项目盈利能力的绝对指标，由计算获得的净现值判断方案或项目是否可行，具体如下。

若 NPV=0，则表示该项目投资收益率水平刚好达到了行业或部门的基准收益率水平。

若 NPV>0，则表示该项目投资收益率水平除能达到行业或部门的基准收益率水平外，还能得到数值为 NPV 的超额收益。

若 NPV<0，则表示该项目投资收益率水平达不到行业或部门的基准收益率水平。

由此可知，采用净现值对项目进行评价的结论是，当 NPV≥0 时，该项目可行，在经济上可以接受；当 NPV<0 时，该方案不可行，在经济上应拒绝。

【例 4.5】 某设备的购价为 40 000 元，每年的运行收入为 15 000 元，年运行费用为 3 500 元，4 年后，该设备可以按 5 000 元转让。如果基准收益率 i_c 为 20%，则此项设备是否值得投资？

解： 按净现值指标进行评价，即

$$\text{NPV}(20\%) = -40\,000 + (15\,000 - 3\,500)(P/A, 20\%, 4) + 5\,000(P/F, 20\%, 4) = -7\,813.95 \text{（元）}$$

由于 NPV(20%)<0，所以此项投资在经济上不合理。

在本例中，若保持其他条件不变，只改变基准收益率，如将 i_c 由 20%调整为 5%，则相应可得 $\mathrm{NPV}(5\%) = -40\ 000 + (15\ 000 - 3\ 500)(P/A, 5\%, 4) + 5\ 000(P/F, 5\%, 4) = 4\ 892.5$（元）。此时，NPV(5%)>0，即在 5%收益率水平下，该项投资是值得的。

4. 净年值

净年值（net annual value，NAV）是指按给定的折现率，通过等值换算将项目计算期内各不同时点的净现金流量分摊到计算期内各年的等额年值。净年值指标反映的是项目年均收益情况。

净年值的计算公式为

$$\mathrm{NAV} = \mathrm{NPV}(A/P, i_c, n) = \sum_{t=0}^{n} (\mathrm{CI} - \mathrm{CO})_t (1 + i_c)^{-t} (A/P, i_c, n) \tag{4.9}$$

由于净年值与净现值之间仅差一个取正值的等值换算系数 $(A/P, i_c, n)$，所以净年值与净现值为等效评价指标。

判别准则如下。

1）若 NAV≥0，则该项目可行，在经济上可以接受。

2）若 NAV<0，则该项目不可行，在经济上应拒绝。

一般情况下，由于二者为等效指标，没有必要再进行单一项目评价时同时选择这两个指标，但当进行多个互斥方案比选时，尤其是当两个方案的计算期不同时，用净年值进行方案评价会更有效。

5. 内部收益率

内部收益率（internal rate of return，IRR）是指项目净现值为零时的折现率，即在这个折现率下，项目各现金流入的现值之和等于其各现金流出的现值之和。

内部收益率的计算公式为

$$\sum_{t=0}^{n} (\mathrm{CI} - \mathrm{CO})_t (1 + \mathrm{IRR})^{-t} = 0 \tag{4.10}$$

式中，IRR——内部收益率；

$(\mathrm{CI} - \mathrm{CO})_t$——项目第 t 年的净现金流量，CI 表示现金流入，CO 表示现金流出。

理论上，可由式（4.10）求出 IRR 值，但对于高次多项式方程来说，一般不能直接求出 IRR 的解析解，需采用近似计算来求解。在一般情况下，可由插值近似计算求出 IRR，如图 4.3 所示，IRR 插值的计算步骤如下。

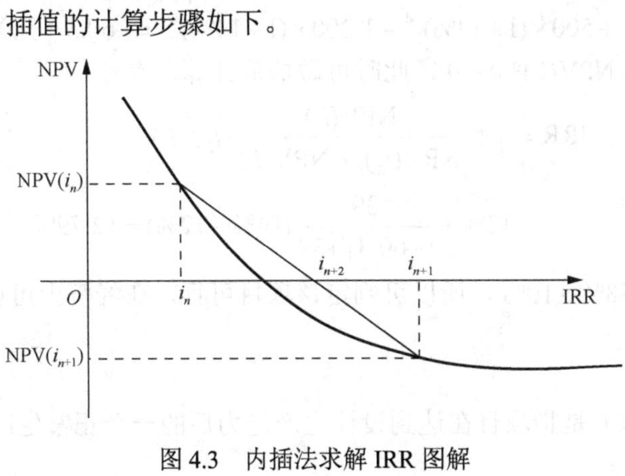

图 4.3　内插法求解 IRR 图解

1）设初始折现率 i_1，一般可以先取行业的基准收益率 i_c 作为 i_1，计算对应的净现值 NPV(i_1)。

2）若 NPV(i_1)≠0，且 NPV(i_1)>0，则取 i_2>i_1；若 NPV(i_1)≠0，且 NPV(i_1)<0，则取 i_2<i_1。计算对应的 NPV(i_2)。

3）重复步骤 2），直到出现 NPV(i_n)>0 且 NPV(i_{n+1})<0；或者出现 NPV(i_n)<0 且 NPV(i_{n+1})>0，则运用以下线性内插公式计算 IRR 的近似值：

$$\mathrm{IRR} = i_n + \frac{\mathrm{NPV}(i_n)}{\left|\mathrm{NPV}(i_{n+1})\right| + \mathrm{NPV}(i_n)}(i_{n+1} - i_n) \tag{4.11}$$

IRR 的近似计算结果应使计算误差控制在许可范围内，为此可由$|i_{n+1}-i_n|$进行检验。通常情况下，当$|i_{n+1}-i_n|<0.05$ 时，说明相应的计算误差控制在许可范围内。反之，需继续重复选值并计算，直到满足要求为止。

由计算获得的 IRR 与所确定的基准收益率 i_c 进行比较来判断项目是否可行，判别准则具体如下。

1）若 IRR≥i_c，则该项目可行，在经济上可以接受。

2）若 IRR<i_c，则该项目不可行，在经济上应拒绝。

与其他财务指标不同，IRR 不需要预先设定折现率，而是通过项目的现金流量来计算。这意味着 IRR 是一个更准确的指标，因为它不会受到市场利率或其他外部因素的影响。IRR 能够反映项目的投资效率，因为它考虑了项目的所有现金流量，这使 IRR 成为评估长期投资项目（如基础设施项目或研发项目）的理想指标。同时，IRR 的计算准则符合人们的平衡比较思想，投资者可以根据 IRR 来比较不同投资项目的收益率，从而做出更明智的决策。

【例 4.6】 某项目在期初和第 1 年分别投资 1 000 元、800 元，第 2～4 年均获净收益 500 元，第 5 年的净收益为 1 200 元。试计算该项目的内部收益率，并在设定基准收益率为 10%时，判别其合理性。

解：利用插值方法计算。先取 i_1=12%，则有

$$\begin{aligned}\mathrm{NPV}(i_1) &= -1\,000 - 800\times(1+12\%)^{-1} + 500\times(1+12\%)^{-2} + 500\times(1+12\%)^{-3} \\ &\quad + 500\times(1+12\%)^{-4} + 1\,200\times(1+12\%)^{-5} = 38.5\text{（元）}\end{aligned}$$

由于 $\mathrm{NPV}(i_1) = \mathrm{NPV}(12\%) > 0$，所以提高折现率，如取 $i_2 = 14\%$，则有

$$\begin{aligned}\mathrm{NPV}(i_1) &= -1\,000 - 800\times(1+14\%)^{-1} + 500\times(1+14\%)^{-2} + 500\times(1+14\%)^{-3} \\ &\quad + 500\times(1+14\%)^{-4} + 1\,200\times(1+14\%)^{-5} = -60.3\text{（元）}\end{aligned}$$

由于 $\mathrm{NPV}(i_2) = \mathrm{NPV}(14\%) < 0$，此时可做插值计算，有

$$\begin{aligned}\mathrm{IRR} &= i_1 + \frac{\mathrm{NPV}(i_1)}{\left|\mathrm{NPV}(i_2)\right| + \mathrm{NPV}(i_1)}(i_2 - i_1) \\ &= 12\% + \frac{39}{|-60.3|+39}(14\% - 12\%) = 12.79\%\end{aligned}$$

因为 $\mathrm{IRR} = 12.78\% > 10\%$，所以可判定该项目可行，在经济上可以接受。

6. 投资收益率

投资收益率（R）是指项目在达到设计生产能力后的一个正常生产年份，投资方案的

净收益总额与该方案投资总额的比值。

该指标作为衡量投资方案获利水平的评价指标，体现投资方案的单位投资在正常生产年份中每年所能够创造的年净收益额，若某投资方案在正常生产年份内各年的净收益额变化幅度较大，则投资收益率可取达到设计生产能力后的一个正常生产年份的年平均净收益额与投资总额的比值。

投资收益率按照不同的分析目的，具体可分为两种类型：总投资收益率（return on investment，ROI）和资本金净利润率（return on equity，ROE）。

1）总投资收益率。总投资收益率表示总投资的盈利水平，其计算公式为

$$\mathrm{ROI}=\frac{\mathrm{EBIT}}{\mathrm{TI}}\times 100\% \tag{4.12}$$

式中，ROI——总投资收益率；

EBIT——技术方案正常生产年份的年息税前利润或运营期内年平均息税前利润；

TI——技术方案总投资（包括建设投资、建设期贷款利息和全部流动资金）。

2）资本金净利润率。资本金净利润率表示技术方案资本金的盈利水平，其计算公式为

$$\mathrm{ROE}=\frac{\mathrm{NP}}{\mathrm{EC}}\times 100\% \tag{4.13}$$

式中，ROE——资本金净利润率；

NP——技术方案正常生产年份的年净利润或运营期内年平均净利润（净利润=利润总额-所得税）；

EC——技术方案资本金。

由计算获得的投资收益率 R 与所确定的基准投资收益率 R_c 进行相应的比较来判断方案或项目是否可行，判别准则具体如下。

1）当 $R \geqslant R_c$ 时，该方案或项目可行，在经济上可以接受。

2）当 $R < R_c$ 时，该方案或项目不可行，在经济上应拒绝。

若多个投资方案进行比较，则在各方案均满足 $R \geqslant R_c$ 的基础上，投资收益率越大的方案越好。

7. 利息备付率

利息备付率（interest coverage ratio，ICR），即已获利息倍数，是指在技术方案正常生产年份的年息税前利润或运营期内年平均息税前利润（EBIT）与当期应付利息（PI）的比值。

利息备付率的计算公式为

$$\mathrm{ICR}=\frac{\mathrm{EBIT}}{\mathrm{PI}} \tag{4.14}$$

式中，ICR——利息备付率；

EBIT——技术方案正常生产年份的年息税前利润或运营期内年平均息税前利润；

PI——计入总成本费用的应付利息。

利息备付率按各年分开计算，表示企业运用息税前利润偿付利息的保证倍率，也从付息资金来源的充裕性角度反映企业偿付债务利息的能力。利息备付率的确定应结合债权人的要求，通常情况下应当大于 1；当利息备付率小于 1 时，表示企业能够运用的进行利息

支付的资金不足，即企业没有足够的付息保障能力，偿债风险较大。

8. 偿债备付率

偿债备付率（debt service coverage ratio，DSCR）是指在技术方案借款偿还期内各年可用于还本付息的资金（EBITDA−TAX）与当期应还本付息金额（PD）的比值。

偿债备付率的计算公式为

$$\mathrm{DSCR}=\frac{\mathrm{EBITDA}-\mathrm{TAX}}{\mathrm{PD}} \tag{4.15}$$

式中，DSCR——偿债备付率；

EBITDA——企业息税前利润、折旧及摊销之和；

TAX——企业所得税；

PD——应还本付息金额，包括当期应还贷款本金及计入总成本费用的全部利息。

偿债备付率需按各年分开计算，表示企业可用于还本付息的资金偿还借款本息的保证倍率。偿债备付率的确定应结合债权人的要求，通常情况下应当大于 1；当偿债备付率小于 1 时，表示企业当年可用于还本付息的资金不足以偿付当期借款本息，需要通过短期借款偿付当期债务。

4.2 工程项目经济评价的方法

4.2.1 工程项目方案的分类

为科学评价项目方案的经济性，不仅需要计算并判别单个方案的经济评价指标，还需要掌握各方案之间的相互关系，以准确地确定评价方法和相应指标，为投资人最终进行正确、合理的投资决策提供有效的参考依据。依据多方案之间的经济关系类型，一组多方案可划分为独立型方案、互斥型方案、混合型方案和其他类型方案。

1. 独立型方案

独立型方案是指技术方案之间互不干扰、经济上互不相关的方案，即这些技术方案是彼此独立无关的，选择或放弃其中一个技术方案，并不影响其他技术方案的选择。对独立型方案的评价选择，其实质就是在“做”与“不做”之间进行选择，可不考虑各备选方案的可比性。例如，一个集团企业下属的事业部之间在业务目标、资源关系、管理组织等方面往往都是相互独立的，那么各事业部所实施的项目也是相互独立的。特别是在备选方案的经济评价中，各方案之间的独立性主要表现在现金流量互不关联，可独立地对各备选方案指标进行测评。

同时，独立型方案效果之间具有可加性。例如，A 与 B 两个方案，只选择 A 方案时，投资 20 万元，净收益现值为 30 万元；只选择 B 方案时，投资 30 万元，净收益现值为 40 万元。当 A、B 两个方案一起被选择时，共需投资 20+30=50（万元），得到的净收益现值共为 30+40=70（万元）。那么，A、B 两个方案具有可加性，可认为 A、B 两个方案之间相互独立。

2. 互斥型方案

互斥型方案又称排他型方案，在若干备选方案中，各方案彼此可相互代替，方案具有排他性，选择其中任何一个备选方案，则其他方案必然被排斥。互斥型方案的特点是项目目标、资源配置具有同一性、可替代性，应考虑各备选方案的可比性。例如，对某房屋建筑而言，其结构类型只能在砖混结构、框架结构和钢结构之中进行选择，则这 3 个备选方案为互斥型方案；工厂选址、道路选线一般均为互斥型方案选择。

3. 混合型方案

混合型方案是独立型方案与互斥型方案的混合情况，即在一组备选方案中，方案之间既有互斥关系，又有独立关系，因此混合型方案根据其结构不同，可分为两种主要形式。

第一种基本形式是在一组独立多方案中，每个独立方案下又有若干互斥方案的形式。例如，某建筑企业投标，有 A、B、C 这 3 个工程可以参与投标，若没有资源和其他条件限制，则 A、B、C 这 3 个工程投标为独立方案。企业针对这 3 个工程分别制作了不同报价的标书共计：A_1、A_2、B_1、B_2、B_3、C_1、C_2 这 7 个方案，则 A_1、A_2 之间，B_1、B_2、B_3 之间，C_1、C_2 之间分别为互斥关系，如图 4.4 所示。

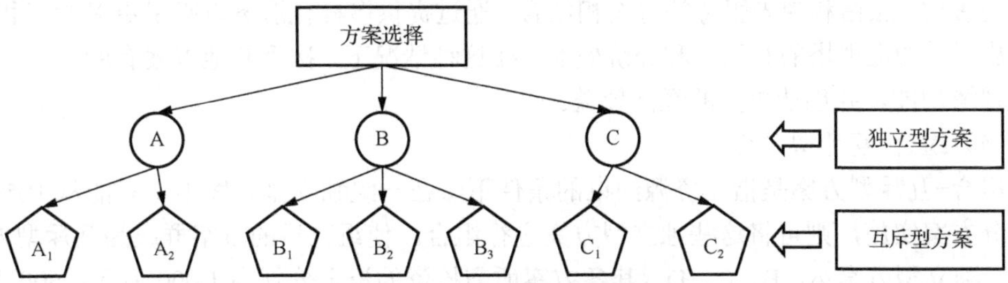

图 4.4　第一种类型的混合方案结构

第二种基本形式是在一组互斥方案中，每个互斥方案下又有若干独立方案的形式。例如，某房地产开发商通过出让方式获取一块土地的使用权，依据该土地所在城市的相关规划规定，该土地只能进行居住物业（C 方案）或商业物业（D 方案）的建设，而不能建设商居混合物业或工业物业，但没有严格规定居住物业或商业物业的具体类型。因此对于居住物业，房地产开发商可选择建设豪华套型（C_1）、高档套型（C_2）、普通套型（C_3）或混合套型的住宅（C_4）；而对于商业物业，房地产开发商可选择建设餐饮酒楼（D_1）、写字楼（D_2）、商场（D_3）、娱乐休闲服务（D_4）或综合性商业物业。由此可知，C、D 是互斥型方案，而 C_1、C_2、C_3、C_4 之间及 D_1、D_2、D_3、D_4 之间是独立型方案，如图 4.5 所示。

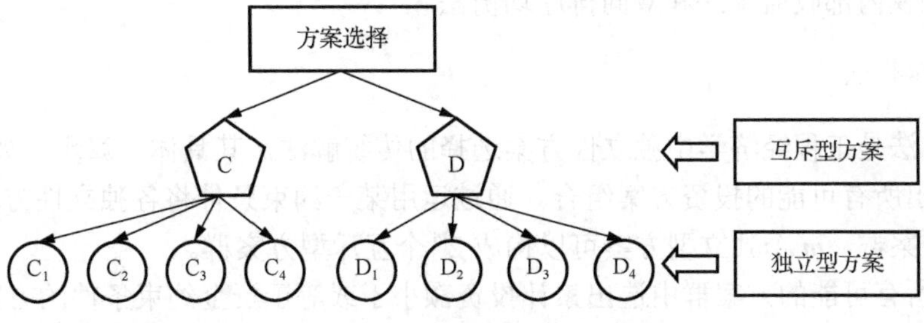

图 4.5　第二种类型的混合方案结构

4. 其他类型方案

除上述的 3 种典型结构类型外，实际工作中还会遇到以下几种类型的方案。

（1）条件型方案

条件型方案是指在一组方案中，某个方案的实施是基于另一个或多个方案为先决条件的，即如果选择该方案，就必须接受与其相关的其他方案。例如，某一城市计划建设一座新机场，则必须同时建设一条连接城市与新机场之间的高速公路。因此，新机场方案与高速公路方案为条件型方案。

（2）现金流量相关型方案

现金流量相关型方案是指在一组方案中，各方案之间的现金流并非完全独立，而是存在一定的相互影响。例如，某房地产开发商在相邻两个地块上开发两个居住小区，这两个方案并非完全相互排斥，但也不是完全独立，一个方案的实施必然会影响另一个方案的盈利。

（3）互补型方案

互补型方案是指在一组方案中，某个方案的实施能够增强其他方案的吸引力或其实现效益。各方案之间存在相互依存的关系，可共同创造更大的经济效益。例如，电视塔方案可以与餐饮、旅馆和观光服务等方案相结合，通过提供多样化服务以吸引更多游客和消费者，从而增加电视塔的利用率和经济效益。在这种情况下，接受其他方案有助于更好地实现电视塔功能，并创造更大的经济效益。

（4）组合-互斥型方案

组合-互斥型方案是指在资源约束的条件下，在一组独立型方案中，只能从中选择某一部分方案实施，则可将这些独立型方案进行组合，使组合后的方案群成为互斥型方案。例如，独立型方案 A、B、C、D，其各方案所需投资的资金分别为 1 000 万元、600 万元、400 万元、300 万元。当资金约束条件为 1 000 万元时，A 方案具有完全排他性，其他方案可进行相互组合。由此可获得的组合方案群包括：A、B、C、D、（B+C）、（B+D）、（C+D）这 7 个组合方案。这些组合的独立型方案群即为组合-互斥型方案。

4.2.2 独立型方案的经济评价方法

当各投资方案互相独立时，若无资金约束条件，则只需分别计算各投资方案的净现值（NPV）或内部收益率（IRR）即可，所有 NPV≥0 或 IRR≥i_c的方案即为可选择方案；但若有相应的资金约束条件，即现有资金不足以满足所有 NPV≥0 的投资方案实施条件，则称为资金约束条件下的定量分配问题，该类问题中独立型方案的经济方法包括互斥化法、排序法、加权内部收益率法和双向排序均衡法。

1. 互斥化法

互斥化法是工程经济学中独立性方案选择的传统解法，其具体计算步骤如下。

1）列出所有可能的投资方案组合。通过运用某一约束条件将各独立性方案组合为互相排斥的方案群，m 个独立型方案可以构成 2^m 个互斥型方案群。

2）从所有可能的方案群中选出累计投资额小于或等于资金约束条件的方案。

3）按互斥型方案的选择原则，选出最优组合的方案群。

【例 4.7】 已知 3 个独立型方案如表 4.4 所示，最大可投资额 I_{max}=5 000 万元，试用独立型方案互斥化法求最优方案组合。

表 4.4　3 个独立型方案　　单位：万元

独立方案	投资（I）	1 年后的收入（R）
A	2 000	2 700
B	3 000	3 750
C	5 000	5 800

解：如果方案 A 被接受，则令 x_A=1；反之，则令 x_A=0。表 4.5 中的 3 个独立方案可以构成表 4.5 所示的 8 个所有可能的互斥型方案。

如果 i_c=10%，最大可投资额 I_{max}=5 000 元，则表 4.5 中的（2）列表示所有不超过 I_{max} 的方案组合，（3）列为各组合方案的净现值。显然，第 7 个方案，即方案组合（A+B）最优。因此，投资于方案组合（A+B）是最优方案组合。

表 4.5　3 个独立方案组合为 8 个互斥方案（i_c=10%）　　单位：万元

方案组合	（1）			（2）	（3）
	x_A	x_B	x_C	$\sum I_j x_j \leqslant I_{max}$	$\sum NPV_j x_j$
1	0	0	0	0	0
2	0	0	1	5 000	273
3	0	1	0	3 000	409
4	1	0	0	2 000	455
5	0	1	1		
6	1	0	1		
7	1	1	0	5 000	864
8	1	1	1		

2. 排序法

排序法是指在符合资金约束条件的前提下，以各投资方案的净现值（NPV）为基准，选择独立型投资方案中净现值之和（ΣNPV）最大的组合方式为最优组合的方法，该方法的具体计算步骤如下。

1）根据基准收益率（i_c）分别计算各投资方案的净现值 $NPV_j(i_c)$。如果各投资方案的使用寿命期不同，为确保可比性，通常将使用寿命期最长的投资方案的使用寿命期定义为研究期，分别计算各投资方案的净年值（NAV），即

$$NAV_j(i_c)=\left[\sum_{t=0}^{n_j}(CI-CO)_{jt}(1+i_c)^{-t}\right](A/P,i_c,n_j)\quad (j=1,2,\cdots,m) \tag{4.16}$$

然后在可重复的假设前提下，计算各投资方案在研究期 N 内的净现值（NPV），即

$$NPV_j(i_c)=NAV_j(A/P,i_c,N) \tag{4.17}$$

2）按各投资方案的净现值（NPV）由大到小排序，并去除 NPV<0 的投资方案。

3）按各投资方案组合的净现值之和（ΣNPV）大小选择最优组合。在符合资金约束条件的前提下，按各投资方案的净现值（NPV）大小选择组合方式，计算并分析各组合方

式的累计投资额，直至累计投资额等于或略小于资金约束限额为止，由此获得的投资方案组合方式即最优组合。

【例 4.8】 某企业有 6 个相互独立的投资方案，数据如表 4.6 所示。若企业只能筹集到 35 万元的投资资金，且 i_c=14%。试问企业应选择哪些投资方案进行组合？

表 4.6 投资方案数据 单位：万元

独立方案	初始投资（I）	寿命期/年	年净收益
A	10	6	2.87
B	15	9	2.93
C	8	5	2.68
D	21	3	9.50
E	13	10	2.60
F	6	4	2.54

解： 根据排序法的计算步骤，首先计算 6 个相互独立的投资方案的 NPV，为了保证时间的可比性，以使用寿命最长的 E 方案的使用寿命 10 年作为研究期，则 A 方案的 NAV、NPV 计算如下。

$$\mathrm{NAV_A}(14\%) = 2.87 - I_\mathrm{A}(A/P, i_\mathrm{c}, n_\mathrm{A}) = 2.87 - 10 \times (A/P, 14\%, 6) = 0.30\text{（万元）}$$

$$\mathrm{NPV_A}(14\%) = \mathrm{NAV_A}(P/A, 14\%, 10) = 0.30 \times (P/A, 14\%, 10) = 1.57\text{（万元）}$$

同理，可以计算 B、C、D、E、F 方案的 NPV 和 NAV，计算结果如表 4.7 所示。根据利润最大化原则，最优组合应为 F、D、C 这 3 个方案的组合，即

$$\sum \mathrm{NPV} = 2.51 + 2.37 + 1.83 = 6.71\text{（万元）}$$

表 4.7 使用排序法求解 NPV

独立方案	排序法求解 NPV			
	NPV/万元	排序	投资/万元	累计投资/万元
F	2.51	1	6	6
D	2.37	2	21	27
C	1.83	3	8	35（用完）
A	1.57	4	10	
E	0.56	5	13	
B	−0.54	舍弃		

3. 加权内部收益率法

加权内部收益率法是指在符合资金约束条件的前提下，以投资方案的内部收益率为基准，选择各投资方案组合中加权内部收益率最高的组合方式为最优组合的方法。该方法的具体计算步骤如下。

1）计算各投资方案的内部收益率（IRR_j）。

2）各投资方案按其各自内部收益率（IRR_j）由大到小排序，并去除 $\mathrm{IRR} < i_c$ 的投资方案。

3）依据资金约束条件，选择加权内部收益率（IRR^*）最高的投资方案组合为最佳的

组合方案，其中 IRR^*的计算公式为

$$IRR^* = \left[\sum I_j \times IRR_j + \left(I_{max} - \sum I_j\right) \times i_c\right] / I_{max} \tag{4.18}$$

式中，I_j——第 j 个方案的期初投资额；

I_{max}——投资约束条件。

由上述公式可知，IRR^*是以各方案投资额为权数（剩余资金额为 i_c 的权数）的加权平均值。

【例 4.9】 使用加权内部收益率法重新求解例 4.8，i_c=14%。

解： 首先计算各方案的内部收益率，内部收益率的排序如表 4.8 所示。

表 4.8　各投资方案的内部收益率排序计算

方案	投资额/万元	IRR/%	排序
F	6	25	1
C	8	20	2
A	10	18	3
D	21	17	4
E	13	15	5
B	6	13	舍弃

从表 4.8 中可知，若以各投资方案的内部收益率进行排序，则最优排序为 F、C、A，剩余资金为 11 万元，故加权内部收益率的计算如下。

$$IRR^*_{(F、C、A)} = [6\times25\% + 8\times20\% + 10\times18\% + 11\times14\%] / 35 = 18.4\%$$

在不超出资金限制的条件下，还可以有 F、C、D，C、A、E，F、A、E 等方案组合，依上述公式可分别计算各方案的加权内部收益率。

$$IRR^*_{(F、C、D)} = [6\times25\% + 8\times20\% + 21\times17\%] / 35 = 19.1\%$$

$$IRR^*_{(F、A、E)} = [6\times25\% + 10\times20\% + 13\times15\% + 6\times14\%] / 35 = 18.0\%$$

$$IRR^*_{(C、A、E)} = [8\times20\% + 10\times18\% + 13\times15\% + 4\times14\%] / 35 = 16.9\%$$

显然，以 F、C、D 组合方案的加权内部收益率（19.1%）为最大，应为最佳方案组合。

这个结论虽然与互斥化法的选择是一致的，但这种方法并不保证可以获得最优解。例如，在本例中，F、C、D，F、A、E，C、A、E 和 F、C、A 等方案组合实为互斥方案，用加权内部收益率（IRR^*）最大化方法并不一定保证能得到真正的最优解。因此，在大多数情况下，仅凭互斥型方案内部收益率的高低来进行方案的选择，并不能保证所选方案在基准收益率下具有最大的净现值。

4. 双向排序均衡法

双向排序均衡法是对工程经济学中互斥化法进行有效改进的一种比较排序方法。该方法通过内部收益率指标的大小确定独立型投资方案的优先顺序，然后根据资源约束条件确定最优方案组合。该方法的具体计算步骤如下。

1）计算各投资方案的投资收益率指标（IRR），并按其指标值由大到小排序。

2）计算各投资方案的资金成本率，并按其指标值由小到大排序。

3）计算并分析各投资方案组合的资金限制条件。

4）选择 IRR≥i_c且资金约束条件允许的投资方案组合。

【例 4.10】 有 8 个互相独立的投资方案 A、B、C、D、E、F、G、H，投资的寿命期为 1 年，投资额及 1 年后的净收益如表 4.9 所示。当资金的约束条件不同时，最优的选择是什么？

表 4.9 各投资方案的净收益排序计算 单位：万元

投资方案	投资额 I	净收益 R
A	500	570
B	600	750
C	700	910
D	750	885
E	750	810
F	850	1 020
G	900	1 035
H	1 000	1 120

1）资金的数量没有限制，但资金成本率为下述 3 种情况时：K=10%、K=13%、K=16%。

2）资金成本率 K=10%，可利用的资金总额为 3 500 万元时。

3）资金为 1 000 万元时，资金成本率为 10%，此后每增加 1 000 万元时资金成本率增加 2%，最多可利用的资金额为 4 000 万元时。

解：首先计算各独立方案的内部收益率。根据下列公式可求出各独立方案的内部收益率。

$$R\times(P/F,\text{IRR},1)-I=0$$

$$R\times\frac{1}{1+\text{IRR}}-I=0$$

求得各独立方案的内部收益率如下：IRR_A=14%，IRR_B=25%，IRR_C=30%，IRR_D=18%，IRR_E=8%，IRR_F=20%，IRR_G=15%，IRR_H=12%。

将上述各独立方案按其内部收益率由大到小排序，可得到本题的答案如下。

1）当 K=10%时，只有 E 方案不合格，其他可全部采纳；当 K=13%时，E 和 H 方案不合格，其他方案可全部采纳；当 K=16%时，A、E、G、H 方案不合格，其他方案可全部采纳。

2）由大到小取 C、B、F、D 方案，总投资为 2 900 万元，因资金限额为 3 500 万元，所余资金 600 万元无法实施 G 方案；A 方案投资为 500 万元，且其收益率 14%>10%，因而剩余资金可实施 A 方案。所以，此时选择的最优方案组合是 C、B、F、D、A。

3）此时资金成本率为 10%，按内部收益率的大小依次进行选择。尽管资金的总额为 4 000 万元，但除 C、B、F、D 方案外，资金成本率均大于方案的内部收益率，因此，最终选择的方案组合是 C、B、F、D。

值得注意的是，当资金的限额与所选投资方案投资额之和不完全吻合时，应将之后的一两个方案调换位置比较出最优方案后，即可得到最终选择的方案组合。

4.2.3　互斥型方案的经济评价方法

首先，我们需要评估各方案自身的经济性，以此筛选出具有潜力的备选方案。其次，对于通过筛选的备选方案，我们还需按特定指标进行排序，以确定最优方案。必须注意的是，互斥型方案进行经济评价时，需具备以下可比条件：比较指标的计算方法一致；各方案在时间上可比；各方案的现金流量具有相同的时间特征。

考虑互斥型方案时间可比性问题时，按互斥型方案的寿命期是否相等，可把互斥型方案分为寿命期相等、寿命期不相等和无限寿命期 3 种情况。

1. *寿命期相等的互斥型方案*

寿命期相等的互斥型方案，通常采用净现值、净年值、费用现值、费用年值、差额净现值、差额内部收益率等经济评价方法。

（1）净现值法

对于净现值指标，我们只需计算各备选方案的净现值，然后进行直接比较，根据净现值最大且为正值准则，进行选择即可。这个准则不仅涉及绝对经济效益检验，还涉及相对经济效益检验。

【例 4.11】 3 个互斥型方案的初始投资和年净收益如表 4.10 所示，各方案的寿命周期为 10 年，基准收益率为 10%，请选择最优方案。

表 4.10　互斥型方案的净现金流量

方案	初始投资/万元	年净收益（第 1～10 年）/万元
A	400	70
B	350	60
C	250	45

解： 1）检验各方案的绝对经济效果，各方案的净现值计算如下。

$NPV_A = -400 + 70 \times (P/A, 10\%, 10) = -400 + 70 \times 6.1446 = 30.12$（万元）。

$NPV_B = -350 + 60 \times (P/A, 10\%, 10) = -350 + 60 \times 6.1446 = 18.68$（万元）。

$NPV_C = -250 + 45 \times (P/A, 10\%, 10) = -250 + 45 \times 6.1446 = 26.51$（万元）。

因为 $NPV_A > 0$，$NPV_B > 0$，$NPV_C > 0$，所以方案 A、B、C 在经济上均可行。

2）检验各方案的相对经济效果：因为 $NPV_A > NPV_C > NPV_B$，所以方案 A 更优，应选择方案 A。

（2）净年值法

净年值法是指计算各互斥型方案的净年值，然后进行比较，选择净年值的最大方案为最优方案。使用净年值法比较各方案，同样要求各方案的净年值必须大于或等于零，或者最优的方案净年值必须大于或至少是等于零。

【例 4.12】 使用净年值法对例 4.11 的 3 个方案进行经济评价。

解： 1）检验各方案的绝对经济效果，各方案的净年值计算如下。

$NAV_A = -400 \times (A/P, 10\%, 10) + 70 = -400 \times 0.1627 + 70 = 4.92$（万元）。

$NAV_B = -350 \times (A/P, 10\%, 10) + 60 = -350 \times 0.1627 + 60 = 3.06$（万元）。

$NAV_C = -250 \times (A/P, 10\%, 10) + 45 = -250 \times 0.1627 + 45 = 4.33$（万元）。

因为 $NAV_A>0$，$NAV_B>0$，$NAV_C>0$，所以方案 A、B、C 在经济上都是可行的。

2）检验方案的相对经济效果：因为 $NAV_A>NAV_C>NAV_B$，所以方案 A 更优，应选择方案 A（与净现值法评价结果一致）。

（3）最小费用法

最小费用法包括费用现值（present value cost，PVC）比较法和费用年值（annual cost，AC）比较法，对寿命期不等的互斥型方案进行经济评价时，常用费用现值比较法。

【例 4.13】 某工业项目有两种运营方案，两种方案在寿命期内的净现金流量如表 4.11 所示，使用最小费用法进行方案选择。

表 4.11　两种运营方案的净现金流量

方案	期初投资/万元	年运营成本/万元	寿命期/年
A	15	2	10
B	6	3	5

解：各方案的费用现值计算如下。

$PVC_A = 15 + 2 \times (P/A,10\%,10) = 15 + 2 \times 6.144\,6 \approx 27.29$（万元）。

$PVC_B = 6 + 3 \times (P/A,10\%,5) = 6 + 3 \times 3.790\,8 \approx 17.37$（万元）。

因为 $PVC_A>PVC_B$，所以方案 B 更优，应选择方案 B。

【例 4.14】 使用费用年值法，对例 4.13 进行经济评价。

解：各方案的费用年值计算如下。

$AC_A = 15 \times (A/P,10\%,10) + 2 = 15 \times 0.162\,7 + 2 \approx 4.44$（万元）。

$AC_B = 6 \times (A/P,10\%,5) + 3 = 6 \times 0.263\,8 + 3 \approx 4.58$（万元）。

因为 $AC_A<AC_B$，所以方案 A 更优，应选择方案 A。

（4）差额净现值法

差额净现值法是指通过差额现金流量来比较和选择备选方案。通常使用投资大方案的现金流量减投资小方案的现金流量，以形成差额现金流量。通过计算差额现金流量的净现值，考核其经济效益，以此评价某个方案相比另一个方案所需的额外投资在经济上是否可接受。该净现值称为差额净现值或投资增额净现值，用符号ΔNPV 来表示。

设 A、B 为两个互斥型投资方案，寿命期均为 n 年，方案 B 比方案 A 的投资大，且 $NPV_A>0$，$NPV_B>0$，则两个方案的差额净现值计算公式为

$$
\begin{aligned}
\Delta NPV_{B-A} &= \sum_{t=0}^{n}[(CI_B - CO_B)_t - (CI_A - CO_A)_t](1+i_c)^{-t} \\
&= \sum_{t=0}^{n}(\Delta CI - \Delta CO)_t(1+i_c)^{-t} \\
&= \sum_{t=0}^{n}(CI_B - CO_B)_t(1+i_c)^{-t} - \sum_{t=0}^{n}(CI_A - CO_A)_t(1+i_c)^{-t} \\
&= NPV_B - NPV_A \qquad (4.19)
\end{aligned}
$$

判别准则如下。

1）若差额净现值大于零，则表明增加投资所带来的收益现值超过增加投资的现值（按基准收益率计算），因此，增加投资在经济上可接受，应选择投资大的方案。

2）若差额净现值小于零，则表明增加投资并没有带来足够的收益，经济上应拒绝，

应选择投资小的方案。

3）若差额净现值等于零，则表明两个方案在经济上是等效的。但从资金利用效率的角度考虑，增加投资所带来的收益现值等于增加投资的现值（按基准收益率计算），且没有其他负面因素影响，应选择投资大的方案。

【例 4.15】 某项目有 3 个互斥型备选方案，方案 A 的初始投资为 2 200 万元，年净收益为 340 万元；方案 B 的初始投资为 1 750 万元，年净收益为 280 万元；方案 C 的初始投资为 1 400 万元，年净收益为 220 万元。3 个方案的寿命期均为 60 年，基准收益率为 15%，使用差额净现值法进行经济评价。已知 $(P/A,15\%,60)=6.6651$。

解：计算方案 A、B、C 的净现值。

$$NPV_A=-2200+340\times(P/A,15\%,60)=-2200+2266.134=66.13\text{（万元）}>0$$

$$NPV_B=-1750+280\times(P/A,15\%,60)=-1750+1866.228=116.23\text{（万元）}>0$$

$$NPV_C=-1400+220\times(P/A,15\%,60)=-1400+1466.322=66.32\text{（万元）}>0$$

方案 A、B、C 均通过绝对性检验。

增设方案 0，其投资为 0，年净收益为 0，按投资额从小到大排列，如表 4.12 所示。

表 4.12　某项目的 4 个方案投资收益

方案	初始投资/万元	年净收益/万元
0	0	0
C	1 400	220
B	1 750	280
A	2 200	340

将方案 C 与方案 0 使用差额净现值法进行比较。

$$\Delta NPV_{C-0}=NPV_C=-1400+220\times(P/A,15\%,60)=-1400+220\times6.6651=66.32\text{（万元）}$$

因为 $\Delta NPV_{C-0}>0$，所以方案 C 为当前最优方案。

将方案 C 与方案 B 使用差额净现值法进行比较。

$$\Delta NPV_{B-C}=-350+60\times(P/A,15\%,60)=-350+60\times6.6651=49.91\text{（万元）}$$

因为 $\Delta NPV_{B-C}>0$，所以方案 B 为当前最优方案。

将方案 B 与方案 A 使用差额净现值法进行比较。

$$\Delta NPV_{A-B}=-450+60\times(P/A,15\%,60)=-450+60\times6.6651=-50.09\text{（万元）}$$

因为 $\Delta NPV_{A-B}<0$，所以方案 B 为当前最优方案。

综上所述，方案 B 为最终最优方案。

（5）差额内部收益率法

差额内部收益率是指两个互斥型方案的差额现金流量净现值为零时的折现率，又称增额投资收益率。差额内部收益率的计算过程与内部收益率相似，但其是基于差额现金净流量的，其计算公式为

$$\sum_{t=0}^{n}[(CI_B-CO_B)_t-(CI_A-CO_A)_t](1+\Delta IRR)^{-t}=0 \tag{4.20}$$

判别准则如下。

1）当差额内部收益率大于或等于基准收益率或设定折现率时，应选择投资大的方案。

2）当差额内部收益率小于基准收益率或设定折现率时，应选择投资小的方案。

【例 4.16】 某投资项目有两个互斥型备选方案，其净现金流量如表 4.13 所示，使用差额内部收益率法进行经济评价（i_c=10%）。

表 4.13 互斥方案 A、B 的净现金流量

年数	0	1～10
方案 A 的净现金流量	-200	38
方案 B 的净现金流量	-240	46
方案 A、B 的差额净现金流量（B-A）	-40	8

解：计算方案 A、B 的净现值。

$$\mathrm{NPV_A} = -200 + 38\times(P/A,10\%,10) = -200 + 38\times 6.144\,6 = 33.49\text{（万元）}$$

$$\mathrm{NPV_B} = -240 + 46\times(P/A,10\%,10) = -240 + 46\times 6.144\,6 = 42.65\text{（万元）}$$

方案 A、B 均通过绝对性检验。

将方案 A、B 以差额内部收益率法进行比较：$-40 + 8\times(P/A,\Delta\mathrm{IRR},10) = 0$。

利用线性内插法可得：$\Delta\mathrm{IRR} = 15.11\% > i_c = 10\%$。

因为$\Delta\mathrm{IRR} > i_c$，所以投资大的方案更优，即方案 B 为最优方案。

2. 寿命期不相等的互斥型方案

当互斥型方案之间的寿命期不相等时，这几个方案就无法直接进行比较选择。因此，需要通过一定的方法进行适当的处理以保证各方案之间的可比性，常用的处理方法包括最小公倍数法、净年值法等。

（1）最小公倍数法

最小公倍数法以各方案寿命期的最小公倍数作为共同计算期，并假设各方案在共同计算期内重复进行，即各方案在各自寿命期结束后，均按照原方案计算期内的现金流量周而复始地循环，直至共同计算期结束。在该方法中，通过计算各方案在共同计算期内的净现值，以净现值最大的方案为最优方案。

（2）净年值法

净年值法也是一种评价寿命期不相等的互斥型方案经济效果的方法。该方法假设各方案在其寿命期结束后，均可依据原方案或与原方案经济效果水平相同的方案进行重复实施。通过计算各方的净年值，以净年值最大的方案为最优。由于净年值指标是以“年”为时间单位来比较各方案的经济效果的，所以无论方案重复实施多少次，其净年值均保持不变，从而使寿命期不相等的互斥型方案之间具备时间的可比性。

【例 4.17】 X、Y 为两个互斥型方案，方案 X 的期初投资额为 10 万元，年净收益为 3 万元，期末残值为 1.5 万元，寿命期为 6 年；方案 Y 的期初投资额为 15 万元，年净收益为 4 万元，期末残值为 2 万元，寿命期为 9 年。取基准收益率为 10%，试分别采用最小公倍数法和净年值法进行经济评价。

解：1）最小公倍数法。方案 X 和 Y 寿命期的最小公倍数为 18 年，在该寿命期内，两个方案分别重复实施 3 次和 2 次，选取净现值作为评价指标，则

$$\begin{aligned}\mathrm{NPV_X} &= -10\times[1+(P/F,10\%,6)+(P/F,10\%,12)] + 3\times(P/A,10\%,18)\\ &\quad +1.5\times[(P/F,10\%,6)+(P/F,10\%,12)+(P/F,10\%,18)]\\ &= 7.367\,7\text{（万元）}\end{aligned}$$

$$\begin{aligned}NPV_Y &= -15\times[1+(P/F,10\%,9)]+4\times(P/A,10\%,18)\\ &\quad +2\times[(P/F,10\%,9)+(P/F,10\%,18)]\\ &= 12.6521\text{（万元）}\end{aligned}$$

因为 $NPV_Y>NPV_X>0$，所以方案 Y 为最优方案。

2）净年值法。使用净年值作为评价指标，则

$$NAV_X = 3+1.5\times(A/F,10\%,6)-10\times(A/P,10\%,6)=0.8984\text{（万元）}$$

$$NAV_Y = 4+2\times(A/F,10\%,9)-15\times(A/P,10\%,9)=1.5432\text{（万元）}$$

因为 $NAV_Y>NAV_X>0$，所以方案 Y 为最优方案。

3. 无限寿命期的互斥型方案

在大多数情况下，项目备选方案均有明确的计算期。然而，有些项目在建成后，只需适当维护和保养，即可无限期运行，如水坝、运河、桥梁和隧道等项目。因此，在该类项目的各备选方案进行经济评价时，将共同寿命期定义为无限寿命期，并通过计算各方案在无限寿命期内的净现值（NPV），以净现值最大的方案为最优方案。无限寿命期的互斥型方案，在计算各方案的净现值时，由于传统净现值的计算公式为

$$NPV = NAV(P/A,i_c,n) = NAV\frac{(1+i_c)^n-1}{i_c(1+i_c)^n} \tag{4.21}$$

当 $n\to\infty$ 时，净现值的计算公式为

$$NPV(i_c) = NAV(i_c)\frac{1}{i_c} \tag{4.22}$$

【例 4.18】 某公司拟投资购买某种设备，现有设备 A、B 均可满足使用需求，具体数据如表 4.14 所示。假设设备 A、B 为无限寿命期，该公司的基准收益率 i_c=10%，试问选择哪台设备在经济上更有利？

表 4.14　无限寿命期的互斥型方案

设备	投资/万元	每年末净收益/万元
A	10	4.0
B	20	5.3

解：

$$NPV_{A(\infty)} = [4-10\times(A/P,10\%,4)]\times(P/A,10\%,\infty,)=8.5\text{（万元）}$$

$$NPV_{B(\infty)} = [5.3-20\times(A/P,10\%,6)]\times(P/A,10\%,\infty,)=7.1\text{（万元）}$$

因为 $NPV_{A(\infty)}>NPV_{B(\infty)}$，所以选择设备 A 更有利。

典 型 案 例

某企业拟建一幢建筑面积为 8 500m^2 的综合办公大楼，该办公楼供暖热源拟由社会热网公司提供，室内采暖方式考虑两种：方案 A 为低温地热辐射采暖，方案 B 为供暖热源采用地下水源热泵，室内供热为集中空调（同时也用于夏季制冷），不考虑建设期影响，初始投资设在期初，i_c=10%，有关投资和费用的资料如下。

1）一次性支付社会热网公司入网费 50 元/m^2，每年缴纳外网供暖费 24 元/m^2（其中包含应由社会热网公司负责的室内外维修支出费用 5 元/m^2）。

2）方案 A 的初始投资为 120 元/m^2，每年日常维护管理费为 5 元/m^2。该方案应考虑室内有效使用面积增加带来的效益（按每年 2 元/m^2 计算），使用寿命均为 50 年，大修周期均为 10 年，每次的大修费用均为 15 元/m^2。

3）方案 B 的初始投资为 300 元/m^2，每年的地下水资源费用为 12 元/m^2，每年用电及维护管理费等为 50 元/m^2，大修周期为 15 年，每次的大修费用均为 18 元/m^2，使用寿命为 50 年，不计残值。该方案应考虑室内有效使用面积增加和冬期供暖、夏季制冷使用舒适度带来的效益（按每年 5 元/m^2 计算）。初始投资和每年运行费用、大修费用及效益均按 55%为采暖费、45%为制冷费计算。

试用费用现值比较法，在方案 A、B 中选择较经济的方案。

解：1）方案 A。

① 方案 A 的初始投资费用、年运行费用、每次大修费用如下。

初始投资费用：$W_A = 50\times8\,500+120\times8\,500=144.5$（万元）。

年运行费用：$W_A' = 24\times8\,500+(5-2)\times8\,500=22.95$（万元）。

每次大修费用：15×8 500=12.75（万元）。

② 方案 A 的费用现值如下。

$\text{PVC}_A = 22.95\times(P/F,10\%,50)+12.75\times(P/F,10\%,10)+12.75\times(P/F,10\%,20)+12.75\times(P/F,10\%,30)+12.75\times(P/F,10\%,40)+144.5=379.87$（万元）。

2）方案 B。

① 方案 B 的初始投资费用、年运行费用、每次大修费用如下。

初始投资费用：$W_B = 300\times8\,500\times55\%=140.25$（万元）。

年运行费用：$W_B' = (12\times8\,500+50\times8\,500-5\times8\,500)\times55\%=26.65$（万元）。

每次大修费用：$18\times8\,500\times55\%=8.42$（万元）。

② 方案 B 的费用现值如下。

$\text{PVC}_B = 26.65\times(P/F,10\%,50)+8.42\times(P/F,10\%,15)+8.42\times(P/F,10\%,30)+8.42\times(P/F,10\%,45)+140.25=407.10$（万元）。

因为费用现值 $\text{PVC}_A < \text{PVC}_B$，所以选择方案 A。

本 章 小 结

在工程项目中，方案经济评价是确保项目决策合理化的关键环节，单一指标往往无法全面地反映项目优劣，因此，需要采用多个指标从不同的角度对项目进行综合分析，以更准确地评估项目的经济效益、风险水平和社会效益等方面，为决策者提供更为全面和可靠的信息支持。本章集中论述了工程项目经济性评价的主要评价指标和方法，主要包括工程项目经济评价的概念及主要内容，工程项目经济评价指标体系，工程项目经济评价中常用指标（如投资回收期、借款偿还期、净现值、内部收益率、投资收益率等）的概念、计算公式、判别准则，工程项目的方案类型（如独立型、互斥型、混合型等）的分类、概念及特征，独立型、互斥型方案的比较选择步骤及具体计算方法等。

思考与练习

1．试述工程评价指标体系的构成。

2．试述静态投资回收期、动态投资回收期的概念、计算公式、判别准则。

3．试述借款偿还期的概念、计算公式、判别准则。

4．试述净年值的概念、计算公式、判别准则。

5．试述内部收益率的概念、计算公式、判别准则。

6．试述总投资收益率、资本金净利润率的概念、计算公式、判别准则。

7．试述偿债备付率的概念、计算公式、判别准则。

8．试述工程项目方案的类型。

9．试述独立型方案和互斥型方案各自的特征和判别标准。

10．试述如何比较选择寿命期相等和不相等的互斥型方案。

11．某技术方案的净现金流量如表 4.15 所示，求该方案的静态投资回收期。

表 4.15　第 11 题技术方案的净现金流量

计算期/年	0	1	2	3	4	5	6
净现金流量/元		−1 500	400	400	400	400	400

12．某技术方案的净现金流量如表 4.16 所示，若基准收益率为 6%，则该方案的净现值为多少万元？

表 4.16　第 12 题技术方案的净现金流量

计算期/年	0	1	2	3
净现金流量/万元	−1 000	200	400	800

13．某项目的净现金流量如表 4.17 所示，试计算该项目的内部收益率。

表 4.17　某项目的净现金流量

计算期/年	0	1	2	3	4	5
净现金流量/万元	-50	20	30	20	40	40

第 5 章　工程项目经济评价的不确定性分析

【学习目标】

1）掌握盈亏平衡分析的概念及计算方法；
2）掌握敏感性分析的概念及计算方法；
3）掌握应对风险的策略和措施；
4）熟悉风险分析的主要方法。

【关键概念】

盈亏平衡分析　敏感性分析　风险分析

5.1　不确定性分析概述

1. 不确定性的概念

不确定性通常是指某一事件、活动在未来发生或不发生的可能性是未知的，不确定性的直接后果是使技术方案经济效果的实际值与评价值相偏离，从而给决策者带来风险。因此，为了提高投资决策的可靠性、减少决策时所承担的风险，就必须对投资项目的不确定性进行分析。

2. 不确定性因素产生的原因

（1）项目基本数据不足或统计有偏差

在实际应用中，经济效果评价的重要基础数据，可能会由于原始统计误差、统计样本不足、公式或模型套用不合理等原因而被高估或低估，从而影响项目经济效果的评价结果。

（2）未来经济形势变化

通货膨胀所导致的物价波动，可能会影响项目经济效果评价中所使用的价格指标；市场供求结构变化也可能会影响产品市场的供求状况。

（3）技术进步

技术变革所带来的产品工艺改进会导致相关数据发生偏差，如年营业收入、年经营成本等。

（4）其他外部影响因素

政策变化，新律、新规颁布，国际政治经济形势变化等也会对项目经济效果产生难以预料的影响。

3. 不确定性分析的方法

常用的不确定性分析方法有盈亏平衡分析、敏感性分析及风险分析等。

5.2　盈亏平衡分析

5.2.1　盈亏平衡分析概述

1. 盈亏平衡分析的概念

盈亏平衡分析是指在一定市场、生产能力及经营管理条件下，通过对产品产量、成本、利润的相互关系进行分析，判断项目对市场需求变化的适应能力的一种不确定性分析方法。

2. 盈亏平衡点的概念

随着影响项目的各种不确定性因素（如投资额、生产成本、产品价格、销售量等）的变化，项目盈利或亏损会有一个临界点，即项目销售（营业、服务）收入等于总成本，这一临界点称为盈亏平衡点（break-even point，BEP）。盈亏平衡点反映了项目对市场变化的适应能力和抗风险能力，盈亏平衡点越低，达到此点的盈亏平衡产量、收益或成本也就越少，方案投产后的盈利可能性越大，亏损可能性越小，适应市场变化能力越强，抗经营风险能力也越强。

盈亏平衡点的表达方式有多种，可以用产量、单位产品售价、单位可变成本及年固定成本总量等绝对量表示，也可以用生产能力利用率等相对值表示。

3. 盈亏平衡分析的作用

盈亏平衡分析主要考察当影响方案的各种不确定性因素发生变化时，对项目经济效果的影响。特别是当这些因素的变化达到某一临界值（即处于盈亏平衡点）时，对项目取舍的影响。在工程项目经济评价中，盈亏平衡分析的目的是找到项目盈亏平衡点，以判断项目对不确定性因素变化的适应能力和抗风险能力，从而为投资决策提供合理依据。

5.2.2　独立型方案的盈亏平衡分析

按照要素之间的函数关系，独立型方案的盈亏平衡分析可分为线性盈亏平衡分析和非线性盈亏平衡分析。

1. 线性盈亏平衡分析

（1）线性盈亏平衡分析的前提条件

1）产品的产量等于销售量。

2）产品的单位可变成本不变。

3）产品的销售单价不变。

4）生产的产品可以换算为单一产品计算。

5）项目在分析期内，生产工艺、技术装备、生产方法、管理水平等均无变化。

（2）线性盈亏平衡分析的数学模型

根据线性盈亏平衡分析的前提条件，产品的销售收入、总成本与产量的线性盈亏平衡

分析的基本公式为

$$R=(P-T)Q=P(1-t)Q \tag{5.1}$$

$$C=F+V=F+vQ \tag{5.2}$$

式中，R——正常生产年的总销售收入；

P——单位产品的销售价格；

Q——年销售量或年产量；

T——单位产品的销售税金；

t——销售税金及附加税率；

C——正常生产年的总成本；

F——总成本中的固定成本；

V——总成本中的可变成本；

v——单位产品的可变成本。

（3）线性盈亏平衡分析图

把销售收入线 R 与总成本线 C 置于同一个坐标系内，即可得到盈亏平衡分析图，如图 5.1 所示。

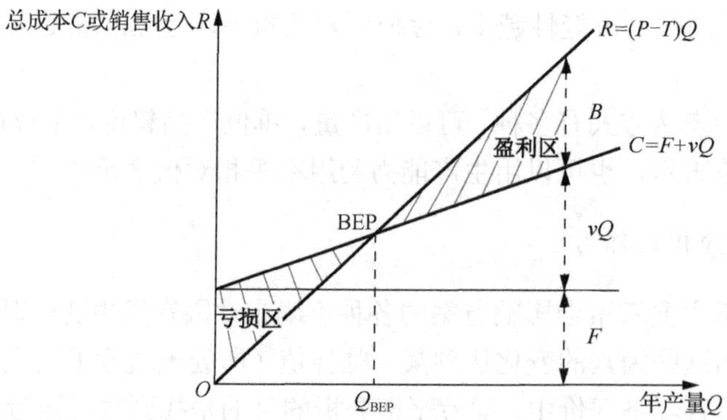

图 5.1　线性盈亏平衡分析图

图 5.1 中的纵坐标表示销售收入或总成本，横坐标表示年产量。在 BEP 左侧，总成本线高于销售收入线，项目亏损；在 BEP 右侧，销售收入线高于总成本线，项目盈利；在 BEP 上，销售收入等于总成本，项目不盈不亏，达到平衡。

当项目利润为 B 时，则

$$B=R-C=(P-T-v)Q-F \tag{5.3}$$

（4）盈亏平衡点的计算

盈亏平衡点的表达方式有以下几种。

1）用产量表示：

$$Q_{\text{BEP}}=\frac{F}{P-T-v} \tag{5.4}$$

Q_{BEP} 表示项目不发生亏损时所必须达到的最低产量，此值越小，说明项目适应市场需求变化的能力越强，抗风险能力越强。

2）用生产能力利用率表示：

$$f_{\text{BEP}}=\frac{Q_{\text{BEP}}}{Q_{\text{C}}}\times 100\% =\frac{F}{(P-v-T)Q_{\text{C}}}=\frac{F}{R-V-TQ_{\text{C}}} \tag{5.5}$$

式中，Q_C——设计年产量。

f_{BEP} 表示项目不发生亏损时所必须达到的最低生产能力，此值越小，说明项目适应市场需求变化的能力越强，抗风险能力越强。

3）用销售收入表示：

$$R_{\text{BEP}}=(P-T)Q_{\text{BEP}}=\frac{(P-T)F}{P-v-T} \tag{5.6}$$

R_{BEP} 表示项目不发生亏损时所必须达到的最低销售收入，此值越小，说明项目适应销售收入变化的能力越强，抗风险能力越强。

4）用销售价格表示：

$$P_{\text{BEP}}=v+T+\frac{F}{Q_C} \tag{5.7}$$

P_{BEP} 表示项目不发生亏损时所必须达到的最低销售价格，此值越小，说明项目适应销售价格变化的能力越强，抗风险能力越强。

5）用单位产品可变成本表示：

$$v_{\text{BEP}}=P-T-\frac{F}{Q_C} \tag{5.8}$$

v_{BEP} 表示项目不发生亏损时能够承担的单位产品可变成本的最高值，此最高值越小，说明项目适应生产技术进步的能力越强，抗风险能力越强。

【例 5.1】 某工程方案设计年产量为 1.5 万吨，销售价格为 3 000 元/吨，销售税金及附加为 138 元/吨，年总成本为 3 600 万元，其中固定成本为 1 500 万元。试求以产量、生产能力利用率、销售价格、销售收入和单位产品可变成本表示的盈亏平衡点。

解： 单位产品可变成本为

$$v=\frac{C-F}{Q_{\text{C}}}=\frac{(3\,600-1\,500)\times 10^4}{1.5\times 10^4}=1\,400\text{（元/吨）}$$

盈亏平衡产量 Q_{BEP} 为

$$Q_{\text{BEP}}=\frac{F}{P-T-v}=\frac{1\,500\times 10^4}{3\,000-138-1\,400}=1.026\text{（万吨）}$$

盈亏平衡生产能力利用率 f_{BEP} 为

$$f_{\text{BEP}}=\frac{Q_{\text{BEP}}}{Q_{\text{C}}}\times 100\%=\frac{1.026}{1.5}\times 100\%=68.4\%$$

盈亏平衡销售价格 P_{BEP} 为

$$P_{\text{BEP}}=\frac{F}{Q_{\text{C}}}+v+T=\frac{1\,500\times 10^4}{1.5\times 10^4}+1\,400+138=2\,538\text{（元/吨）}$$

盈亏平衡销售收入 P_{BEP} 为

$$R_{\mathrm{BEP}}=(P-T)Q_{\mathrm{BEP}}=(3\,000-138)\times1.026\times10^4\div10^4=2\,936\text{（万元）}$$

盈亏平衡单位产品可变成本为

$$v_{\mathrm{BEP}}=P-T-\frac{F}{Q_C}=3\,000-138-\frac{1\,500\times10^4}{1.5\times10^4}=1\,862\text{（元/吨）}$$

2. 非线性盈亏平衡分析

在实际经济活动中常常会遇到在项目不同时期内，其产品成本函数或收入函数并不呈现直线变化的情况。当市场供求关系发生变化时，产品价格不再是一个固定值。同时，产量变化时，虽然产品总成本中的固定成本在一定时期内不随产量变化，但可变成本将随产量变化而呈非线性变化。因此，产量与总成本之间成非线性关系，此种情况下的盈亏平衡分析称为非线性盈亏平衡分析。如果销售收入、成本和利润三者之间的关系均能用非线性函数表示，则可定量地确定方案的可盈利范围，并求出相应的盈亏平衡点和最大利润点等。

销售收入、总成本与产量的非线性函数，通常可表示为一元二次函数：

$$R=aQ+bQ^2 \tag{5.9}$$

$$C=c+dQ+eQ^2 \tag{5.10}$$

式中，a、b、c、d、e——常数。

在盈亏平衡时，应有 $R(Q)-C(Q)=0$ ，即

$$(b-e)Q^2+(a-d)Q-c=0 \tag{5.11}$$

解得

$$Q_{\mathrm{BEP1,2}}=\frac{-(a-d)}{2(b-e)}\pm\frac{\sqrt{(a-d)^2+4(b-e)c}}{2(b-e)} \tag{5.12}$$

此方程可求得两个盈亏平衡点的产量：Q_{BEP1} 与 Q_{BEP2}，Q_{BEP1}～Q_{BEP2} 之间的产量即为盈利区的产量范围。

在项目的两个盈亏平衡点之间，存在最大利润点，对应于利润最大点的产量 $Q_{\max}$ 为

$$\frac{\mathrm{d}(R-C)}{\mathrm{d}Q}=2(b-e)Q+(a-d)=0$$

解得

$$Q_{\max}=\frac{-(a-d)}{2(b-e)} \tag{5.13}$$

非线性盈亏平衡分析图如图 5.2 所示，在 Q_{BEP1}～Q_{BEP2} 区间才能盈利，并可找到最大利润所对应的产量 $Q_{\max}$。

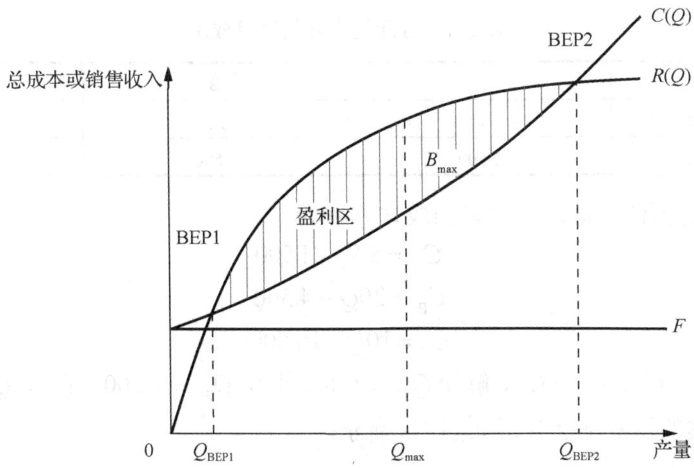

图 5.2　非线性盈亏平衡分析图

【例 5.2】 某项目投产以后，正常年份的年固定成本为 33 000 元，单位可变成本为 15 元，单位售价为 45 元。由于原材料为整批购买，每多生产一件产品，单位可变成本可降低 0.001 5 元；销量每增加一件产品，售价下降 0.003 2 元。试求盈亏平衡点的产量 Q_1 和 Q_2，以及最大利润时的销售量 Q_{max}。

解： 单位产品售价为（45−0.003 2Q）；单位产品可变成本为（15−0.001 5Q）。

盈亏平衡点产量 Q_1 和 Q_2 为

$$C(Q)=33\,000+(15-0.001\,5Q)Q=33\,000+15Q-0.001\,5Q^2$$

$$R(Q)=(45-0.003\,2Q)Q=45Q-0.003\,2Q^2$$

根据盈亏平衡原理，令 $C(Q)=R(Q)$，即

$$33\,000+15Q-0.001\,5Q^2=45Q-0.003\,2Q^2$$

解得

$$Q_1=1\,179（件）$$

$$Q_2=1\,6470（件）$$

最大利润时的销售量 Q_{max}，由 $B=R-C$，得

$$B=-0.001\,7Q^2-30Q+33\,000$$

令 $B'(Q)=0$，得

$$0.003\,4Q-30=0$$

解得 Q_{max}≈8 824（件）。

5.2.3　互斥型方案的盈亏平衡分析

某个不确定性因素同时对两个或两个以上互斥型方案产生影响时，可采用盈亏平衡分析法来考虑这个共有的不确定性因素对各方案的影响程度，通过计算各方案的盈亏平衡点对方案进行取舍。

【例 5.3】 拟建某项目，有 3 种技术方案可供采纳，每一方案的产品成本如表 5.1 所示，试比较 3 个方案。若预计该项目的年产量为 500～1 000 件，则应如何选择技术方案？

表 5.1　互斥型方案的产品成本

方案	A	B	C
产品可变成本/（元/件）	50	20	10
产品固定成本/元	1 500	4 500	16 500

解：设 Q 为预计产量，各方案的成本方程为

$$C_A = 50Q + 1\,500$$
$$C_B = 20Q + 4\,500$$
$$C_C = 10Q + 16\,500$$

令 $C_A = C_B$，$C_B = C_C$，$C_A = C_C$，解得 $Q_{AB} = 100$（件），$Q_{BC} = 1\,200$（件），$Q_{AC} = 375$（件）。

互斥型方案的盈亏平衡分析如图 5.3 所示。

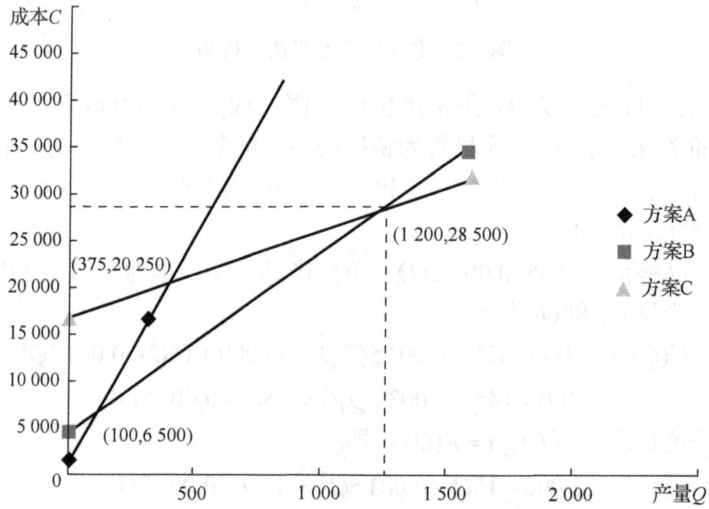

图 5.3　互斥型方案的盈亏平衡分析

如图 5.3 所示，当产量小于 100 件时，方案 A 为最优方案；当产量为 100～1 200 件时，方案 B 为最优方案；当产量大于 1 200 件时，方案 C 为最优方案。因为本项目的产量为 500～1 000 件，所以应选择方案 B。

【例 5.4】某房地产开发商拟投资开发建设住宅项目，项目建筑面积为 1 000～5 000m²，现有 1、2、3 共 3 种建设方案，各方案的技术经济数据如表 5.2 所示。现假设基准收益率为 10%，试确定各建设方案经济合理的建筑面积范围。

表 5.2　各方案的技术经济数据

建设方案	单位面积造价/（元/m²）	年运营费/万元	寿命期/年
1	1 000	30	50
2	1 200	20	50
3	1 500	15	50

解：$(A/P,10\%,50) = 0.100\,9$，假设建筑面积为 Y，则各方案的年度总成本 AC 为

$$\mathrm{AC}(Y)_1 = 1\,000 \times Y \times (A/P,10\%,50) + 300\,000$$
$$\mathrm{AC}(Y)_2 = 1\,200 \times Y \times (A/P,10\%,50) + 200\,000$$

$$AC(Y)_3 = 1\,500 \times Y \times (A/P,10\%,50) + 150\,000$$

令 $AC(Y)_1 = AC(Y)_2$，得 $Y_{12} = 4\,955\text{m}^2$；令 $AC(Y)_2 = AC(Y)_3$，得 $Y_{23} = 1\,652\text{m}^2$；令 $AC(Y)_1 = AC(Y)_3$，得 $Y_{13} = 2\,973\text{m}^2$。

各方案的盈亏平衡分析如图 5.4 所示，横轴表示建筑面积，纵轴表示年度总成本。

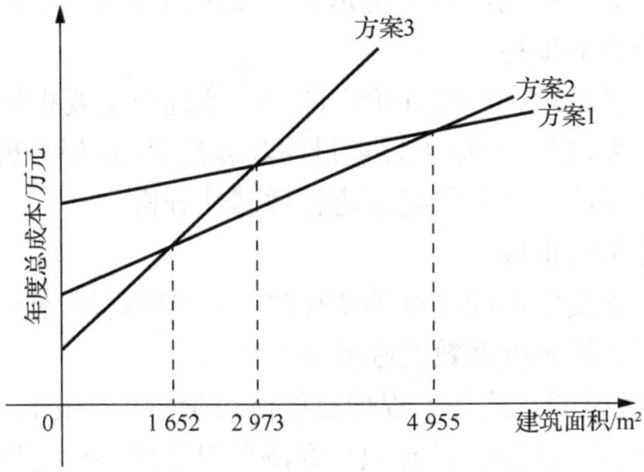

图 5.4　各方案的盈亏平衡分析

如图 5.4 所示，当建筑面积小于 1 652m^2 时，方案 3 为最优方案；当建筑面积为 1 652～4 955m^2 时，方案 2 为最优方案；当建筑面积大于 4 955m^2 时，方案 1 为最优方案。

5.3　敏感性分析

5.3.1　敏感性分析概述

1. 敏感性分析的概念

敏感性分析是指通过测定一个或多个不确定性因素变化对项目基本方案经济效果评价指标的影响，计算项目预期目标（效益）受各不确定性因素变化的影响程度，从中找出影响程度较大的因素，即敏感因素，并通过制定控制负敏感因素对策，确保项目经济效果评价的安全性。

2. 敏感性分析的分类

敏感性分析按不确定性因素变化的数目，可分为单因素敏感性分析和多因素敏感性分析。

3. 敏感性分析的步骤

(1) 确定项目经济效果的评价指标

这里的分析指标，是指敏感性分析的具体对象，即方案的经济效果评价指标，如净现值、净年值、内部收益率、投资回收年限等。对某个特定方案进行经济效果评价时，不可能也不需要对所有指标都进行敏感性分析，而应根据方案的特点，选择一种或两种指标进行分析。

（2）选择不确定性因素，并设定其变化程度

在选择不确定性因素时，主要考虑两方面：①在评价工程项目经济效果时，发生变化的可能性较大；②对工程项目经济效果的影响程度较大。

实践中不确定性因素变化的百分率，通常取±5%、±10%、±15%、±20%等；对于不便用百分数表示的因素，如建设期，可采用延长一段时间表示，如延长至一年。

（3）确定敏感性分析的指标

敏感性分析可选定工程项目经济评价中的一个或几个主要指标进行分析，其中最基本的分析指标是内部收益率，也可根据工程项目的具体情况，选择净现值或投资回收期指标，必要时可同时针对两个或两个以上的指标进行敏感性分析。

（4）计算敏感性分析的指标

计算各不确定性因素发生不同幅度的变化时，工程项目经济评价指标的变化结果，同时计算各不确定性因素的敏感度系数及临界点。

1）敏感度系数。敏感度系数是工程项目经济评价指标变化百分率与不确定性因素变化百分率的比值。敏感度系数越高，说明项目经济效果受该不确定性因素影响的程度越高。敏感度系数的计算公式如下：

$$S_{AF}=\frac{\Delta A/A}{\Delta F/F} \tag{5.14}$$

式中，S_{AF}——评价指标 A 对于不确定性因素 F 的敏感度系数；

$\Delta F/F$——不确定性因素 F 的变化率；

$\Delta A/A$——不确定性因素 F 发生 ΔF 变化率时，评价指标 A 的相应变化率。

若 $S_{AF}>0$，则表示评价指标与不确定性因素同方向变化；若 $S_{AF}<0$，则表示评价指标与不确定性因素反方向变化。$|S_{AF}|$ 越大，敏感度程度越高。

2）临界点（即转换值，switch value）。临界点是指不确定性因素变化使项目由可行变为不可行的临界数值，即不确定性因素变化幅度超过该界限，项目将不可行。例如，当产品价格下降到某个特定数值时，项目内部收益率刚好等于基准收益率，此点称为产品价格下降的临界点。临界点可用不确定性因素相对于基本方案的变化率表示。当该不确定性因素为费用指标时，临界点表示其增加的百分比；当该不确定性因素为效益指标时，临界点表示其降低的百分比。

计算临界点时，所选指标的初始值会影响临界点的高低。对于同一个项目，若以基准收益率为计算临界点的指标，则基准收益率越高，临界点越低；当基准收益率为确定值时，临界点越低，说明该因素对项目评价指标的影响越大，项目对该因素的敏感性越强。

（5）综合评价，优选方案

根据敏感性分析的计算结果，编制敏感性分析表、敏感度系数和临界点分析表；根据敏感性分析表，以横轴为不确定性因素变化率，以纵轴为项目效益评价指标，绘制敏感性分析图，并对图、表结果进行文字说明，找出敏感度系数绝对值较高或临界点绝对值较低的一个或几个关键因素，分析其可能造成的风险并提出应对措施。

如果敏感性分析的目的是对不同投资项目或某一项目的不同方案进行选择，则一般应选择敏感程度小、承受风险能力强、可靠性强的项目或方案。

5.3.2　单因素敏感性分析

单因素敏感性分析是指分析单一不确定性因素变化，对项目基本方案经济评价指标的影响，即假设各不确定性因素之间相互独立，每次只考察一个因素数值变化，计算该因素变化对项目预期目标（效益）的影响程度。

【例 5.5】 某投资项目设计生产能力为年产 10 万台某种设备，主要经济参数估算值包括初始投资额为 1 200 万元，预计产品价格为 40 元/台（40 万元/万台），年经营成本为 170 万元，运营年限为 10 年，运营期末残值为 100 万元，基准收益率为 12%。

问题 1：以财务净现值为分析对象，就项目投资额、产品价格和年经营成本等因素进行敏感性分析。

问题 2：在保证项目可行的前提下，计算该产品价格变化的下降临界点。

解：问题 1 的计算如下。

1）初始条件下的项目净现值为

$$
\begin{aligned}
\mathrm{NPV}_0 &= -1\,200+(40\times10-170)(P/A,12\%,10)+100(P/F,12\%,10) \\
&= -1\,200+230\times5.650\,2+100\times0.322\,0 \\
&= -1\,200+1\,299.55+32.20 \\
&= 131.75\text{（万元）}
\end{aligned}
$$

2）分别对投资额、产品价格和年经营成本，在初始值基础上按±10%、±20%幅度进行变化，并逐一计算相应的项目净现值。

① 投资额分别在±10%、±20%幅度变化：

$$
\begin{aligned}
\mathrm{NPV}_{10\%} &= -1\,200\times(1+10\%)+(40\times10-170)(P/A,12\%,10)+100(P/F,12\%,10) \\
&= -1\,320+230\times5.650\,2+100\times0.322\,0 \\
&= 11.75\text{（万元）}
\end{aligned}
$$

$$
\begin{aligned}
\mathrm{NPV}_{20\%} &= -1\,200\times(1+20\%)+(40\times10-170)(P/A,12\%,10)+100(P/F,12\%,10) \\
&= -108.25\text{（万元）}
\end{aligned}
$$

$$
\begin{aligned}
\mathrm{NPV}_{-10\%} &= -1\,200\times(1-10\%)+(40\times10-170)(P/A,12\%,10)+100(P/F,12\%,10) \\
&= 251.75\text{（万元）}
\end{aligned}
$$

$$
\begin{aligned}
\mathrm{NPV}_{-20\%} &= -1\,200\times(1-20\%)+(40\times10-170)(P/A,12\%,10)+100(P/F,12\%,10) \\
&= 371.75\text{（万元）}
\end{aligned}
$$

② 产品价格分别在±10%、±20%幅度变化：

$$
\begin{aligned}
\mathrm{NPV}_{10\%} &= -1\,200+[40\times(1+10\%)\times10-170](P/A,12\%,10)+100(P/F,12\%,10) \\
&= -1\,200+270\times5.650\,2+100\times0.322\,0 \\
&= 357.75\text{（万元）}
\end{aligned}
$$

$$
\begin{aligned}
\mathrm{NPV}_{20\%} &= -1\,200+[40\times(1+20\%)\times10-170](P/A,12\%,10)+100(P/F,12\%,10) \\
&= -1\,200+310\times5.650\,2+100\times0.322\,0 \\
&= 583.76\text{（万元）}
\end{aligned}
$$

$$
\begin{aligned}
\mathrm{NPV}_{-10\%} &= -1\,200+[40\times(1-20\%)\times10-170](P/A,12\%,10)+100(P/F,12\%,10) \\
&= -1\,200+190\times5.650\,1+100\times0.322\,0 \\
&= -94.26\text{（万元）}
\end{aligned}
$$

$$\begin{aligned}\text{NPV}_{-20\%} &= -1\,200+[40\times(1-20\%)\times10-170](P/A,12\%,10)+100(P/F,12\%,10)\\ &= -1\,200+150\times5.650\,2+100\times0.322\,0\\ &= -320.27（万元）\end{aligned}$$

③ 年经营成本分别在±10%、±20%幅度变化：

$$\begin{aligned}\text{NPV}_{10\%} &= -1\,200+[40\times10-170\times(1+10\%)](P/A,12\%,10)+100(P/F,12\%,10)\\ &= -1\,200+213\times5.650\,2+100\times0.322\,0\\ &= 35.69（万元）\end{aligned}$$

$$\begin{aligned}\text{NPV}_{20\%} &= -1\,200+[40\times10-170\times(1+20\%)](P/A,12\%,10)+100(P/F,12\%,10)\\ &= -1\,200+196\times5.650\,2+100\times0.322\,0\\ &= -60.36（万元）\end{aligned}$$

$$\begin{aligned}\text{NPV}_{-10\%} &= -1\,200+[40\times10-170\times(1-10\%)](P/A,12\%,10)+100(P/F,12\%,10)\\ &= -1\,200+247\times5.650\,2+100\times0.322\,0\\ &= 227.80（万元）\end{aligned}$$

$$\begin{aligned}\text{NPV}_{-20\%} &= -1200+[40\times10-170\times(1-20\%)](P/A,12\%,10)+100(P/F,12\%,10)\\ &= -1\,200+264\times5.650\,2+100\times0.322\,0\\ &\approx 323.85（万元）\end{aligned}$$

将计算结果列于表 5.3 中。

表 5.3　单因素敏感性分析表

变化因素	净现值/万元					净现值变化率/%	
	−20%	−10%	0	10%	20%	平均+1%	平均−1%
投资额	371.75	251.75	131.75	11.75	−108.25	−9.11	+9.11
产品价格	−320.27	−94.26	131.75	357.75	583.76	+17.15	−17.15
年经营成本	323.85	227.80	131.75	35.69	−60.36	−7.29	+7.29

由表 5.3 可知，在变化率相同的情况下，产品价格变化对项目净现值的影响程度最大。当其他因素均不发生变化时，产品价格每下降 1%，项目净现值下降 17.15%。投资额变化对项目净现值的影响程度次之，即当其他因素均不发生变化时，投资额每上升 1%，项目净现值下降 9.11%。年经营成本对项目净现值的影响程度最小，即当其他因素均不发生变化时，年经营成本每增加 1%，项目净现值下降 7.29%。由此可见，项目净现值对各因素的敏感程度由大到小的排序是：产品价格、投资额、年经营成本，即最敏感因素是产品价格。因此，从方案决策角度，应对产品价格进行更准确的测算，并且尽量保证产品价格未来发生变化的可能性较小，以降低工程项目投资风险。

问题 2 的计算如下。

设净现值为 0 时，产品价格变化率为 X，则 X 便是产品价格的下降临界点，即

$$-1\,200+[40\times(1+X)\times10-170](P/A,12\%,10)+100(P/F,12\%,10)=0$$

$$-1\,200+(400+400X-170)\times5.650\,2+100\times0.322\,0=0$$

$$-1\,200+2\,260.08X+1\,299.55+32.20=0$$

$$2\,260.08X=1\,200-1\,299.55-32.20=-131.75$$

$$X=-131.75\div2\,260.08=-0.058\,3=-5.83\%$$

因此，该工程项目产品价格的下降临界点为 5.83%，即最多下降 5.83%。

【例 5.6】 某投资项目的基本方案的现金流量如表 5.4 所示，i_c 为 10%，试对其进行单因素敏感性分析。

表 5.4　项目基本方案的现金流量　单位：万元

序号	项目	计算期							
		1	2	3	4	5	6	7	8
1	现金流入	0	0	1 000	1 400	2 400	2 400	2 400	2 400
1.1	销售收入			1 000	1 400	2 400	2 400	2 400	2 400
2	现金流出	2 000	1 000	600	800	1 200	1 200	1 200	1 200
2.1	投资	2 000	1 000						
2.2	经营成本			600	800	1 200	1 200	1 200	1 200
3	净现金流量	−2 000	−1 000	400	600	1 200	1 200	1 200	1 200

解： 1）选择销售收入、投资、经营成本、净现金流量 4 个因素进行敏感性分析。

2）设各不确定性因素的变化幅度分别为±5%、±10%、±15%、±20%。

3）以 NPV 作为经济效益评价指标，计算基本方案的 NPV。

$$\begin{aligned}\text{NPV} &= -2\,000(P/F,10\%,1)-1\,000(P/F,10\%,2)+400(P/F,10\%,3)\\&\quad+600(P/F,10\%,4)+1\,200(P/A,10\%,4)(P/F,10\%,4)=664\text{（万元）}\end{aligned}$$

4）分别计算这 4 个因素变化±5%、±10%、±15%、±20%时各自对应的 NPV 值，并将计算结果汇总在表 5.5 中。

表 5.5　敏感性分析　单位：万元

变化因素	变化幅度								
	−20%	−15%	−10%	−5%	0	5%	10%	15%	20%
投资	1 193	1 060	928	796	664	532	399	267	135
销售收入	−717	−372	−27	319	664	1 009	1 354	1 699	2 045
经营成本	1 383	1 203	1 023	844	664	484	304	124	−55
净现金流量	971	890	812	736	664	594	527	462	399

5）根据表 5.5 中的计算结果绘制敏感性分析图，如图 5.5 所示。

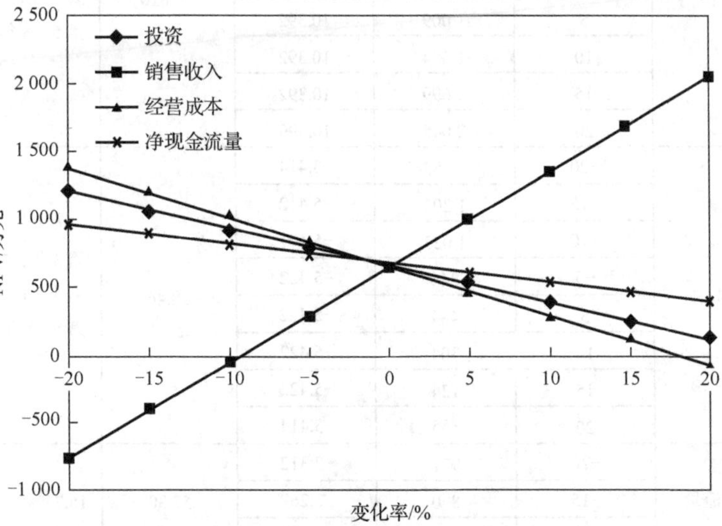

图 5.5　敏感性分析图

图 5.5 中的每一条曲线代表净现值随不确定性因素变化而发生的变化，每条曲线与横坐标轴的相交点为该不确定性因素变化的临界点，用该点对应的不确定性因素变化率表示。临界点的绝对值越小，说明项目净现值对该不确定性因素越敏感。销售收入临界点的绝对值最小（大约为-10%），说明净现值指标对该因素最敏感。

6）编制敏感度系数和临界点分析表，并进行结果分析。

以投资变化-20%为例说明敏感度系数的计算。

投资降低 20%，$\Delta A = 1\,193 - 664 = 529$（万元）。

$$\Delta A/A = 529/664 \approx 0.796\,7$$

$$\Delta F/F = -20\%$$

$$S_{AF} = \frac{\Delta A/A}{\Delta F/F} = \frac{0.796\,7}{-20\%} \approx -3.983$$

敏感度系数和临界点分析如表 5.6 所示。

表 5.6　敏感度系数和临界点分析

序号	不确定性因素	变化率/%	NPV/万元	敏感度系数	临界点/%	临界值
	基本方案		664			
1	投资	-20	1 193	-3.983	25.10	第 1 年：2 502 万元 第 2 年：1 251 万元
		-15	1 060	-3.976		
		-10	928	-3.976		
		-5	796	-3.976		
		5	532	-3.976		
		10	399	-3.991		
		15	267	-3.986		
		20	135	-3.983		
2	销售收入	-20	-717	10.399	-9.620	第 3 年：903.85 万元 第 4 年：1 265.39 万元 第 5～8 年：2 149.24 万元
		-15	-372	10.402		
		-10	-27	10.407		
		-5	319	10.392		
		5	1 009	10.392		
		10	1 354	10.392		
		15	1 699	10.392		
		20	2 045	10.399		
3	经营成本	-20	1 383	-5.414	18.46	第 3 年：710.772 万元 第 4 年：947.696 万元 第 5～8 年：1 421.544 万元
		-15	1 203	-5.412		
		-10	1 023	-5.407		
		-5	844	-5.422		
		5	484	-5.422		
		10	304	-5.422		
		15	124	-5.422		
		20	-55	-5.414		
4	净现金流量	-20	971	-2.312	57.30	15.73%
		-15	890	-2.269		
		-10	812	-2.229		

续表

序号	不确定性因素	变化率/%	NPV/万元	敏感度系数	临界点/%	临界值
	基本方案		664			
4	净现金流量	−5	736	−2.169	57.30	15.73%
		5	594	−2.108		
		10	527	−2.063		
		15	462	−2.028		
		20	399	−1.995		

说明：① 表中的临界点计算，采用试插法进行求解。

② 临界点为正，表示允许该不确定性因素升高比率；临界点为负，表示允许该不确定性因素降低比率。

③ 表中敏感度系数为负，说明净现值变化方向与不确定性因素变化方向相反；敏感度系数为正，说明净现值变化方向与不确定性因素变化方向相同。

由表 5.6 可知，各不确定性因素的敏感度系数绝对值从大到小的顺序依次是销售收入、经营成本、投资、净现金流量，也就是说项目净现值指标对销售收入最敏感，其次是经营成本、投资和净现金流量。根据各不确定性因素临界点（用变化率表示）的绝对值从小到大的顺序，也能得到同样的结论。

5.3.3　多因素敏感性分析

单因素敏感性分析仅分析一个因素变化对项目预期目标（效益）的影响程度，忽略了各不确定性因素之间相互作用的可能性。由于在项目评估过程中，各类因素同时变化的情景非常普遍，所以多因素敏感性分析具有很强的实用性。

多因素敏感性分析是指分析多个不确定性因素同时变化，对项目预期目标（效益）的影响程度。因此，多因素敏感性分析需要考虑各因素同时发生变化的多种组合，分析其对项目预期目标（效益）的影响程度。因为各因素同时发生变化的组合方案较多，所以多因素敏感性分析的计算较为复杂。

1．双因素敏感性分析

双因素敏感性分析是指在假定其他因素不变的前提下，仅考虑两个因素同时变化对项目预期目标（效益）的影响程度。其通常是在单因素敏感性分析的基础上，确定两个主要的敏感性因素，进而进行双因素敏感性分析，分析步骤如下。

1）绘制直角坐标图，分别以 x 轴、y 轴代表一个不确定性因素的变化率。

2）以 NPV 为评价指标，令 $NPV = 0$，得到一个直线方程，这条线称为临界线，进一步判断临界线两侧的 NPV 情况，即哪一侧的 NPV>0，哪一侧的 NPV<0。

3）结果判断如下。

① 若两个不确定性因素同时变化的交点落在临界线 NPV>0 的一侧，则认为项目可行；若两个不确定性因素同时变化的交点落在临界线 NPV<0 的一侧，则认为项目不可行。

② 如果两个不确定性因素变化的范围是设定好的，那么以这两个因素的变化范围所形成的区域为总区域，NPV>0 所占区域与总区域的比值，即为这两个因素同时在设定的变化范围内变动时项目的可行概率。

【例 5.7】 在例 5.6 中，经单因素敏感性分析可知，销售收入与经营成本是两个强敏感性因素，为进一步评估项目的风险，需要对这两个因素进行双因素敏感性分析。

解：1）x 表示销售收入的变化率，y 表示经营成本的变化率，x、y 均在±20%范围内变化。

2）计算 NPV = 0 时的临界线，由净现值的计算公式，得

$$\begin{aligned}\text{NPV}=&-2\,000(P/F,10\%,1)-1\,000(P/F,10\%,2)+[1\,000(1+x)-600(1+y)](P/F,10\%,3)\\&+[1\,400(1+x)-800(1+y)](P/F,10\%,4)+[2\,400(1+x)-1\,200(1+y)](P/A,10\%,4)\\&(P/F,10\%,4)=0\end{aligned}$$

整理上式，得

$$y=1.920\,2x+0.184\,6$$

3）作双因素敏感性分析图，如图 5.6 所示。

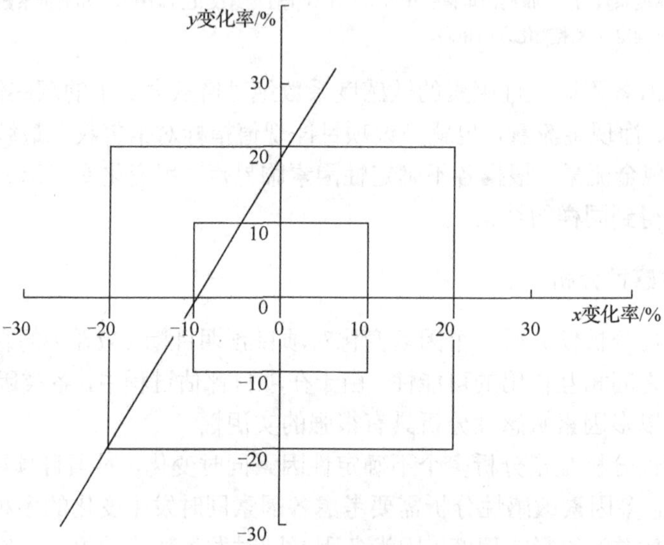

图 5.6　双因素敏感性分析图

由图 5.6 可知，当 x、y 两个因素变化率的交点落在临界线 $y=1.920\,2x+0.184\,6$ 时，项目净现值为零；当 x、y 两个因素变化率的交点落在临界线的左侧时，项目净现值小于零；当 x、y 两个因素变化率的交点落在临界线的右侧时，项目净现值大于零。当 x、y 两个因素都在±20%范围内变化时，项目可行的概率大约是 3/4，即 x、y 两个因素都在±20%范围内变化时，项目有较强的抗风险能力。

2. 三因素敏感性分析

多因素敏感性分析要考虑可能发生的多种因素不同变动幅度的多种组合，所以计算起来较为复杂，通常最多进行 3 个因素同时变化的敏感性分析，即三因素敏感性分析，其通常采用 3 项预测值分析法：通过给出各因素出现的 3 种特殊状态（最不利状态 P、最可能状态 M、最有利状态 O）预测值来计算项目的经济效果评价指标。

【例 5.8】 某投资项目，初始投资 1 000 万元，年销售收入、年经营成本、使用寿命的 3 种特殊预测值如表 5.7 所示，$i_c=10\%$，固定资产残值为零。试对年销售收入、年经营成本、使用寿命 3 个不确定性因素进行三因素敏感性分析。

表 5.7　项目不确定性因素的 3 种特殊预测值

特殊状态	因素		
	年销售收入/万元	年经营成本/万元	使用寿命/年
最有利（O）	600	300	15
最可能（M）	520	360	12
最不利（P）	400	400	10

解：本题采用净现值指标作为效益评价指标。

因为项目的 3 个不确定性因素同时变化，每个因素均具有 3 种状态，且这 3 个因素相互独立，所以项目共有 27 种状态（净现值）。计算这 3 个因素发生变化的所有可能组合的净现值，并将结果列入表 5.8 中。

表 5.8　3 种特殊预测值的敏感性分析　单位：万元

因素		年经营成本								
		O			M			P		
		寿命								
		O	M	P	O	M	P	O	M	P
年销售收入	O	1 281.82	1 044.11	843.37	825.46	635.29	474.70	521.22	362.74	228.91
	M	673.34	499.01	351.80	216.97	90.19	−16.87	−87.27	−182.36	−262.65
	P	−239.39	−318.63	−385.54	−695.76	−727.45	−754.22	−1 000	−1 000	−1 000

以表 5.8 中左上角的数据 1 281.82 万元为例说明计算过程：1 281.82 万元是项目在年销售收入处于最有利状态 O（600 万元）、年经营成本处于最有利状态 O（300 万元），以及使用寿命处于最有利状态 O（15 年）的项目净现值，计算过程如下：

$$\text{NPV} = -1\,000 + (600 - 300)(P/A,10\%,15) = -1\,000 + 300 \times 7.606\,1 = 1\,281.82\text{（万元）}$$

由表 5.8 可得出以下结论：在项目的 27 种组合中，净现值大于零的组合有 14 种，即当 3 个因素同时变化时，项目可行的概率是 14/27；还可判断项目净现值达到某一目标要求的概率，如这 3 个因素同时变化时，项目净现值大于 500 万元的概率是 7/27。

5.4 风险分析

5.4.1 风险分析概述

1. 风险的含义

受项目现金流量（如销售收入等）、项目寿命期限等变量（如企业生产管理情况等）的制约，以及客观状态的影响（如市场需求、利率等），现实社会中拟建工程项目的所有未来结果都是未知的，不确定性是所有工程项目的固有内在特性。

风险发生的根源在于工程项目的不确定性，风险是对经济主体的预期目标产生不利影响的可能性，以及其对目标产生不利影响的大小。

2. 风险与不确定性

风险和不确定性是两个不完全相同但又密切相关的概念。

1）不确定性是风险的起因。人们对未来事物认识的局限性、可获信息的不完备性及未来事物本身的不确定性，使投资活动的实际结果具有不确定性，从而使经济主体可能得到低于预期的收益，甚至遭受一定的损失，由此导致风险。

2）风险与不确定性相伴而生。因为不确定性是风险的起因，所以不确定性与风险总是相伴而生的。如果不从理论上刻意区分，则通常将它们混为一谈，实践中也常常将它们混合使用。

3）风险与不确定性的概念不完全相同。不确定性可能导致的结果是高于预期目标，也可能是低于预期目标，而通常将结果低于预期目标的不确定性称为风险。另外，不确定性和风险的“未知”程度不同。虽不知道确切的实际结果，但知道各种结果发生的可能性，称为风险：连实际结果发生的可能性都不知道的，称为不确定性。

3. 风险分析与不确定性分析

同风险与不确定性的关系一样，风险分析与不确定性分析也是既有联系又有区别。

（1）风险分析的概念

风险分析是指通过对风险因素的识别，采用定性或定量分析方法估计各风险因素发生的可能性及其对项目的影响程度，揭示影响工程项目成败的关键风险因素，提出工程项目风险预警、预报和相应对策，其目的是为工程项目投资决策提供科学依据。

在工程项目决策分析阶段，风险分析有助于在可行性研究过程中，通过信息反馈，改进或优化工程项目设计方案，降低工程项目风险，避免因忽视风险的存在而蒙受损失。

（2）风险分析与不确定性分析的关系

由于工程项目的不确定性，工程项目实施结果可能偏离预期目标，这就形成了工程项目预期目标的不确定性，从而使工程项目可能得到高于或低于预期的收益结果，甚至遭受一定损失，导致工程项目“有风险”。通过不确定性分析，可获得工程项目的敏感性因素和敏感程度，借助风险分析，可进一步获得不确定性因素发生的可能性及其对工程项目产生的损失程度。

简而言之，风险分析与不确定性分析的目的相同，都是识别、分析、评价影响工程项目的主要因素，防范不利影响，以提高工程项目的成功率。两者的主要区别在于分析方法不同，不确定性分析方法主要采用盈亏平衡分析和敏感性分析，对工程项目的不确定性因素进行分析，并粗略了解项目的抗风险能力；风险分析则是通过概率分析方法对项目风险因素进行识别与判断。

4. 投资项目风险的来源

（1）市场风险

市场风险是大多数工程项目经常遇到的风险，主要是由于项目产品所在市场实际供求关系与事前预测结果出现较大差异，或竞争对手的竞争策略调整等原因造成项目产品销路不畅、销售价格较低，从而使产量与销售收入低于预期目标，造成工程项目预期收益的损失。

（2）政策风险

政策风险是指由于政治经济条件发生重大变化或政策调整，使项目原定目标难以实现所造成的损失。一个国家或地区的社会经济环境发生变化，如涉及政府税收、金融、环保、投资、土地、产业等政策调整，均会对工程项目产生较大的影响。

（3）技术与工程风险

技术风险包括工程项目采用的技术，特别是引进技术的先进性、可靠性、实用性和经济性与原方案发生重大变化，导致项目不能按期进入正常生产状态；或生产能力利用率降低，达不到设计要求；或生产成本提高，产品质量达不到预期要求等。

工程风险包括因工程地质和水文地质条件变化工程设计发生重大变更，导致工程量增加、投资增加、工期延长等经济损失；因前期准备工作不足，导致工程项目实施阶段的建设方案变化；工程设计方案不合理，可能对项目经营产生影响，由此造成经济损失。

（4）组织管理风险

组织管理风险是指由于工程项目组织结构不当、管理机制不完善或管理能力不足等，导致工程项目不能按计划建成投产，或投资失控导致建设资金超出预算，或建设质量达不到要求而无法正常投产等，由此造成工程项目的经济损失。

（5）社会与环境风险

社会与环境风险是指由于工程项目选址不当、对社会及生态环境影响估计不足或分析深度不够、环保措施不当、工程项目所处社会环境发生变化等原因，造成工程项目建成后，可能对社会及生态环境造成严重影响，导致社区居民或社会反对，从而对工程项目建设及运营产生较大的困难及损失。某些外部环境因素会也可能会对工程项目产生较大的影响，如难以抗拒的自然力对工程项目建设条件、生产条件的影响；或社会、政治动荡对工程项目整体建设造成威胁。

（6）其他风险

对于某些特殊工程项目，应考虑其特有风险。例如，矿山、油气开采等资源类开发与利用项目，应考虑其资源风险，即若资源储量、品位、可采储量、开拓工程量或采选方式等实际情况与原预测结果发生较大偏离，则将导致项目开采成本增加、产量降低或经济寿命期缩短，并对该类项目造成巨大经济损失。对于投资额较高的工程项目，应考虑其融资风险，即若资金来源的可靠性、充足性和及时性不能保证，则将造成建设工期的延长甚至停建；若工程量预计不足或设备材料价格上涨，则将造成投资增加；若利率、汇率变化，则将造成融资成本升高等。对于中外合资工程项目，则要考虑与合资对象的合作协调性等风险。

5.4.2 风险分析的内容

工程项目风险分析包括风险识别、风险估计、风险评价和风险应对。

1. 风险识别

风险识别是风险分析的首要工作，即运用系统论方法对工程项目进行全面考察和综合分析，找出潜在的风险因素，并对各种风险因素进行比较、分类，以确定各因素之间的相关性和独立性，并判断各因素发生的可能性及其对项目的影响程度，然后按其重要性进行排序或赋予权重。

风险识别方法应根据工程项目的特点进行实施，常用的识别方法包括问卷调查法、专家调查法、风险分解法及情境分析法等，但在具体操作中，常使用的方法是问卷调查法或专家调查法。

2. 风险估计

风险估计是指在风险识别后，运用定量分析方法测度风险因素发生的概率及其严重后果。概率是度量某一事件发生的可能性大小，是随机事件的函数。例如，必然发生的事件，其概率为 1；不可能发生的事件，其概率为 0；一般的随机事件，其概率在 0～1 之间。

由于概率分为主观概率和客观概率，所以风险估计也分为主观概率估计和客观概率估计。主观概率估计是人们基于长期经验积累及所掌握的大量信息，对某一风险因素发生的可能性进行主观判断；客观概率估计是根据大量的试验数据，运用统计方法计算某一风险因素发生的可能性。

在风险估计的过程中，首先需要确定风险因素的概率分布、期望值及方差等参数，常用的概率分布类型包括离散型概率分布和连续型概率分布。

（1）离散型概率分布

离散型概率分布是指风险因素变化值为有限个数且每次变化的概率值为确定的分布。

1）离散型概率分布的期望值为

$$\overline{x}=\sum_{i=1}^{n}x_i p_i \tag{5.15}$$

式中，$\overline{x}$——风险因素的期望值；

n——风险因素的状态数；

x_i——风险因素在第 i 种状态下变量的值；

p_i——风险因素在第 i 种状态出现的概率。

2）离散型概率分布的方差 D 为

$$D=\sum_{i=1}^{n}(x_i-\overline{x})^2 p_i \tag{5.16}$$

标准差 σ 为

$$\sigma=\sqrt{D} \tag{5.17}$$

（2）连续型概率分布

连续型概率分布是指风险因素变化值在有限区间内但为无限个数且变化概率总和为 1 的分布，其通常用概率密度和分布函数表示，常用的连续型概率分布包括以下几个。

1）正态分布。正态分布的特点是其概率密度函数 $p(x)$ 以均值为中心对称分布，概率密度如图 5.7 所示。正态分布可用于描述一般经济变量，如销售量、售价、产品成本等概率分布。

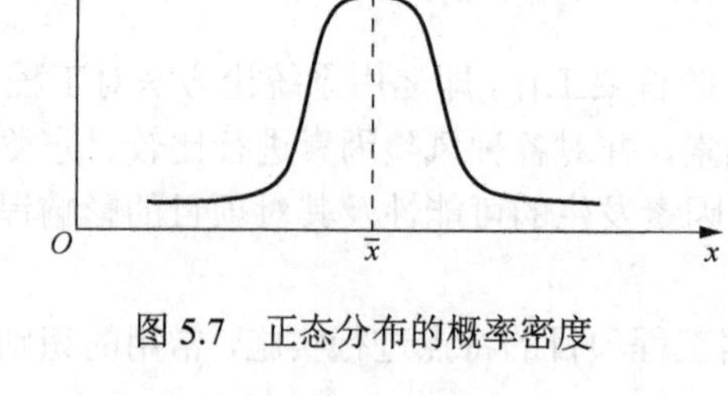

图 5.7　正态分布的概率密度

设正态分布随机变量为 x，其概率密度函数为 $p(x)$，其期望值 $\bar{x}$、方差 D 的计算公式分别为

$$\bar{x} = \int xp(x)\mathrm{d}x \tag{5.18}$$

$$D = \int_{-\infty}^{\infty} (x-\bar{x})^2 p(x)\mathrm{d}x \tag{5.19}$$

当 $\bar{x}=0$、$\sqrt{D}=1$ 时，称这种分布为标准正态分布，用 $N(0,1)$ 表示。

2）β 分布。β 分布的特点是其概率密度函数在最大值两边呈不对称分布，如图 5.8 所示，β 分布可用于描述工期等不对称变量的概率分布，通常可对变量做出 3 种估计，即悲观值 P、乐观值 O、最可能值 M，其期望值和方差近似等于：

$$\bar{x} = \frac{P+4M+O}{6} \tag{5.20}$$

$$D = \left(\frac{O-P}{6}\right)^2 \tag{5.21}$$

3）三角分布。三角分布的特点是密度函数由悲观值 P、最可能值 M 和乐观值 O 构成的对称或不对称的三角形表示，如图 5.9 所示。三角分布可用于描述工期等不对称变量的概率分布，也可用于描述成本等对称变量的概率分布。

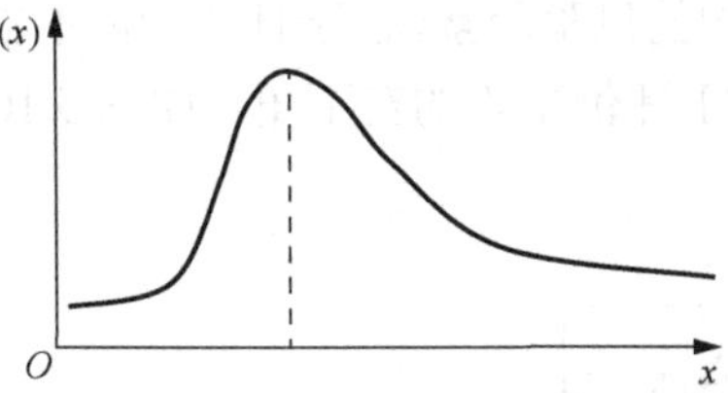

图 5.8　β 分布的概率密度

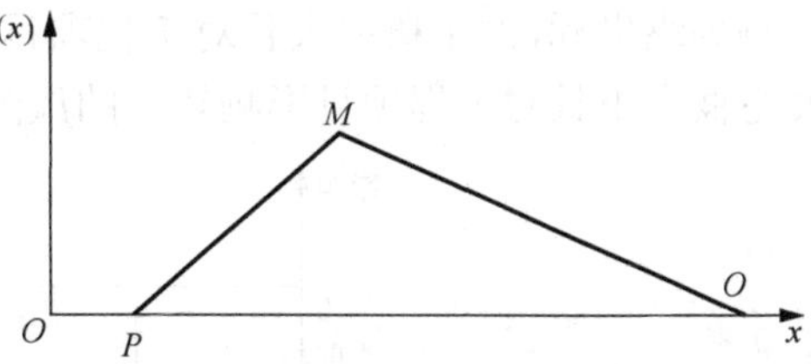

图 5.9　三角分布的概率密度

3．风险评价

风险评价是指在风险识别和风险估计的基础上，通过建立工程项目风险评价指标体系和评价标准，列出各风险因素的发生概率及概率分布，确定其可能造成的损失大小，并依据工程项目风险评价标准，确定影响工程项目的关键风险因素及项目整体风险等级。

（1）风险评价内容

风险评价包括单因素风险评价和整体风险评价。单因素风险评价是评价单个风险因素对工程项目的影响程度，以找出工程项目的关键风险因素，其评价方法主要包括风险概率矩阵、专家评价法等。整体风险评价是综合评价工程项目的若干主要风险因素对其整体的影响程度，对于重大投资项目或估计风险较大的工程项目，应进行整体风险评价。

（2）风险评价的判别准则

工程项目风险评价的判别准则，应根据各风险因素发生的概率及其造成的损失确定，一般采用项目经济评价指标（包括内部收益率、净现值等）的累计概率分布、标准差，也可采用综合风险等级。

1）经济评价指标的累计概率、标准差为判别准则。

① 内部收益率大于等于基准收益率的累计概率值越大，风险越小；标准差越小，风险越小。

② 净现值大于等于零的累计概率值越大，风险越小；标准差越小，风险越小。

2）以综合风险等级作为判别准则。风险等级的划分，既要考虑风险因素发生的可能性又要考虑风险因素发生后对工程项目的影响程度，有多种表述方法，一般通过建立矩阵来划分风险等级，具体划分过程如下。

① 将风险因素发生的可能性划分为以下 4 个等级。

高：风险因素很有可能发生。

较高：风险因素发生的可能性较大。

适度：风险因素可能发生。

低：风险因素不太可能发生。

② 将风险因素出现后对工程项目的影响程度划分为以下 4 个等级。

严重：一旦风险因素发生，将导致整个工程项目的目标失败。

较大：一旦风险因素发生，对整体工程项目的目标值造成严重影响。

适度：一旦风险因素发生，对整体工程项目的目标值造成中度影响，但仍能达成部分目标。

低：一旦风险因素发生，对工程项目的部分目标造成影响，但不影响整体目标。

③ 建立风险评价矩阵。以风险因素发生概率为横坐标，以风险因素发生后对工程的影响为纵坐标，发生概率大且对工程项目有严重影响的风险因素，位于评价矩阵的右上角；发生概率小且对工程项目影响较小的风险因素，位于评价矩阵的左下角，如图 5.10 所示。

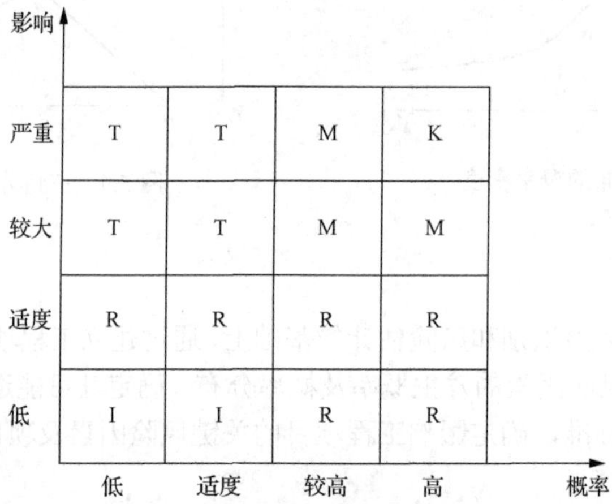

图 5.10　风险评价矩阵

④ 风险等级：综合风险等级分为以下 5 个等级。

K：表示风险很强，出现这类风险就要放弃工程项目。

M：表示风险较强，需要修正拟订方案，改变设计或采取补救措施等。

T：表示风险适度，可设定某些临界值，当经济评价指标达到临界值时，需改变设计或对负面影响采取措施。

R：表示风险较小，适当采取措施后不影响工程项目实施。

I：表示风险很弱，可忽略。

4. 风险应对

风险应对是指对已经识别的风险因素进行定性或定量分析并划分风险等级后，制定相应的应对措施和整体策略，常用的风险应对措施有以下几种。

（1）风险回避

风险回避是指投资主体有意识地放弃风险行为并彻底规避风险，即断绝风险来源。风险回避是一种最消极的风险应对措施，因为放弃风险行为的同时，也放弃了潜在收益，因而只有当某种风险造成巨大损失或防范风险代价过于昂贵而得不偿失时，投资主体才会采取该应对措施。

（2）风险转移

风险转移是指通过一定方式将可能面临的风险转移给他人，以降低甚至减免投资主体自身的风险，包括风险源转移或风险损失转移。其中，风险损失转移的方式主要有保险转移和合同转移两种。

（3）风险分担

风险分担是指投资主体为控制工程项目风险源，或针对风险较大且投资主体无法独立承担的某些风险，采取与其他企业合资或合作等方式，共承风险并共享收益的应对措施。

（4）风险自留

风险自留是指将风险损失留给投资主体自身独立承担。风险自留通常包括无计划自留和有计划自我保险两种方式，无计划自留是指投资主体未意识到风险及其损失，或对风险及其损失估计不足，只能被动地将风险发生所造成的损失从收入中进行扣除；有计划自我保险是指投资主体在风险发生前，通过各种资金安排以确定风险发生所造成的损失，并能及时获得补偿资金，如建立风险预留基金等。

5.4.3　风险分析的主要方法

1. 概率树分析法

概率树分析法是通过构造概率树以估计工程项目风险的一种方法。从理论上讲，概率树分析法是指运用概率论和数理统计原理进行概率分析，求得风险因素取值的概率分布，并计算期望值、方差或标准差、离散系数，以表明工程项目的风险程度。

由于项目效益评价指标与风险因素之间的数量关系较为复杂，所以概率树分析法一般只适用于服从离散分布的变量，其分析步骤如下。

1）假设风险变量之间相互独立，运用敏感性分析确定工程项目的风险变量。

2）判断各风险变量各种状态可能发生的情况。

3）将各风险变量的各种状态值进行组合计算，分别计算各组合状态评价指标（如内部收益率或净现值等）概率，每种状态发生的概率之和必须等于 1。

4）将各组合状态评价指标概率按由小到大的顺序进行排列，列出相应联合概率及累计概率，并以评价指标为横轴、累计概率为纵轴，绘制累计概率曲线，计算评价指标期望值、方差或标准差、离散系数。

5）根据评价指标 $\mathrm{NPV}=0$、$\mathrm{IRR}=i_c$，运用累计概率表，计算 $P(\mathrm{NPV}\geqslant 0)$ 或 $P(\mathrm{IRR}\geqslant i_c)$ 的累计概率。

采用概率树分析法时，各变量之间必须相互独立，否则联合概率就不是简单的各状态概率之积。此外，因为计算量随变量或状态数变化呈几何级增长，所以在实际运用中，一般将变量数量限制在 3 个及以下，状态数也不宜超过 3 个，其组合状态数可控制在 27 个以内。

【例 5.9】 某房地产公司开发某项目的现金流量如表 5.9 所示，根据敏感性分析，项目的主要风险因素包括开发成本与租售收入。经调查，两个风险因素的可能状态（变化幅度）及变化概率如表 5.10 所示。若计算期为 10 年，基准收益率为 10%，试求项目的净现值期望值。

表 5.9　某房地产公司开发某项目的现金流量　　单位：万元

年份	开发成本	租售收入	期末残值	净现金流量
0	4 500			−4 500
1～9		800		800
10		800	400	1 200

表 5.10　开发成本和租售收入的可能状态及变化概率

风险因素	变化概率		
	变化幅度−20%	变化幅度 0	变化幅度+20%
开发成本	0.1	0.6	0.3
租售收入	0.3	0.5	0.2

解： 因为两个风险因素各有 3 种状态，所以共 9 种组合，如图 5.11 所示的 9 个分支。椭圆圈内的数字表示风险因素各种状态发生的概率，如第一个分支表示开发成本、租售收入同时减少 20%的状态。

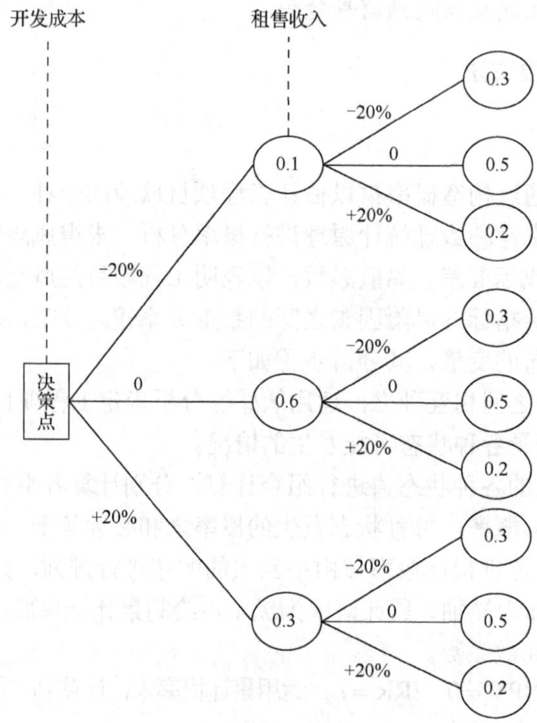

图 5.11　概率树分析图

1）计算各状态组合发生的概率及净现值。

分别计算各状态组合发生的概率 P_j（j=1,2,…,9），以第一种状态组合为例，计算如下。

第一种状态组合发生的概率为

$$P_1 = P(\text{开发成本减少}20\%)P(\text{租售收入减少}20\%) = 0.1\times 0.3 = 0.03$$

其他状态组合发生的概率计算结果，如表 5.11 所示。

表 5.11　各状态下的概率与净现值

状态 j	概率 P_j	净现值 NPV_j/万元	加权净现值 $NPV_j\times P_j$/万元
1	$P_1 = 0.1\times 0.3 = 0.03$	486.74	14.60
2	$P_2 = 0.1\times 0.5 = 0.05$	1 469.88	73.49
3	$P_3 = 0.1\times 0.2 = 0.02$	2 453.02	49.06
4	$P_4 = 0.6\times 0.3 = 0.18$	−413.26	−74.39
5	$P_5 = 0.6\times 0.5 = 0.30$	569.88	170.96
6	$P_6 = 0.6\times 0.2 = 0.12$	1 553.02	186.36
7	$P_7 = 0.3\times 0.3 = 0.09$	−1 313.26	−118.19
8	$P_8 = 0.3\times 0.5 = 0.15$	−330.12	−49.52
9	$P_9 = 0.3\times 0.2 = 0.06$	653.02	39.18
合计	1.00		期望值：291.55

2）计算各状态组合的净现值 NPV_j（j=1,2,…,9）。

令开发成本的变动幅度为 x，租售收入的变动幅度为 y，则有

$$NPV = -4\,500\times(1+x) + 800\times(1+y)(P/A,10\%,10) + 400\times(P/F,10\%,10)$$

以第一种状态组合为例，进行计算：

$$\begin{aligned}NPV &= -4\,500\times(1-20\%) + 800\times(1-20\%)(P/A,10\%,10) + 400\times(P/F,10\%,10)\\ &= -3\,600 + 640\times 6.144\,6 + 400\times 0.385\,5\\ &= 486.74\text{（万元）}\end{aligned}$$

3）计算各状态组合的加权净现值 $NPV_j\times P_j$（j=1,2,…,9）。

4）9 种状态组合的加权净现值之和，即为项目的净现值期望值，即该项目的净现值期望值为 291.55 万元。

2. 随机现金流量法

（1）随机现金流量描述

严格说来，影响工程项目经济效果的绝大多数因素均为随机变量，虽然可以通过预测其未来取值范围来估计各因素的取值概率，但却不能确定各因素的具体取值。因此，投资方案在各期的现金流量均为随机变量，即随机现金流量。

通常情况，工程项目的随机现金流量受很多因素影响，可以看成是多个独立随机变量之和。在多数情况下，随机现金流量近似服从正态分布。此时描述随机变量的主要参数是期望值和方差。

若某工程项目的寿命期为 n 个周期，设第 t 期随机净现金流量 y_t 的各离散取值为 y_{t1}、y_{t2}、y_{t3}、…、y_{tk}，对应发生的概率分别为 P_{t1}、P_{t2}、P_{t3}、…、P_{tk}，则第 t 期随机现金流量的期望值 $E(y_t)$及方差 $D(y_t)$分别为

$$E(y_t)=\sum_{j=1}^{k} y_{tj}P_{tj} \tag{5.22}$$

$$D(y_t)=\sum_{j=1}^{k}[y_{tj}-E(y_t)]^2 P_{tj} \tag{5.23}$$

（2）随机净现值的期望值与方差

因为各期的现金流量均为随机变量，所以各期随机现金流量汇总的现值也为随机变量，即随机净现值。在多数情况下，随机净现值近似服从正态分布。随机净现值的期望值表示随机净现值最有可能达到的平均值，方差表示随机净现值的离散程度。

设项目各期的随机净现金流量为 y_t（$t=0,1,2,\cdots,n$），则项目的随机净现值为

$$\mathrm{NPV}=\sum_{t=0}^{n} y_t(1+i_{\mathrm{c}})^{-t} \tag{5.24}$$

设项目寿命期的周期数 n 为一个常数，各期随机现金流量的期望值为 $E(y_t)$（$t=0,1,2,\cdots,n$），则项目随机净现值的期望值为

$$E(\mathrm{NPV})=\sum_{t=0}^{n} E(y_t)(1+i_{\mathrm{c}})^{-t} \tag{5.25}$$

设项目寿命期内的任意两个随机现金流量均相互独立，则项目随机净现值的方差为

$$D(\mathrm{NPV})=\sum_{t=0}^{n} D(y_t)(1+i_{\mathrm{c}})^{-2t} \tag{5.26}$$

由于项目随机净现值的方差与净现值具有不同的量纲，为便于分析，通常使用与净现值具有相同量纲的参数——标准差来反映随机净现值取值的离散程度。项目随机净现值的标准差为

$$\sigma(\mathrm{NPV})=\sqrt{D(\mathrm{NPV})} \tag{5.27}$$

【例 5.10】 某项目在寿命期内可能出现 5 种状态，各状态的净现金流量及其发生概率如表 5.12 所示。假定各年净现金流量之间相互独立，方案净现值服从正态分布，基准收益率为 10%。试计算：净现值大于或等于 0 的概率、净现值小于−75 万元的概率、净现值大于 1 500 万元的概率（已知 $\Phi(1.24)=0.892\,5$，$\Phi(1.32)=0.906\,58$，$\Phi(0.36)=0.640\,6$）。

表 5.12　项目各状态的净现金流量及发生概率　　单位：百万元

状态		θ_1	θ_2	θ_3	θ_4	θ_5
概率		P_1=0.1	P_2=0.2	P_3=0.4	P_4=0.2	P_5=0.1
净现值	第 0 年	−22.5	−22.5	−22.5	−24.75	−27
	第 1 年	0	0	0	0	0
	第 2～10 年	2.445	3.93	6.9	7.59	7.785
	第 11 年	5.445	6.93	9.9	10.59	10.935

解：（1）计算项目现值的期望值和标准差

1）计算各状态下的净现值 NPV_j。

$\mathrm{NPV}_1=-22.5+2.445\times(P/A,10\%,9)(P/F,10\%,1)+5.445\times(P/F,10\%,11)=-7.791$（百万元）

$\mathrm{NPV}_2=-22.5+3.93\times(P/A,10\%,9)(P/F,10\%,1)+6.93\times(P/F,10\%,11)=0.505$（百万元）

$\mathrm{NPV}_3=-22.5+6.9\times(P/A,10\%,9)(P/F,10\%,1)+9.9\times(P/F,10\%,11)=17.095$（百万元）

$\mathrm{NPV}_4=-24.75+7.59\times(P/A,10\%,9)(P/F,10\%,1)+10.59\times(P/F,10\%,11)=18.699$（百万元）

$\text{NPV}_5 = -27 + 7.785\times(P/A,10\%,9)(P/F,10\%,1) + 10.935\times(P/F,10\%,11) = 17.591$（百万元）

2）计算净现值的期望值、方差、标准差。

$$E(\text{NPV}) = \sum_{j=1}^{5}\text{NPV}_j P_j = 11.659\text{（百万元）}$$

$$D(\text{NPV}) = \sum_{j=1}^{5}[\text{NPV}_j - E(\text{NPV})]^2 P_j = 87.968\text{（百万元）}$$

$$\sigma(\text{NPV}) = \sqrt{D(\text{NPV})} = 9.379\text{（百万元）}$$

（2）概率分析

由于项目净现值为连续变量，且 $\mu = E(\text{NPV}) = 11.659$，$\sigma = \sigma(\text{NPV}) = 9.379$，则根据

$$P(X < x) = \Phi\left(\frac{x-\mu}{\sigma}\right) = \frac{\text{NPV} - 11.659}{9.379}$$

可求出各项待求概率。

1）净现值大于或等于 0 的概率：

$$\begin{aligned} P(\text{NPV} \geqslant 0) &= 1 - P(\text{NPV} < 0) \\ &= 1 - \Phi\left(\frac{0 - 11.659}{9.379}\right) \\ &= 1 - 1 + \Phi(1.24) \\ &= \Phi(1.24) = 0.892\,5 \end{aligned}$$

2）净现值小于−75 万元的概率：

$$\begin{aligned} P(\text{NPV} < -0.75) &= \Phi\left(\frac{-0.75 - 11.659}{9.379}\right) \\ &= 1 - \Phi(1.32) = 1 - 0.906\,58 \\ &= 0.093\,42 \end{aligned}$$

3）净现值大于 1 500 万元的概率：

$$\begin{aligned} P(\text{NPV} \geqslant 15) &= 1 - P(\text{NPV} < 15) \\ &= 1 - \Phi\left(\frac{15 - 11.659}{9.379}\right) \\ &= 1 - \Phi(0.36) = 1 - 0.640\,6 \\ &= 0.359\,4 \end{aligned}$$

由计算结果可知：该项目净现值大于或等于 0 的概率为 89.25%，大于 1 500 万元的概率为 35.94%，故风险不大，该项目可行。

典型案例

某工程方案设计的生产能力为 1.5 万吨/年，产品销售价格为 3 200 元/吨，销售税金及附加为 160 元/吨，增值税为 70 元/吨，年总成本为 3 600 万元，其中固定成本为 1 500 万元。试求盈亏平衡点的产量、销售收入、生产能力利用率、销售价格及单位产品可变成本。

解：单位产品可变成本如下。

$$C_2 = \frac{C - C_1}{Q_C} = \frac{3\,600 \times 10^4 - 1\,500 \times 10^4}{1.5 \times 10^4} = 1\,400\text{（元/吨）}$$

盈亏平衡点的产量为

$$Q_0 = \frac{C_1}{P - C_2 - t_1 - t_2} = \frac{1\,500 \times 10^4}{3\,200 - 1\,400 - 160 - 70} = 9\,554\text{（吨）}$$

盈亏平衡点的销售收入为

$$R_0 = (P - t_1 - t_2) \times Q_0 = (3\,200 - 160 - 70) \times 9\,554 = 2\,838\text{（万元）}$$

盈亏平衡点的生产能力利用率为

$$f_0 = \frac{Q_0}{Q_C} = \frac{0.955\,4}{1.5} \times 100\% = 63.69\%$$

盈亏平衡点的销售价格为

$$P_0 = C_2 + t_1 + t_2 + \frac{C_1}{Q_C} = 1\,400 + 160 + 70 + \frac{1\,500 \times 10^4}{1.5 \times 10^4} = 2\,630\text{（元/吨）}$$

盈亏平衡点的单位产品可变成本为

$$C_2' = P - t_1 - t_2 - \frac{C_1}{Q_C} = 3\,200 - 160 - 70 - \frac{1\,500 \times 10^4}{1.5 \times 10^4} = 1\,970\text{（元/吨）}$$

本章小结

工程项目不确定性分析与风险分析是项目经济分析与评价中的重要组成部分。通过不确定性分析，找出潜在风险，将有助于提高投资决策的可靠性和投资项目的抗风险能力。常用的不确定性分析方法包括盈亏平衡分析、敏感性分析、风险分析等。

盈亏平衡分析通过计算项目达产年的盈亏平衡点，来判断项目对产量、售价及成本等因素变化的适应能力和抗风险能力。敏感性分析通过计算不确定性因素变化对项目经济效益评价指标的影响，并运用敏感度系数或临界点指标来识别项目的敏感性因素。风险分析则是通过风险因素识别，运用定性、定量分析方法估计风险因素发生的概率及造成的经济损失，以判断项目的关键风险因素并提出应对的策略。

思考与练习

1．线性盈亏平衡分析的前提条件是什么？

2．什么是敏感性分析？敏感性分析的步骤是什么？

3．什么是不确定性？什么是风险？两者有什么关系？

4．风险分析主要有哪些内容？

5．某企业生产一种结构构件，设计年产量为 10 万件，每件的价格为 280 元，单位产品可变成本为 100 元，单位产品税金及附加为 20 元，年固定成本为 300 万元。计算：①该企业不亏不盈时的最低年产量；②达到设计能力时的盈利；③年利润为 100 万元时的年产销量。

6．某项目的主要经济参数如表 5.13 所示，其中年净收入与贴现率为不确定性因素，试对净现值评价指标进行多因素敏感性分析，并进行初步的风险判断。

表 5.13　某项目的主要经济参数

参数	最不利 P	很可能 M	最有利 O
初始投资/万元	−12 000	−12 000	−12 000
年净收入/万元	3 500	4 000	4 200
贴现率/%	20	15	10
寿命/年	5	5	5

第 6 章　工程项目资金筹措与融资分析

【学习目标】

1）掌握项目资金筹措的类型和方式；
2）掌握项目融资的概念、特点和程序；
3）熟悉项目融资分析的步骤、资金成本的计算方法；
4）了解项目融资的参与主体和主要模式。

【关键概念】

资金筹措　融资　国家预算内投资　资金成本　融资成本　资金成本率　非公司负债型融资

6.1　工程项目资金筹措

6.1.1　资金筹措概述

资金筹措是指以一定渠道筹集所需资金的各种活动的总称。任何一个投资方案的存续都必须有资金基础，因此，资金筹措是项目建设和运行的起点。工程项目的资金筹措是指为了满足项目建设的需要，通过各种筹资渠道，采取各种筹资方式，选择合理的融资模式，以最优的融资结构筹集工程建设所需资金的过程，是保障项目顺利实施并取得预期经济效益的重要前提。

6.1.2　资金筹措的类型、渠道、方式

1. 资金筹措的类型

1）按照项目融资的期限划分，资金筹措可分为长期融资和短期融资。

① 长期融资是指企业为购置或建设固定资产及无形资产，或进行长期投资而采取的资金筹措行为，所筹集资金的使用期限一般在一年以上。长期融资的方式有吸收直接投资、发行股票、发行债券、长期借款、融资租赁等。

② 短期融资是指企业因季节性或临时性资金需求而进行的资金筹措行为，所筹集资金的使用期限一般在一年以内。短期融资的方式有商业信用筹资、短期借款和商业票据等。

2）按项目融资的来源划分，资金筹措可分为内部融资与外部融资。

① 内部融资是指企业充分利用内部资金来源筹集资金的行为。通常采用计提折旧促进资金形态转化来增加现金来源，或采用公积金及未分配利润来增加利润来源。

② 外部融资是指在企业内部融资不能满足需要时，通过企业外部筹集形成资金来源。企业在初创时期进行内部融资的可能性较为有限，而企业在成长时期通常难以完全通过内

部融资满足需要，因此企业在大多时候都需要开展外部融资。

3）按项目融资的性质划分，资金筹措可分为权益融资与负债融资。

① 权益融资是指以所有者身份投入非负债性资金的一种融资方式，以此形成企业“所有者权益”和项目“资本金”，其具有以下特点。

a．资金筹措具有永久性，无到期日，无须归还。

b．没有固定的按期还本付息压力。

c．权益融资是负债融资的基础，是最基本的资金来源。

② 负债融资是指在市场经济条件下，企业通过借款、商业信用筹资、租赁和发行债券等负债方式，筹集各种债务资金的融资形式，其具有以下特点。

a．资金筹措具有时间限制，必须按期偿还。

b．债权人与企业仅是债权债务关系，无权参与企业经营管理。

c．无论项目法人的今后效益如何，均需固定支付债务利息，从而形成固定财务负担。

d．资金成本一般比权益融资低，且不会分散对项目未来权益的控制权。

4）按项目融资的主体划分，资金筹措可分为既有法人融资和新设法人融资。

① 既有法人融资是指以既有法人为融资主体的融资方式，其具有以下特点。

a．由既有法人发起项目、组织融资活动并承担融资责任和风险。

b．项目所需资金，来源于既有法人的内部融资、新增资本金和新增债务资金。

c．新增债务资金依靠既有法人整体（包括拟建项目）的盈利能力来偿还，并以既有法人的整体资产和信用承担债务责任担保。

② 新设法人融资是指以新组建的具有独立法人资格的项目公司为融资主体的融资方式，其具有以下特点。

a．由项目发起人发起组建新的具有独立法人资格的项目公司。

b．项目所需资金来源，包括项目股东投入的资本金和项目公司承担的债务资金。

c．依靠项目自身的盈利能力偿还债务，一般以项目投资形成的资产、未来收益或权益作为融资担保的基础。

2. 资金筹措的渠道

资金筹措渠道是指筹措资金来源的方向与管道，根据国家法律法规规定，工程项目可通过争取国家预算内投资、银行贷款、非银行金融机构资金、自筹投资等多种渠道来筹集资金。

（1）国家预算内投资

国家预算内投资简称国家投资，是指以国家预算资金为来源，并列入国家计划的固定资产投资，具体包括国家预算、地方财政、主管部门利用国家专项投资或委托银行贷款的基本建设拨款、中央基本建设基金的更新改造拨款、中央财政专项拨款的基本建设资金等。国家预算内投资的资金一般来源于国家税收，也有一部分来自国债收入。

（2）银行贷款

银行对项目的各种贷款，是企业重要的资金来源。银行一般分为商业性银行和政策性银行，前者为企业提供商业性贷款，后者为特定企业提供政策性贷款。

（3）非银行金融机构资金

非银行金融机构主要包括信托投资公司、保险公司、租赁公司、证券公司、财务公司等。这种筹资渠道的财力比银行要小，但对很多项目资金筹措而言，更为快捷。

（4）自筹投资

自筹投资是指项目收到并用于固定资产投资，来源于上级主管部门、地方、单位或个人的自筹资金。目前，自筹投资占全社会固定资产投资总额的一半以上，已成为资金筹措的主要渠道。自筹资金的来源必须正当，应上缴财政的各项税金。国家有指定用途的专款、银行贷款、信托投资、流动资金等均不可作为自筹投资。

3. 资金筹措的方式

资金筹措方式是指筹措资金采用的具体形式和工具，通常可划分为资本金筹措与债务资金筹措两种方式。

（1）资本金筹措

1）吸收直接投资。吸收直接投资是指企业按照“共同投资、共同经营、共担风险、共享利润”的原则，直接吸收国家、法人、个人或外商投入的资本。吸收直接投资通常不以股票为媒介，适用于非股份制企业，是企业向外筹措资金的一种重要方式。采用吸收直接投资筹措资金时，投资者通常可采取现金、实物与无形资产投资等出资形式。

吸收直接投资的优点包括：筹措的资金属于企业自有资本，能够提高企业的资信能力和借款能力；能够直接获得所需的先进设备和技术，尽快形成生产能力；财务风险较低。

吸收直接投资的缺点包括：资金成本高，不便于产权交易。

2）发行股票筹资。发行股票筹资是股份公司按照公司章程依法发行股票以直接筹资，从而形成企业股权资本。发行股票具有严格的审批程序，在股票发行前，一般需要向有关部门提供发行股票申请书、招股说明、股票承销协议书及会计师事务所审计的财务会计报告等。

发行股票筹资的优点包括：筹措资金作为企业永久资金，无须偿还，没有固定利息负担；筹资风险低，可降低企业的负债比率，提高企业的财务信用。

发行股票筹资的缺点包括：资金成本高；增发普通股可能降低原有股东的控制权。

3）企业内部积累。企业内部积累又称内源融资，是指利用企业留存收益，即资本公积金、盈余公积金、公益金、未分配利润等进行筹资。

企业内部积累的优点包括：不发生取得成本，可使企业所有者获得税收利益。

企业内部积累的缺点包括：可能受到某些股东限制。

（2）债务资金筹措

1）发行债券筹资。发行债券筹资是指企业按照债券发行协议发售债券以筹措资金，并形成企业债券资本。债券投资者作为企业债权人，有权按期取得固定利息并到期收回本金，但无权参与或干涉企业经营管理。

发行债券筹资的优点包括：企业只需付给债券投资者固定的债券利息；债券投资者无权参与企业管理，企业控股权不变；企业投资报酬率大于债券利率时，可提高自有资金的利润率。

发行债券筹资的缺点包括：固定利息支出导致企业承受一定的风险；发行债券导致企业的负债比率提高，增加企业风险，降低企业的财务信用；企业外部筹资扩展能力受到约束。

2）贷款筹资。贷款筹资是指企业按照借款合同从银行等金融机构借入各种款项，以获得短期资本或长期资本。

贷款筹资的优点包括：筹资速度快；资金成本较低，税前支付借款利息可减少实际负担的利息费用；具有较大的灵活性；保障企业对项目的控制权。

贷款筹资的缺点包括：财务风险较高，到期必须按照固定还本付息要求足额支付；限制条件多，筹资规模受制约。

3）商业信用筹资。商业信用筹资是指企业通过赊购商品、预收货款等商品交易行为筹措短期债权资本，是企业经常使用的一种流动负债筹资方式。

商业信用筹资的优点包括：商业信用容易取得；企业有较大的机动权；企业一般不用提供担保。

商业信用筹资的缺点包括：容易恶化企业信用水平；受外部环境影响大。

4）融资租赁。融资租赁是指租赁公司按照承租企业的要求融资购买设备，并在约定的较长期限内提供给承租企业使用的信用性业务，是一种不可撤销、完全付清的中长期融资形式，具有融资、融物双重职能。融资租赁一般有自营租赁、回租租赁和转租赁 3 种方式。

融资租赁的优点包括：不需要抵押；不需要相应存款余额；筹资限制条件较少；能减少设备陈旧过时风险。

融资租赁的缺点包括：租金通常高于银行借款利息，且需在年初支付，资金成本负担过高。

6.2　工程项目融资分析

6.2.1　工程项目融资概述

1. 工程项目融资的概念

融资是指为项目投资而进行的资金筹措行为，而工程项目融资特指资金需求量巨大的投资工程项目的融资活动，通常有广义和狭义两种定义。从广义上讲，为建设新工程项目、收购现有工程项目，或对已有工程项目进行债务重组的所有融资活动，都可称为工程项目融资。从狭义上讲，工程项目融资是指以工程项目资产、预期收益或权益作为抵押而取得的一种无追索权或有限追索权的融资行为。

2. 工程项目融资的参与主体

明确工程项目融资的参与主体，对工程项目取得融资具有关键作用。工程项目融资的参与主体及其基本合同关系，如图 6.1 所示。

（1）项目发起人

项目发起人又称项目实际投资者或主办人，其主要通过组织项目融资获得资金，并经过项目投资及经营活动，获取投资利益，实现投资项目综合目标。

（2）项目公司

项目公司又称项目直接主办人，是指直接参与项目投资和管理、承担项目债务和风险的法律实体。除发起人投入的资金外，项目公司营建项目的资金主要通过借款获得，并以其资产和未来现金流量作为担保。

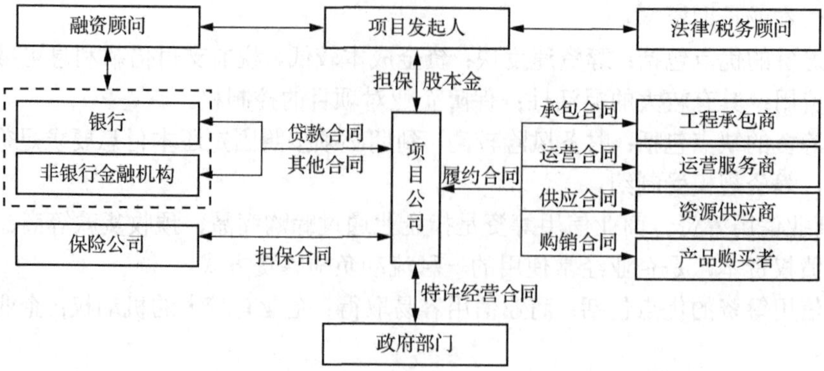

图 6.1　工程项目融资的参与主体及其基本合同关系

（3）借款方

承包商、运营商、供应商及产品购买者均可作为借款方参与工程项目。

（4）贷款银行

项目融资的债务资金来源于银行、非银行金融机构和国家的一些政府出口信贷机构，其统称为贷款银行，贷款银行参与的数目主要由贷款规模和项目风险决定。

（5）保险与担保提供人

项目融资的巨大资金规模、未来遭受各种损失的可能性及有限追索性质，要求项目各参与方准确认定自己面临的主要风险，及时投保，并同保险公司或保险经纪公司保持良好的工作关系，以减少可能发生的损失。

（6）其他参与主体

项目融资中还可能存在上述没有提及的其他参与主体，如政府部门、融资顾问、法律/税务顾问、工程承包商、运营服务商、资源供应商及产品购买者等。

6.2.2　工程项目融资的特点和程序

1. 工程项目融资的特点

（1）信用结构多样化

在项目融资中，用于支持贷款的信用结构安排灵活多样，一个成功的项目融资，可以将贷款的信用支持分配到与项目有关的各关键方面，以提高项目债务的承受能力，降低融资对投资者（借款人）资信和其他资产的依赖程度。

1）市场方面，可以要求对项目产品感兴趣的购买者提供长期购买合同作为融资的信用支持，但信用支持所能起到的作用，取决于合同形式和购买者资信。

2）工程建设方面，为了减少风险，可要求工程承包公司提供固定价格、固定工期合同，或“交钥匙”工程合同，可要求项目设计者提供工程技术保证等。

3）原材料和能源供应方面，可要求供应方在保证供应的同时，设计浮动价格，以保证项目最低收益。

（2）项目导向

与其他融资过程相比，项目融资主要以项目资产、预期收益、预期现金流量等进行融资，而不是以项目的投资者或发起人的资信为依据进行融资。债权人在项目融资的过程中，主要关注项目在贷款期间产生的现金流量。因此，项目能够获得的贷款数量、项目融资成本的高低、项目融资结构的设计等都与项目预期现金流量和资产价值紧密联系。

项目融资与传统融资方式相比，一般可获得较高的贷款比例，某些项目甚至可以做到百分之百融资。同时，项目融资的贷款期限可根据项目具体需要和项目经济生命周期确定，可以比一般商业贷款期限长，有的项目融资的贷款期限长达 20 年。

（3）有限追索

追索是指当借款人未按期偿还债务时，贷款人要求借款人以除抵押资产外的其他资产偿还债务的权利。在某种意义上，贷款人对项目借款人的追索形式和程度，是区分项目融资和传统融资的重要标志。对于后者，贷款人为项目借款人提供的是完全追索形式的贷款，即贷款人更依赖的是借款人自身的资信情况，而不是项目的预期收益；对于前者，作为有限追索的项目融资，贷款人可以在贷款的某个特定阶段内（如项目的建设期和试生产期）或某个特定范围内（包括金额和形式限制）对项目借款人实施追索。除此之外，无论项目出现任何问题，贷款人均不能对项目借款人除该项目资产、现金流量及所承担义务外的任何形式财产实施追索。然而，在实际工作中却很难获得该种融资，通常需要项目借款人在项目特定阶段内提供一定形式的信用支持。

（4）非公司负债型融资

非公司负债型融资，也称资产负债表之外的融资，是指项目的债务不表现在公司资产负债表的负债栏中的一种融资形式，这种债务通常只以某种说明的形式反映在公司资产负债表的注释中。在项目融资的过程中，通过对投资及融资结构的设计，可以帮助投资者（借款人）获得非公司负债型融资。非公司负债型融资可使公司以有限的财力从事更多投资业务，同时将投资风险分散和限制在更多项目中，适用于公司在从事超过自身资产规模的项目投资，或同时开发几个较大的项目。

当公司开发大型工程项目时，一般建设周期和投资回收周期都较长。对项目投资者而言，若大型工程项目贷款全部反映在资产负债表中，则很可能造成公司资产负债比例失衡，超出银行安全警戒线，且该状况在很长一段时间内可能都无法改善，公司将由于无法筹措新资金而影响未来的发展。采用非公司负债型融资，则可避免该问题，但该类融资形式，在过去并未被我国企业所完全理解并接受。伴随国内市场逐渐与国际市场接轨，我国企业，特别是以国际资金市场融资为主要资金来源的企业，越来越意识到非公司负债型融资的重要性和必要性，因为，具有较好资产负债比的企业，在筹集资金和企业资信等级评定方面会有更强的竞争力。

（5）融资成本高

与传统融资相比，项目融资大量前期工作和有限追索性质，导致其融资成本相对较高。项目融资成本主要包括前期费用和利息成本两部分。前期费用与项目规模直接相关，项目规模越小，前期费用所占融资总额的比例就越大，其一般占融资总额的 0.5%～2%。利息成本一般要高出同等条件公司贷款的 0.3%～1.5%，其增加幅度与贷款银行在融资结构中承担的风险有关。

（6）风险分担

项目融资具有投资风险大、风险种类多等特点。为了实现项目融资的有限追索，与项目有关的各种风险要素，需要以某种形式由投资者（借款人）及与项目开发有直接或间接利益关系的其他参与者与贷款人共同分担。由于工程项目的参与方较多，可通过严格法律合同实现风险分担。一个成功的项目融资，应保证项目中没有一个参与方需要单独承担全部项目债务风险。因此，在组织项目融资的过程中，投资者（借款人）应能够识别和分析项目的各种风险因素，确定工程项目参与方及贷款人所能承受风险的最大能力及可能性，充分利用与项目有关的一切优势，设计出对投资者来说能够实现最低追索的融资结构。

（7）充分利用税务优势

充分利用税务优势是指在项目所在国法律允许的范围内，通过精心设计投资结构、融资模式，最大限度地分配并利用所在国政府对投资税务的鼓励政策，以降低融资成本，提高项目综合收益率和偿债能力。投资税务的鼓励政策随国家不同、地区不同而存在不同。

2. 工程项目融资的程序

工程项目融资大致可分为 5 个阶段，即投资决策分析、融资决策分析、融资结构设计、融资谈判及融资执行。

（1）投资决策分析

在项目投资决策前，投资者需要对项目进行相当周密的投资决策分析。投资决策分析结论是项目投资决策的主要依据，具体包括宏观经济形势判断、项目行业（技术及市场）分析、项目可行性研究等。一旦投资者做出投资决策，随后的首要工作是确定项目投资结构，其与融资结构和资金来源均存在紧密联系。

（2）融资决策分析

融资决策分析是指投资者要对采取何种融资方式为项目开发筹集资金做出决策。项目融资方式决策，主要考虑项目贷款数量、时间、融资费用、债务责任分担及债务会计处理等。如果决定选择项目融资作为筹资手段，则投资者就需要聘请融资顾问，如投资银行、财务公司或商业银行中的项目融资部门。融资顾问在明确项目融资具体任务和目标要求后，对项目融资结构进行设计。

（3）融资结构设计

融资结构设计是指对与项目有关的各类风险因素进行全面分析、判断和评估，以确定项目债务承受能力和风险，从而设计出切实可行的融资方案和抵押保证结构。项目融资结构及相应资金结构的设计，必须全面地反映投资者的融资战略要求。

（4）融资谈判

在项目融资方案初步确定后，项目融资进入谈判阶段。首先，融资顾问选择性地向商业银行或其他一些金融机构发出参加项目融资建议书，组织银团贷款，并起草项目融资的有关文件。随后，与其谈判。在谈判过程中，法律顾问、融资顾问和税务顾问将发挥重要作用，一方面可使投资者在谈判过程中处于有利地位，保护投资者的利益；另一方面还可在谈判陷入僵局时，及时、灵活地采取有效措施，使谈判沿着有利于投资者利益的方向进行。

融资谈判并不会一蹴而就。在谈判过程中，需要对有关融资法律文件进行修改，包括调整融资结构、资金来源、投资结构等，以满足贷款银团的要求。通过对融资方案反复设计、分析、比较和谈判，最后选定一个既能最大限度地保护投资人利益，又能被贷款银行接受的融资方案。

（5）融资执行

项目融资法律文件正式签署后，即进入融资执行阶段。在项目建设阶段，贷款银团通常将委派融资顾问为经理人，持续地监督项目进展情况，根据资金预算和项目建设进度表安排贷款。在项目试生产阶段，贷款银团经理人将监督项目试生产（运行）情况，将项目实际生产成本数据及有关技术指标与融资文件规定的数据及指标进行对比，确认项目是否已达到融资文件的规定。在项目正常运行阶段，贷款银团经理人将根据融资文件的规定，参与项目部分决策程序，管理和控制项目贷款投放和部分现金流量。同时，贷款银团经理人也会参与一部分的生产经营决策，并帮助投资者加强对项目风险的控制与管理。

6.2.3　工程项目融资的模式

1. BOT 模式

（1）BOT 模式的概念

BOT（build-operate-transfer，建设-经营-转让）模式是指利用外资和民营资本承担新建基础设施项目的新兴融资模式，其代表完整的项目融资过程，是对项目投融资建设、经营回报、无偿转让经济活动全过程典型特征的简要概括。

（2）BOT 模式的特点

1）BOT 模式在发达国家的应用较为广泛，其应用领域包括公共设施项目、公共工程项目、交通设施项目等；而在发展中国家则主要应用于竞争性不强的行业或有稳定收益的项目，如水厂、电厂、收费公路等由政府公共部门专营的传统基础设施项目。

2）BOT 模式的优点主要包括：可减少政府直接财政负担，有利于转移和降低项目风险，有利于提高项目运行效率，有利于引进先进技术，有利于开发当地资本市场和吸引外资等。

3）BOT 模式的缺点主要包括：可能导致大量税收流失，可能造成对基础设施掠夺性经营，可能导致政府失去对项目关键环节的控制，私营部门承担了项目大部分的风险从而使融资费用较高。

2. ABS 模式

（1）ABS 模式的概念

ABS（asset-backed-securitization，资产证券化）模式是 20 世纪 80 年代兴起于美国的新型资产变现方式，其通过将缺乏流动性但能产生可预见且稳定现金流量的资产进行归集，并将资产风险与收益进行分离重组，进而将其转换为证券，然后在金融市场进行出售并流通。

（2）ABS 模式的特点

1）隔断项目原始权益人与资产未来现金收入的风险，有利于降低投资风险。

2）债券信用风险获得项目公司的信用担保，属于高档投资级证券，并且还能在二级市场进行转让，变现能力强，具有较大的吸引力，易于证券发行和推销。

3）国际高等级证券市场的筹资利息率一般较低，同时，ABS 模式涉及的主体较少，且完全按照市场规则运行，无须政府许可、授权及外汇担保，减少了中间环节，能够有效降低融资成本。

4）项目准入条件严格，可证券化的理想资产一般具有以下特征：①能在未来产生可预测且稳定的现金流量；②需持续一定时期的低违约率与低损失率；③本息偿还分摊于整个资产存活期间；④金融资产债务人有广泛的地域和人口统计分布；⑤原所有者已持有该资产一段时间，且具有良好的信用记录；⑥金融资产抵押物有较高的变现价值；⑦金融资产具有标准化、高质量的合同条款。

3. PPP 模式

（1）PPP 模式的概念

PPP（public-private-partnership，政府和社会资本合作）模式，广义上是指公共部门与私营部门为提供公共产品或服务而建立的长期合作关系，狭义上是指政府通过商业而非行政方法，如在公司中占股来加强对项目的控制。目前，国际学术界和企业界较为认同的是 PPP 模式的广义含义，即将 PPP 认定为政府与企业长期合作关系的统称，包含 BOT、TOT（transfer-operate-transfer，转让-运营-移交）、PFI（private-finance-initiative，民间-主动-融资）等多种方式，并特别强调合作过程中政企双方地位平等、风险分担、利益共享等。

（2）PPP 模式的特点

1）以项目为主体。PPP 模式主要根据政府扶持力度及项目预期收益、资产安排融资，其贷款数量、融资成本高低取决于项目现金流量和资产价值。因此，PPP 模式是以项目为主体进行的融资。

2）有限追索贷款。PPP 模式的项目贷款人可在贷款的某个特定阶段对项目借款人实行追索，或在规定范围内对公私合作双方进行追索，而不能追索项目借款人除该项目资产、现金流量及政府承诺义务外的任何形式资产。

3）风险分配合理。PPP 模式在项目初期即可实现风险分配，同时，由于政府分担一部分风险，所以风险分配更合理，减少了承建商与投资商的风险，从而降低了融资难度。

4）资产负债表之外的融资。PPP 模式的项目融资是一种在资产负债表之外的融资。根据有限追索原则，投资人（借款人）承担有限责任，因此，项目融资无须进入项目投资者的资产负债表。

5）信用结构灵活。PPP 模式可将项目贷款的信用支持分配到与项目相关的各方面，减少贷款人对投资者资信和其他资产的依赖程度。

4. BT 模式

（1）BT 模式的概念

BT（build-transfer，建设-移交）模式是指政府利用非政府资金进行非经营性基础设施项目建设的融资模式。BT 模式是 BOT 模式的变换形式，即项目运作通过项目公司总承包，融资、建设验收合格后移交业主，业主向投资方支付项目总投资加上合理回报的过程。

（2）BT 模式的特点

1）仅适用于非经营性项目。BT 模式仅适用于政府基础设施类非经营性项目的建设，降低了融资方的运营风险。

2）融资渠道多样。BT 模式的融资渠道可来自银行、其他金融机构或私有机构，也可来自外资或国内金融机构。

6.2.4　工程项目融资的方案

在初步确定资金筹措方式和来源的基础上，构造项目融资方案，合理安排资本金和债务资金等筹措数额、比例、期限及投入时序，使资金供给总额、币种、分年投入数额与项目建设投资计划相匹配。在构造融资方案后，则应对其资金来源的可靠性、融资结构的合理性、融资成本高低、融资风险大小进行分析。

1. 资金来源分析

资金来源分析旨在评估项目在建设和运营过程中，是否能够通过资本金和债务资金等多种渠道，获得充足、持续的资金支持。对于既有法人项目，应重点分析企业当前的财务状况、可用于项目的自有资金、增资扩股的可能性，以及吸引新股东投资的可行性。对于新设法人项目，应评估各投资者认缴资本金的可靠性、资金到位的时间表，以及债务融资的可行性和风险。

2. 融资结构分析

融资结构分析是指对项目资金筹措方案中各种资金来源的构成及比例关系进行分析。由于项目建设阶段所筹集资金最终要形成企业各项资产，所以在项目筹建阶段，系统研究并合理选择融资结构，为项目投产运营后企业保持比较理想的资产负债结构和资金结构打下基础。融资结构分析主要是分析资本金与债务资金比例、股本结构比例及债务结构比例。

（1）资本金与债务资金比例分析

资本金与债务资金比例分析主要分析项目资本金比例是否达到国家规定行业最低要求，对于中外合资项目，还需要分析注册资本是否达到国家规定的要求。

（2）股本结构比例分析

股本结构比例分析主要分析股东各方参股的比例，对于中外合资项目，还需要分析中外各方出资比例的合理性。

（3）债务结构比例分析

债务结构比例分析主要分析各负债融资方式的融资金额比例的合理性。

3. 融资成本分析

（1）资金成本

资金成本是指投资者在工程项目实施中，为筹集和使用资金而支付的费用，包括资金占用费和资金筹集费。资金成本通常用资金成本率表示，其是指使用资金所负担的费用与筹集资金净额的比值。资金成本率的计算公式为

$$K=\frac{D}{P-F}=\frac{D}{P(1-f)} \tag{6.1}$$

式中，K——资金成本率（一般称为资金成本）；

P——筹集资金总额；

D——使用费；

F——筹资费；

f——筹资费费率（即筹资费占筹集资金总额的比重）。

（2）债务融资成本

债务融资成本由债务资金筹集费和债务资金占用费组成。债务资金筹集费是指筹集债务资金所支付的一次性费用，如承诺费、发行手续费、担保费、代理费及债券兑付手续费等；债务资金占用费是指占用债务资金所支付的经常性费用，如贷款利息和债务利息等。

含筹集费用的税后债务融资成本的计算公式为

$$P_0(1-f)=\sum_{t=1}^{n}\frac{P_t+I_t(1-t)}{(1+K_d)^t} \tag{6.2}$$

式中，P_0——债券发行额或长期借款金额，即债务现值；

f——债务资金筹资费费率；

I_t——约定的第 t 期期末支付的债务利息；

P_t——约定的第 t 期期末偿还的债务本金；

K_d——所得税后债务资金成本；

t——所得税税率；

n——债务期限，通常以年表示。

上述公式中，等号左侧是债务人的实际现金流入；等号右侧是债务引起的未来现金流出的现值总额。使用该公式时应根据项目的具体情况，确定债务期限内隔年利息是否应乘以（$1-t$），在项目建设期内不应乘以（$1-t$），在项目运营期内所得税的免征年份也不应乘以（$1-t$）。

（3）权益资金成本

权益资金成本估算比较困难，因为很难对项目未来收益及股东对未来风险要求的风险议价做出准确测定，通常可采用资本资产定价模型法、税前债务成本加风险溢价法和股利增长模型法进行计算。

1）采用资本资产定价模型法，权益资金成本的计算公式为

$$K_s=R_f+\beta(R_m-R_f) \tag{6.3}$$

式中，K_s——权益资金成本；

R_f——社会无风险投资收益率；

R_m——市场投资组合预期收益率；

β——项目投资风险系数。

2）采用税前债务成本加风险溢价法，权益资金成本的计算公式为

$$K_s=K_b+\mathrm{RP} \tag{6.4}$$

式中，K_s——权益资金成本；

K_b——所得税前的债务资金成本；

RP——投资者比债权人承担更大风险所要求的风险溢价（risk premium，RP）。

3）采用股利增长模型法，权益资金成本的计算公式为

$$K_s = \frac{D_1}{P_0} + g \tag{6.5}$$

式中，K_s——权益资金成本；

D_1——预期年股利额；

P_0——变通股市价；

g——普通股利年增长率。

（4）加权平均资金成本

工程项目的资金筹集一般采用多种融资方式，不同来源的资金其成本各不相同。由于条件制约，项目不可能只从某种低成本来源筹集资金，而是通过各种筹资方案有机组合来融资。所以为了对整个项目融资方案进行筹资决策，在计算各种融资方式个别资金成本的基础上，还要计算整个融资方案加权平均资金成本（总资本成本），以反映工程项目整个融资方案的融资成本状况。加权平均资金成本的计算公式为

$$K_w = \sum_{j=i}^{n} K_j W_j \tag{6.6}$$

式中，K_w——加权平均资金成本；

K_j——第 j 种融资渠道的资金成本；

W_j——第 j 种融资渠道筹集资金占全部资金的比重（权数）。

4. 融资风险分析

融资方案实施经常会受到各种风险因素的影响，融资风险分析是指对可能影响融资方案的风险因素进行识别和预测。影响融资方案的风险因素主要包括以下几个。

（1）资金供应风险

资金供应风险是指融资方案在实施过程中，可能出现因资金不落实而导致建设工期拖长、工程造价升高、原定投资效益目标难以实现的风险，主要风险包括计划发行股票、债券不能实现，筹资额全部或部分落空，既有法人融资项目由于企业经营状况恶化而无力按原定计划出资等。

（2）利率风险

利率风险是指在负债融资的情况下，由于利率水平随着金融市场行情变动而导致资金成本上升，所可能造成的项目损失。如果融资方案中采用浮动利率计息，则应分析贷款利率变动可能性及其对项目造成的风险和损失。

（3）现金性融资风险和收支性融资风险

1）现金性融资风险是指企业在特定时点，现金流出量超过现金流入量而产生到期不能偿付债务本息的风险。现金性融资风险是由于现金短缺、债务期限结构与现金流入时间结构不相配套而引起的支付风险。

2）收支性融资风险是指企业在收支不抵的情况下，所出现的不能偿还到期债务本息的风险。

（4）汇率风险

汇率风险是指由于汇率变动所可能造成的项目损失。国际金融市场各国货币比价在时

刻变动，而使用外汇贷款的项目，未来汇率的变动可能会引起项目资金成本变动及未来还本付息费用变动。

典 型 案 例

某拟建项目有 3 个可行筹资方案供选择，有关数据如表 6.1 所示，试确定最优的筹资方案。

表 6.1　方案筹资成本

资金来源	方案 A		方案 B		方案 C	
	筹资额/万元	资金成本率/%	筹资额/万元	资金成本率/%	筹资额/万元	资金成本率/%
普通股	500	12	400	12	350	13
优先股	300	10	200	10	150	10.5
长期借款	100	8	300	8	300	8.5
长期债券	100	6	100	7	200	7.5
合计	1 000		1 000		1 000	

解：每个方案中各种来源的资金的比重如下。

方案 A 中，普通股占比为 500 万元/1 000 万元×100%=50%；优先股占比为 300 万元/1 000 万元×100%=30%；长期借款占比为 100 万元/1 000 万元×100%=10%；长期债券占比为 100 万元/1 000 万元×100%=10%。

使用同样的方法可以计算出：方案 B 中，各种来源的资金的比重分别为 40%、20%、30%、10%；方案 C 中，各种来源的资金的比重分别为 35%、15%、30%、20%。

计算各方案的加权平均资金成本率。

方案 A 的加权平均资金成本率为 50%×12%+30%×10%+10%×8%+10%×6%=10.4%。

方案 B 的加权平均资金成本率为 40%×12%+20%×10%+30%×8%+10%×7%=9.9%。

方案 C 的加权平均资金成本率为 35%×13%+15%×10.5%+30%×8.5%+20%×7.5%=10.2%。

从上述计算结果可知，方案 B 的加权平均资金成本率最低（9.9%），因此，方案 B 最优。

本 章 小 结

如何获取工程项目资金并降低资金的获取成本，对工程项目正常建设具有重大现实意义。特别是大型投资项目的融资，通常需要良好的组织及系统融资方案。融资技术和技巧对于项目的成败起决定性作用。资金筹措是指在国家当前法规和政策许可的条件下，以财务费用最经济为原则，探寻和比较分析资金的各种来源，力求能最合理、最经济地配合项目各时期的现金流量进行借款、使用和偿还的整个过程。筹资方案优化，就是通过合理地选择资金来源及数量来达到增加收益和弱化风险的目的。

思考与练习

1．什么是工程项目的资金筹措？其包括哪些类型？

2．什么是工程项目融资？工程项目融资的特点是什么？

3．PPP 模式的特点是什么？

4．影响融资方案的风险因素有哪些？

5．某股票的市场无风险报酬率为 10%，平均风险股票报酬率为 14%，某公司普通股β值为 1.2。求其资金成本率。

6．某企业账面反映的长期资金共 500 万元，其中长期借款 100 万元，应付长期债券 50 万元，普通股 250 万元，保留盈余 100 万元；其资金成本率分别为 6.7%、9.17%、11.26%、11%。求其加权平均资金成本率。

第 7 章　工程项目的可行性研究与经济评价

【学习目标】

1）了解项目前期的工作内容；
2）掌握可行性研究的依据；
3）掌握可行性研究的具体内容；
4）掌握可行性研究中的评价内容与方法；
5）了解公益服务类项目的可行性研究评价要点；
6）了解工业生产类项目的可行性研究评价要点。

【关键概念】

可行性研究　编制依据　编制内容　经济评价　评价方法

7.1　项目前期的工作内容

项目前期的工作内容包括投资机会研究、项目建议书、可行性研究、项目评估和决策等。咨询机构为这些工作提供的咨询服务称为投资前项目策划咨询，也称投资决策咨询。它是在投资活动发生之前，咨询机构受业主委托，运用现代工程学、经济学和管理学理论，借助先进的科技手段、市场调查方法、现场调查技术和信息处理技术，在掌握大量信息资源的基础上，为投资者和业主投资决策提供的各类咨询服务活动。

投资是一项复杂的活动，投资前研究工作的质量直接影响项目的成败。当今社会的经济活动日益复杂，工程项目规模庞大，涉及的专业越来越广泛，内容越来越复杂，技术手段更是日新月异，投资环境复杂多变，市场竞争激烈残酷。许多发达国家和发展中国家，无论是政府还是个人，在确定投资项目时，为了减少风险，提高投资效益，应尽可能使项目建立在可靠的基础上，并进行一系列的调查研究，以便业主对项目进行鉴别，从经济、技术、财务、组织管理等多方面进行论证，做出方案对比，优化方案。

机会研究是进行初步可行性研究之前的准备性调查研究，它把项目设想变为概略的项目投资建议，以便进行下一步的深入研究。机会研究的重点是投资环境分析。机会研究的方法主要是依靠经验进行粗略的估计，不做详细的分析计算；建设投资和生产成本的估算主要是参考类似项目套算，其精确度在±30%左右。

初步可行性研究是介于机会研究和可行性研究的中间阶段，研究重点是市场分析，并对项目建议方案进行初步的分析。此阶段的投资估算和成本估算一般采用指标估算法，仍然比较粗略，精确度在±20%左右。可行性研究则是在上述工作基础上对项目进行的深入、全面的技术经济论证，以便选择最佳方案，并确定项目是否可行。

7.2　项目可行性研究

可行性研究是指对项目的主要内容和配套条件，如市场需求、资源供应、建设规模、工艺路线、设备选型、环境影响、资金筹措、盈利能力等，从技术、经济、工程等方面进行调查研究和分析比较，并对项目建成以后可能取得的经济效益及社会环境影响进行预测，从而提出该项目是否值得投资和如何进行建设的咨询意见，为项目决策提供依据的一种综合性的系统分析方法。可行性研究应具有预见性、公正性、可靠性、科学性的特点。该内容将在后续章节中进行详细介绍。

7.2.1　可行性研究的依据和要求

1. 可行性研究的依据

一个拟建项目的可行性研究，必须在国家有关的规划、政策、法规的指导下完成，同时，还必须要有相应的各种技术资料。进行可行性研究工作时，应根据项目发起人或业主的要求进行深入研究。可以依据和参考的资料包括：国家经济和社会发展的长期规划，部门与地区规划，经济建设的指导方针、任务、产业政策、投资政策和技术经济政策，以及国家和地方法规等；经过批准的项目建议书和在项目建议书批准后签订的意向性协议等；由国家批准的资源报告，国土开发整治规划、区域规划和工业基地规划（对于交通运输项目建设要有有关的江河流域规划与路网规划）等；国家进出口贸易政策和关税政策；当地的拟建厂址的自然、经济、社会等基础资料；有关国家、地区和行业的工程技术、经济方面的法令、法规、标准定额资料等；由国家颁布的建设项目可行性研究及经济评价的有关规定；包含各种市场信息的市场调研报告。

2. 可行性研究的一般要求

可行性研究工作对于整个项目建设过程乃至整个国民经济都有非常重要的意义，为了保证可行性研究工作的科学性、客观性和公正性，有效防止错误和遗漏，在可行性研究中需注意以下几点。

1）必须站在客观公正的立场进行调查研究，做好基础资料的收集工作。对于收集的基础资料，要按照客观实际情况进行论证评价，如实地反映客观经济规律，从客观数据出发，通过科学分析，得出项目是否可行的结论。

2）可行性研究报告的内容深度必须达到国家规定的标准，基本内容要完整，应包含尽可能多的数据资料，避免粗制滥造，搞形式主义。

3）为保证可行性研究的工作质量，应保证咨询单位有足够的工作周期，防止因各种原因的不负责任草率行事。具体工作周期由委托单位与咨询单位在签订合同时协商确定。

3. 可行性研究的内容要点

各类投资项目可行性研究的内容及侧重点因行业特点而差异很大，但一般应包括以下内容。

1）投资必要性。主要根据市场调查及预测的结果，以及有关的产业政策等因素，论证项目投资建设的必要性。

2）技术可行性。主要从项目实施的技术角度，合理设计技术方案，并进行比选和评价。各行业不同项目技术可行性的研究内容及深度差别很大。

3）财务可行性。主要从项目及投资者的角度，设计合理的财务方案，测算项目的财务盈利能力，评价投资的安全性及还款能力。

4）组织可行性。制订合理的项目实施进度计划、设计合理的组织机构、选择经验丰富的管理人员、建立良好的协作关系、制订合适的培训计划等，以保证项目顺利执行。

5）经济可行性。主要从资源配置的角度衡量项目的价值，评价项目在增加供应、创造就业、提高人民生活等方面的效益。

6）环境可行性。主要从环境保护和可持续发展的角度，评价项目在控制污染、生态平衡、自然资源利用、环境质量改善等方面的效益。

7）社会可行性。主要分析项目对社会的影响，包括政治体制、方针政策、经济结构、法律道德、宗教民族、妇女儿童及社会稳定性等。

8）风险因素及对策。主要对项目的市场风险、技术风险、财务风险、组织风险、法律风险、经济及社会风险等因素进行评价，制定规避风险的对策。

一般项目可行性研究的内容，均应设专章论述投资必要性、技术可行性、财务可行性、组织可行性和风险分析等内容。对于工业项目，应设多个章节对原材料供应方案、厂址选择、工艺方案、设备选型、土建工程、总图布置、辅助工程、安全生产、节能措施等技术可行性的各方面内容进行研究。对于非工业项目，应重视项目的经济和社会评价。

7.2.2 可行性研究的具体内容

以工业项目为例，工程师在进行可行性研究中应承担的主要工作内容如下。

1. 市场分析和营销战略研究

市场分析和营销战略是项目是否可行的基础，是决定投资的目标、范围、规模、工艺技术、厂址选择的关键。通过市场分析，制定销售规划和营销战略，发现新的市场机会，是咨询工程师在可行性研究中的重要工作内容。

（1）市场分析

市场分析是指对有关产品市场及市场环境状况进行系统的分析和评价，主要包括：市场细分，消费行为研究，竞争力分析，竞争性产品和销售策略研究，产品寿命周期分析，以及有关的社会因素、生态因素和经济因素的影响分析等。

（2）营销战略

可行性研究应根据项目的目标及投资和财务决策的原则，提出以适当的市场研究为基础的销售设想。销售设想应当包括销售的战略范围和实际范围、销售手段、销售数量及价格、销售网络、销售计划和费用预算。制定项目营销战略的目的是研究达到项目目标所需的方法和活动，如产品新颖、成本低廉、品质高贵、富有特色、提高市场占有率等。制定项目营销战略的要点是，对市场结构目标的评价，客户分析和市场划分；销售渠道和营销网络；竞争力分析；社会经济环境分析、销售预测、市场前景和风险分析。在确定营销战略的基础上，确定项目的产品方案和生产规模，预测销售收入，估算销售费用。

2. 建设条件和厂址选择

（1）原材料供应等建设条件

生产所需的基本原材料的来源、成本及供应的稳定性是决定项目规模和经济效益的关键因素之一。因此，可行性研究必须详细分析所需的材料和投入物的来源、数量、质量、供应年限、成本，以及运输方式、能力和费用。必要时还要进行多方案的分析。

（2）厂址选择

厂址选择是否合理能影响整个项目的成败。项目前期的各阶段都会涉及厂址问题：投资机会研究阶段仅从地理上大致考虑厂址的位置；初步可行性研究阶段是选点，即按照建厂条件，选定一个合适的地区；在可行性研究阶段则应是定址，即通过现场地质勘探，收集分析水文、气象、地质资料，具体确定项目所在的厂址。

3. 工艺技术方案

（1）工艺技术方案评价

在可行性研究中，应根据产品的质量、品种要求及原材料等投入物特点，结合“三废”的排放标准等生态和环境要求，根据先进性、可靠性及经济性的要求，对各种工艺技术路线进行选择。对工艺路线进行技术评价应遵循的原则有：①先进性原则，所选技术需在产品、工艺和装备水平上均具有先进性；②适应性原则，技术需适应建厂国家或地区的资源条件，符合当地的人才素质，技术层次需与当地经济技术的发展水平相匹配；③安全可靠性原则，技术应成熟、可靠、安全，不会对操作人员和环境造成危害不利影响；④法规适应性原则，采用的技术应不违反当地政府法律规定和发展规划及有关。技术评价的方法主要有对比表格法、价值工程法、综合费用效率法、盈亏平衡点法、设备寿命周期费用法、损益法等。

（2）土建工程

土建工程的内容因项目而异，必须与特定的厂址和可能需要的设施相联系。可行性研究应当规划项目有关的土建工程并估算其成本，包括厂址准备及整治、厂房和其他房屋建筑、公用设施、运输、“三废”的排放等处理、厂址道路、消防等及其他基础设施。

（3）工厂布置

在确定工艺和生产过程，并最终确定了生产设备和投入物清单后，要根据工艺要求和厂址条件，合理布置各生产车间和公用设施及服务设施，并绘制出以下图表：①工厂总平面布置图，说明主要构筑物和建筑物等大型设备、道路、铁路和其他运输设施、各种公用工程和服务设施的位置；②生产线示意图，说明生产的流程、设备几何尺寸、位置和空间要求；③材料流程图，表明材料流程、公用设施、排放物，以及中间产品和最终产品在工厂各部分之间的流程；④运输路线图，说明公用设施管线、消耗、联系通信设施的最终实物分布图。

4. 项目实施计划与运营组织

（1）项目运营组织

高效、精减的项目运作组织和合理的人员配备特别是关键岗位人员的素质是保证项目成功运作和实施的重要条件。要根据生产工艺技术特点、设备管理、生产组织和产品市场销售规划，设计出合理的组织机构，并建立相关的管理制度。组织机构的设置主要取决于项目规模、类型及发展策略、政策，以及项目建设期和经营期的需要和条件，并应考虑以下因素：项目和企业的组织机构应以最佳协调和控制全部项目的投入物为目的，保证项目的顺利运作；组织机构的设置构成项目投资和生产成本的一部分，应明确相关费用和成本；组织机构应是动态的，根据项目的发展而能够不断调整。

（2）项目进度计划

项目进度计划编制的目的是确定项目实施的具体时间进度安排，并分析对工艺技术及财务的影响，以保证项目的顺利实施。进度计划的编制，包括项目进度安排、施工组织等，通常使用线条图来编制项目进度计划。项目进度计划的制订过程，应按每一阶段所需的资源和活动时间来确定各阶段的实施计划，并确定项目必须执行的现场内外工作的类型，以及确定工作任务的逻辑顺序，考虑完成每项任务需要的时间，编制分时间阶段的实施进度表。

（3）人力资源配置

人力资源配置是确保项目运营成功实施的关键。可行性研究要提出项目对各种技术、管理人员的需求，包括不同层次的管理监督人员、工程技术人员、熟练和非熟练工人等。在配置人员时，必须充分考虑项目所在国的劳动立法、劳动条件、定额、薪金、保险、职业安全、卫生保健和社会安全等因素。可行性研究对项目的人员配置编制定员表，对人力资源的来源进行分析，以制订招聘计划和外聘专家人数，并制订人员培训计划，进行人力成本估算。

5. 环境影响的分析评价

（1）环境影响评价

可行性研究应对项目可能产生的环境影响进行全面、综合、系统、实际的评价，这种评价对项目的社会、经济、技术和财务上的可行性往往十分重要。环境影响分析包括项目对周围地区的影响，特别是对当地人群、植物群和动物群的影响。

环境影响评价应以项目所在国的法规、“三废”排放标准为基础进行评价，在环境背景调查的基础上，分析项目的实施对当地环境的影响。

其主要目的是：①就项目对自然及人类居住地所造成的环境影响后果进行全面、综合的分析；②研究了解项目的各方案新增的环境影响的范围和程度；③将环境保护法规的要求纳入可行性研究中；④确定减轻消极的环境影响和增加有利影响的措施；⑤对各种需要进一步研究的环境问题进行分析；⑥对各种环境影响进行必要的定性和定量评价，确定项目方案在环境方面的主要优缺点。

（2）环境影响的成本与效益分析

对环境影响的可量化部分，应使用成本与效益分析的原理进行定量分析。具体方法包括成本与效益分析模型，利用改善环境的“愿意支付”或对环境退化的“接受补偿”来货币化成本或效益；环境成本和效益的价值化法，直接用货币形式表现成本或效益；直接货币法，如成本节约（或成本影响）法；基于直接调查的方法，如可能情况支付法、可能情况排序法；以间接市场为依据的方法，如享乐定价法等。

6. 社会影响评价

按照国际金融组织（如世界银行等）的要求，在可行性研究阶段应进行项目的社会评价，分析项目为实现国家和地区的社会发展目标所作的贡献及影响，以及项目与社会的相互适应性。

社会影响评价的主要内容涉及人口、就业、移民安置、公平分配、文化历史、妇女、民族宗教、居民生活水平和质量、社会基础设施等，评价的重点是项目周围社区，同时还应考虑项目对技术进步、节约时间、促进地区和部门发展、改善经济布局和产业结构等的影响。

社会影响评价的评价指标包括就业效果、收入分配效益、资源节约指标、公平分配、扶贫效果、妇女参与、机构发展和持续性等。

社会影响评价的主要方法有逻辑框架法、利益群体分析法、项目与社会适应性分析法、基线调查法、矩阵分析法等。

7. 财务评价

（1）项目投资现金流量预测

按照有无对比的原则，根据项目的产品方案、建设规模、工艺技术方案等要求，对项目投资可能产生的现金流量进行估算：①项目投资估算，包括设备购置、安装、土建工程及其他工程费用，以及生产前的各种资金支出和流动资产投资；②产品销售收入或项目提供的服务营业收入；③项目在运营期内的各种运营和维护费用。需要指出，按照国际通行的财务管理惯例，这里的投资估算不包括建设期利息。

（2）投资方案财务评价

根据项目投资方案的现金流量预测结果，编制固定资产投资估算表、流动资金估算表、主要产出物与投入物价格表、单位产品生产成本表、固定资产折旧表、无形资产及递延资产摊销估算表、经营成本估算表、销售收入及销售税金计算表等辅助报表，并在此基础上编制项目投资现金流量表，计算各年的息税前利润，评价项目投资的财务盈利能力，进行投资决策。在财务评价中，应对各种风险因素对财务评价指标的影响进行不确定性分析和风险分析，包括盈亏平衡分析、敏感性分析、概率分析和决策树分析等。

（3）融资方案财务评价

对于投资方案财务评价可行的项目，应进一步进行融资方案财务分析，选择最佳的融资方案。投资方案财务分析的对象是项目本身，融资方案财务分析的对象则是项目的融资主体，如果项目的融资主体不是项目本身设立的项目公司，就要对项目所依托的整个企业进行分析。

8. 国民经济评价

国民经济评价从资源配置的角度评价项目的费用和效益，分析项目的经济可行性。经济评价把项目的投入物分为可贸易货物、不可贸易货物和其他投入物（包括房屋等）等 3 类，通过机会成本测算影子价格，通过社会折现率评价并计算项目的净现值和内部收益率。

从广义上讲，财务评价包括宏观和微观两个层次，微观层次的财务评价就是前述项目层次的投资方案的财务评价和融资方案财务评价；宏观层次的财务评价应是从国民经济的角度评价项目对国民收入、国内生产总值（gross domestic product，GDP）等的货币收入贡献。与此对应，经济评价也应包括微观和宏观两个层次，微观层次的经济评价即项目层次的经济评价，其理论基础主要是根据微观经济学中的有关均衡、支付意愿、消费者剩余、机会成本等理论推导出反映项目所处特定区域的资源“真实经济价值”的影子价格体系，评价项目在特定区域的微观层次的资源优化配置状况，一般采用UNIDO法和L-M法进行微观层次的经济评价。宏观层次的经济评价，应从国民经济的角度，评价一些重大项目对整个国民经济的资源配置，如对国家产业结构升级的影响、对国家经济安全的影响、对提高国际竞争力和发展民族经济的影响，对区域之间经济平衡发展的影响等。

9. 风险分析

风险是指可能导致实际结果与预期存在差异的事件，且这种差异可能带来损失。项目风险管理的目标是确保项目成功，创造一个平静、稳定的环境，降低成本，避免损失和浪费，最大限度地减少外部干扰，确保项目顺利投产并维持效益稳定。在项目决策阶段，应考虑的风险包括：投资环境风险、地质风险、设计和技术风险、资源风险、市场风险、原材料风险、布局安全风险、工程建设风险、人力资源风险、资金风险、汇率风险和不可抗拒力的风险等。

7.3 项目可行性研究经济评价

由于各个项目的特点不同，在进行可行性研究时，项目的经济评价内容也有很大的区别，那么针对不同项目应根据国家政府审批部门的审批要求、建设方的要求、行业和主管部门的政策，决定财务效益评价、融资方案、社会效益评价等内容。本节以大华远洋机载机电工业项目为例，主要介绍机电工业项目的研究内容与经济评价重点。

将该项目为国家高科技企业项目，项目进行可行性研究的目的是，争取国家对高新企业的扶持资金，因此特别注重企业产品的高精尖和国内外市场的拓展，所以在进行可行性研究报告经济评价时，侧重了财务分析和经营效果，并在该报告的第7章进行了详细的财务分析。由于篇幅所限及部分报表具体数据属于不宜公开的内容，所以本节省略有关内容。

该项目的经济评价包括以下6个方面的内容。

1）编制依据。

2）项目基本概况及基础数据。

3）产品成本费用估算。

4）盈利能力分析。

5）清偿能力分析。

6）不确定性分析。

本章典型案例中列出了编制的可行性研究报告的目录和第1、4、7、8章的内容。

典 型 案 例

大华远洋机载机电产品专业化基地项目可行性研究报告

东北林业大学工程咨询设计研究院有限公司

2021 年 3 月

目　录

1　项 目 总 论

1.1　项目及承办单位

1. 项目名称

大华远洋机载机电产品专业化基地项目。

2. 项目承办单位及负责人

承办单位：大华远洋有限公司。
项目负责人：张华。

3. 项目拟建地区和地点

拟建地址：哈尔滨市松北区。

4. 项目规模

项目占地面积为11 000平方米，总建筑面积为19 000平方米，计划总投资15 871.3万元，其中包含350万元的铺底流动资金。

5. 主要建设内容

1）新建远洋发电机生产线，建成后年产量为2 000台，包括发电机定子装配生产线、发电机转子装配生产线、发电机总成装配生产线、理化设备、特设设备等。

2）新建铝合金压铸生产线，建成后年产量为2 000吨。

3）远洋机电产品零件生产线，年产值为5 000万元。

4）远洋机载机电产品研发中心。

远洋发电机生产线和铝合金压铸生产线的配套厂房为一层和二层，远洋机载机电产品研发中心为六层。

1.2 可行性研究报告编制的依据

可行性研究报告的编制依据如下。

1）关于加强国家高新技术产业基地建设工作的通知。

2）关于国家支持的产业升级和机构调整项目的通知。

3）国家高技术产业化项目资金申请报告编制要点。

4）国家发展改革委、中华人民共和国建设部（以下简称建设部）于2006年发布的《建设项目经济评价方法与参数》（第三版）。

5）国家现行的各有关设计规范及规定。

6）大华远洋有限公司提供的编制资金申请报告所需的基础数据和资料（因篇幅所限，此处仅列出第1、4、7、8章）。

1.3 项目建设背景和必要性

因为该项目建设背景涉及机密内容，所以项目背景在本书中省略。

4 项目投资估算

4.1 投资估算编制的依据

1）国家发展改革委、建设部于2006年发布的《建设项目经济评价方法与参数》（第三版）中有关投资估算内容的规定。

2）国家国防科技工业局印发的《国防科技工业固定资产投资项目管理规定》（科工计〔2013〕1017 号文件）。

3）项目承办单位提供的设计资料、图纸和设备材料表及考察咨询后的设备价格。

4.2　项目总投资规模

本项目建设的总投资为 15 871.3 万元，其中固定资产投资为 15 521.3 万元，铺底流动资金投资为 350 万元。

固定资产投资 15 521.3 万元，由以下各项组成：建筑工程费 3 040 万元，设备购置及安装费 10 506.9 万元，工程其他费用 863.8 万元，预备费 720.6 万元，建设期借款利息 390 万元。

4.3　投资估算中有关问题的说明

1）根据中华人民共和国国家发展计划委员会计投资〔1999〕1340 号文的有关规定，本项目投资估算未考虑涨价预备费。

2）根据中华人民共和国财政部、国家税务总局、中华人民共和国国家发展计划委员会财税字〔1999〕299 号文《关于暂停征收固定资产投资方向调节税的通知》的规定，本项目投资估算未考虑投资方向调节税。

4.4　流动资金估算

流动资金采用分项估算法测算，新建项目投产后，企业达产年产品生产需新增流动资金合计 1 400 万元，铺底流动资金按本次新建投产后第一年新增流动资金的 25%估算为 350 万元，由企业自筹资金解决；第一年新增流动资金的 75%为 1 050 万元，由企业自有资金解决。

4.5　投资使用方案

本项目建设期按 3 年考虑，新增固定资产总投资为 15 521.3 万元（含建设期借款利息 390 万元），新增固定资产投资根据建设（新建）的进度计划要求投入，第一年资金投入估算为 4 656 万元，第二年资金投入估算为 4 656 万元，第三年资金投入估算为 6 209.3 万元。项目全部总投资=新增固定资产投资（含建设期利息）+铺底流动资金=15 521.3+350=15 871.3（万元）。

4.6　资金筹措方案

本项目建设总投资为 15 871.3 万元，包括新增固定资产总投资 15 521.3 万元和铺底流动资金 350 万元。

其中：

1）希望申请国家扶持资金投入 6 000 万元，约占建设总投资的 37.8%。

2）企业向银行申请长期借款资金投入 4 000 万元，约占建设总投资的 25.2%。

3）由企业自筹资金 5871.3 万元，约占建设总投资的 37%。

4.7　借款偿还计划

本项目建设投资长期借款 4 000 万元，项目投产后由企业利用各年新增税后利润的 50%和新增固定资产投资提取的折旧费的 50%，以及新增其他资产投资提取的摊销费的 50%来偿还借款本金，负债期间支付各年的长期借款利息，计入当年的成本费用。本项目长期借款偿还期为 6.2 年。

7　项目财务分析

7.1　编 制 依 据

1）国家发展改革委、建设部于 2006 年发布的《建设项目经济评价方法与参数》（第三版）中有关投资估算内容的规定。

2）国家国防科技工业局印发的《国防科技工业固定资产投资项目管理规定》（科工计〔2013〕1017 号文件）。

7.2　项目基本概况及基础数据

本项目的产品生产销售情况基础数据资料：无项目状态时，其销售收入按集团公司提供的现状产品销售收入估算；有项目状态时，产品生产规模及销售收入按集团公司现状销售收入加上本项目建成投产后计划生产纲领新增的生产销售数量合并测算。新增产品销售价格按集团公司提供的产品销售价格估算。主要销售收入由远洋发电机、压铸生产线和远洋机电产品零件生产线等组成。

1）远洋发电机的主要型号为 16kW 发电机，年生产 2 000 台，每台售价 6 万元。

2）压铸生产线年收入 7 000 万元。

3）远洋机电产品零件生产线年收入 5 000 万元。

产品生产成本和各项费用基础数据资料：无项目状态时，按集团公司财务部门提供的现状生产成本及各项费用估算；有项目状态时，按集团公司提供的新增产品的数量和新增单位产品生产成本并加上现状生产成本及按比例适当提高各项费用估算。

各项税费按国家有关规定的税率和费率计算。若产品为军品，则销售增值税和增值税附加均不缴纳。

本项目根据建设的要求，建设期按 3 年考虑，第四年投产，并于第六年达产。项目计算期按 13 年考虑，其中建设期为 3 年，计算生产经营期为 10 年。

7.3　产品成本费用估算

无项目状态时，原有产品的生产成本按企业现状产品的生产成本情况计算，各项费用按企业提供的现状数据资料计算；有项目状态时，新产品的生产成本按企业提供的单位产品成本预测估算，各项费用参照企业提供的现状数据资料扩大比例预测估算。

新增固定资产的折旧费综合按平均年限法估算，房屋建筑物折旧年限按 30 年考虑，机器设备折旧年限按 10 年考虑，残值率均为 5%，其他内容折旧年限按 10 年考虑，新增固定资产的年折旧费合计为 7 193 万元。新增其他资产的摊销费摊销年限按 10 年考虑。

7.4　盈利能力分析

本项目建设完成后，达产年可实现产品年销售收入 129 381 万元，年利润总额 7 255 万元，年所得税 1 814 万元，年税后利润 5 442 万元。因此通过本次新建，企业达产年可实现增量销售收入 24 000 万元。

本项目的平均总投资收益率为 11.6%，平均资本金净利润率为 13.5%。

项目全部投资现金流量的计算指标如下。

	所得税前	所得税后
财务内部收益率	16.2%	14.3%
财务净现值（i_c=12%）	14 640 万元	9 384 万元
投资回收期（含建设期）	5.2 年	5.9 年

项目增量全部投资现金流量的计算指标如下。

	所得税前	所得税后
财务内部收益率	20.2%	17.9%
财务净现值（i_c=12%）	13 850 万元	9 365 万元
投资回收期（含建设期）	4.9 年	5.7 年

7.5　清偿能力分析

本项目从长期借款还本付息情况来看，项目建设固定资产投资长期借款 4 000 万元，项目投产后由企业利用各年新增部分税后利润（约占年利润的 30%）和新增固定资产投资折旧费及新增其他资产摊销费来偿还借款本金，负债期间支付各年的长期借款利息，计入当年的成本费用。本项目长期借款偿还期为 6.2 年，因此本项目具有偿付长期借款的能力。

从本项目经营活动净现金流量、投资活动净现金流量、筹资活动净现金流量计算分析来看，本项目财务计划各年净现金流量均为正值，因此表明各年均有盈余资金来维持企业的正常运转经营。

从资产负债情况来看，项目资产负债率不高，从流动比例和速动比例来看，项目具有偿付流动负债的能力。

7.6　不确定性分析

7.6.1　盈亏平衡分析

生产能力利用率=年固定成本÷(年产品销售收入−年销售税金−年可变成本)×100%=40%。

由此计算分析可以看出，企业在确保实现产品销售收入的前提下，达产后产品生产开工率达到40%的盈亏平衡点时，即可达到保本不亏，如图7.1所示。

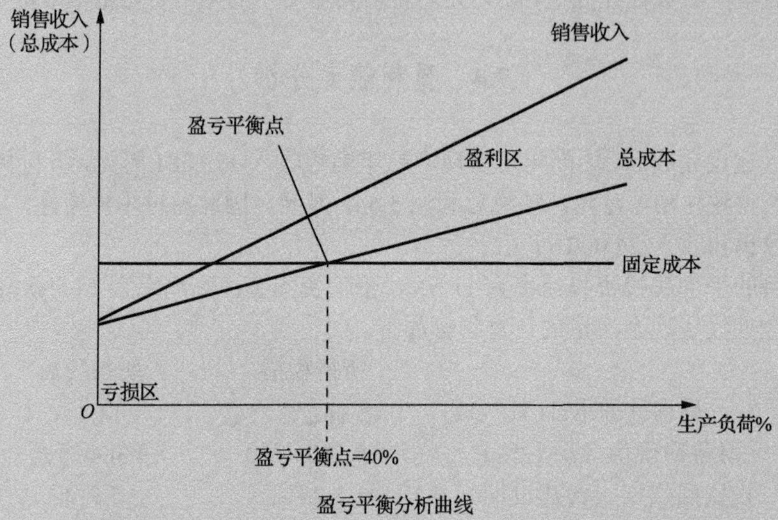

图7.1　盈亏平衡分析曲线

7.6.2　敏感性分析

通过对项目建设投资、产品销售收入和经营成本各不确定性因素按±10%的变化率计算分析，以及观察财务内部收益率的变化幅度，可以看出产品销售收入上升、下降的变化引起财务内部收益率变动的幅度最大，经营成本上升、下降的变动引起财务内部收益率变动的幅度次之，建设投资上升、下降的变动引起财务内部收益率变动的幅度居第三。再经过对建设投资、产品销售收入和经营成本各不确定性因素的敏感度系数的计算，可以看出产品销售收入变化对本项目来说最为敏感，经营成本的变化敏感程度次之，建设投资的变化对本项目来说敏感程度很低。

7.7　小　　结

综观以上项目建设投资财务分析，可以得出结论，本项目建设完成后，大华远洋有限公司不仅可以实现较高的销售收入和一定的利润，还可以向国家及地方政府缴纳较多的税金，因此，本项目基本方案在财务方面是可行的。

8 结　论

通过对大华远洋公司的远洋机载机电产品专业化基地项目的深入研究，我们发现该项目的实施和建设对南平公司具有重大意义。它不仅促进了南平公司增加高科技投入、优化产品结构，还推动了以远洋技术为依托的高新技术发展，加速了产品更新换代，增强了国际国内市场竞争力。通过优质资产重组、人员结构和组织管理结构的优化等现代化企业模式，南平公司能够充分把握主导产品的市场优势，抓住发展机遇，加大对高新技术产品和远洋机电产品的投入，瞄准世界先进水平，力求尽快实现规模生产，强化集约经营，全方位提升品牌的竞争力。

因此，本项目具有良好的实施条件和必要性。通过对项目的全面研究，可以看出该项目的投资具有明显的经济效益和社会效益。因此，该项目的建设，在技术、经济、社会等各方面都是可行的，希望得到国家资金的扶持，尽早得到实施。

本 章 小 结

本章介绍了项目前期的工作内容，包括投资机会研究、项目建议书、可行性研究、项目评估，可行性研究的内容要点及具体内容。在典型案例中列出了“大华远洋机载机电产品专业化基地项目”的可行性研究报告的目录和节选内容，对项目的投资估算和财务分析章节进行重点分析。

思考与练习

1. 项目前期的工作内容有哪些？
2. 投资方案的财务评价包含哪些内容？
3. 在项目决策阶段应考虑哪些风险？
4. 环境影响评价的主要目的是什么？

第 8 章　设备更新的经济分析

【学习目标】

1）熟悉设备更新的概念和设备磨损类型及其补偿；
2）了解设备更新经济分析的原则；
3）掌握设备寿命的形式及经济寿命的计算方法；
4）熟悉设备修理的类型和设备大修的经济界限；
5）熟悉原型设备更新与新型设备更新的经济分析方法；
6）掌握设备租赁与购置的决策方法。

【关键概念】

设备更新　有形磨损　无形磨损　设备寿命　设备自然寿命　设备技术寿命　设备折旧寿命　设备经济寿命　设备修理　原型设备更新　新型设备更新　设备租赁　经营租赁　融资租赁　租赁保证金　租金　担保费

8.1 设备更新概述

8.1.1 设备更新的概念

设备更新是指对在技术上或经济上不宜继续使用的设备，用新的设备更换或用先进的技术对原有设备进行改造，包括设备的现代化改装、设备更换、技术更新、设备大修等。

设备更新并不仅仅是因为设备损坏，还可能是因为现有设备已无法满足日益扩大的产品规模需求；或是因为出现的新设备比原有设备效率更高、成本更低；或是因为企业想投产另一种产品，而淘汰原有设备。因此，设备更新的目的是维持或提高企业生产力，提高企业效益。在设备更新方案的分析中，设备磨损及其补偿、设备寿命等问题至关重要。

8.1.2 设备磨损及其补偿

设备磨损是指设备在使用或闲置的过程中，在物理作用、化学作用或技术进步等影响下，设备遭受的损耗。磨损是设备性能降低的主要原因，也是对企业生产能力和经济效益产生不利影响的重要因素，因此，加强对设备磨损的研究显得尤为重要。磨损可分为有形磨损和无形磨损，设备磨损是有形磨损和无形磨损共同作用的结果。

1. 设备的有形磨损

有形磨损（visible wear）是指设备在使用或闲置过程中发生的实体磨损。有形磨损又分为第Ⅰ类有形磨损和第Ⅱ类有形磨损。

（1）第Ⅰ类有形磨损

运转中的设备在外力的作用下，零部件会产生摩擦、振动、疲劳等现象，导致设备的实体发生磨损、变形或损坏，这称为第Ⅰ类有形磨损，如零部件原始尺寸改变、形状发生改变、公差配合变化、零部件损坏等都属于第Ⅰ类有形磨损。

（2）第Ⅱ类有形磨损

第Ⅱ类有形磨损是指设备在闲置过程中，受自然力（如日照、潮湿和腐蚀性气体等）的作用，设备实体发生的磨损、变形或损坏，如设备生锈、金属腐蚀、橡胶和塑料老化等都属于第Ⅱ类有形磨损。

有形磨损会导致设备精度降低，设备故障增多，生产效率下降，使用费和维修费增加，甚至难以维持正常工作，进而丧失使用价值。

2. 设备的无形磨损

无形磨损（invisible wear）是指由于科学技术进步而导致原始设备价值的降低，也称精神磨损。无形磨损不是自然力作用或生产过程的使用造成的，因此，无形磨损不是设备实体的损坏，而是设备原有价值的贬值。无形磨损又分为第Ⅰ类无形磨损、第Ⅱ类无形磨损和第Ⅲ类无形磨损。

（1）第Ⅰ类无形磨损

第Ⅰ类无形磨损是指设备制造工艺改进、成本降低、劳动生产率提高而致使生产相同设备的价值降低，进而使原来购买的设备相应贬值。

在第Ⅰ类无形磨损下，设备的技术结构和经济性能并未改变，只是现有设备的原始价值部分贬值，因此不会影响现有设备的使用。

（2）第Ⅱ类无形磨损

第Ⅱ类无形磨损是不断出现技术更完善、更高效率的设备，而使原有设备显得陈旧落后。

在第Ⅱ类无形磨损下，不仅原设备的价值会降低，而且如果继续使用旧设备还可能使产品成本明显高于社会平均成本，即原设备的使用价值局部或全部丧失。

（3）第Ⅲ类无形磨损

第Ⅲ类无形磨损是指由于社会消费结构的变化，人们对生活质量要求的提高，某些如引起噪声污染、空气污染、水污染等的机械设备丧失使用价值或其使用受到限制。

技术进步加速了设备的无形磨损；使用强度加速了设备的有形磨损。设备磨损实际上是有形磨损和无形磨损共同作用的结果，也称综合磨损，两类磨损都将引起设备的原始价值贬值。不同的是，经有形磨损的设备，尤其是有形磨损严重的设备，在维修前通常是勉强工作，甚至不能工作；而经无形磨损的设备，即使无形磨损很严重但仍然可以使用，只是要判断其继续使用在经济上是否合理。

3. 设备磨损的补偿

设备因磨损而贬值，为了使生产得以正常或高效地进行，企业需要对磨损进行补偿。有一些有形磨损是可消除的，而有一些有形磨损是不可消除的。例如，零部件的弹性变形可以在拆卸后被校正，在使用中逐渐丧失的硬度可以通过热处理的方法恢复，表面粗糙度的增大可以通过重新加工表面来消除等，这些有形磨损是可以消除的；而零件断裂、材料老化等有形磨损是不可消除的。对于无形磨损，需要通过改善设备的技术性能，或提升生产工艺的先进性等来补偿。

可以将补偿的方式归结为 3 种形式，即修理、更换和现代化改装。由于设备磨损的形式不同，补偿磨损的方式也不相同。补偿又分为局部补偿和完全补偿。设备有形磨损的局部补偿是修理，设备无形磨损的局部补偿是现代化改装；有形磨损和无形磨损的完全补偿是更换，即淘汰旧设备，更换新设备。设备磨损的形式与补偿方式之间的关系如图 8.1 所示。

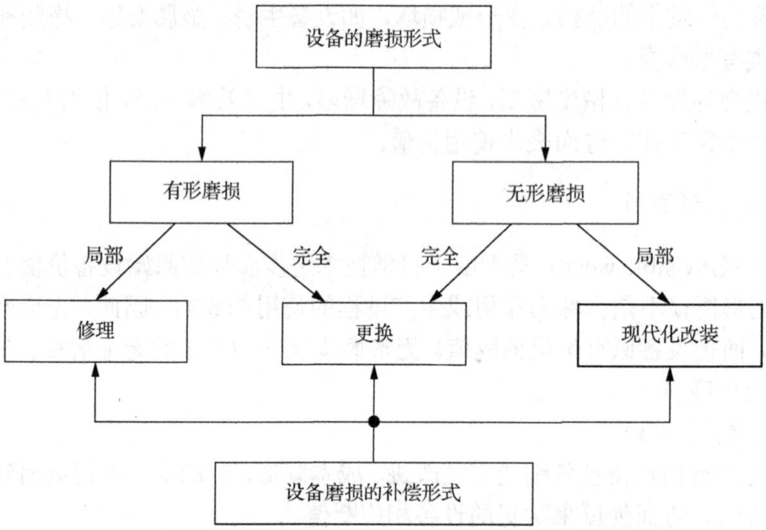

图 8.1　设备磨损的形式及补偿方式之间的关系

8.1.3　设备更新经济分析的原则

（1）客观公正，考虑机会成本

设备更新比较时，不能直接按照新旧设备的现金流量进行比较，若要保留旧资产，首先要付出相当于旧资产当前市场价值的现金。因此，应该站在客观公正的角度上，从机会成本的角度考虑现有设备当前的市场价值。

（2）方案比选时，仅依据费用比较

由于企业使用设备的目的是确定的，选择不同的设备均应达到相同的效果，在对设备更新方案进行比较时假定设备获得相同的收益。因此，方案比选时，只对其费用进行比较。

（3）以费用年值法为主要方法

通常在比较设备更新方案时，假定设备产生的收益是相同的，因此只对它们的费用进行比较。新设备往往具有较高的购置费和较低的运营成本，而要更新的旧设备往往具有较低的重置费和较高的运营成本。因此，通常根据不同设备方案的服务寿命，采用费用年值法进行分析比较。

（4）只考虑未来发生的现金流量

在设备更新分析中，只有现在的和未来的现金流量才应该纳入考虑的范畴。正在考虑更新的旧设备的任何未回收的价值都是过去决策的结果，也就是当初购买设备的决策，以及折旧方法和折旧年限决策的结果。可以使用沉没成本这一概念来区分设备的账面价值和市场价值，账面价值与市场价值之间的差额称为资产的沉没成本。沉没成本的计算公式为

$$沉没成本=旧设备账面价值-当前市场价值（余值）\tag{8.1}$$

沉没成本的计算公式也可表示为

沉没成本=旧设备原值-历年折旧费-当前市场价值（余值）　　(8.2)

设备更新时只考虑未来发生的现金流量，不考虑以前发生的现金流量及沉没成本，也就是说既不考虑设备原购买价格，也不考虑其账面价值。这些费用都不能恢复，与设备更新决策无关，因此计算时不予考虑。

8.2　设备的经济寿命

8.2.1　设备寿命的形式及其含义

设备寿命是指设备从开始投入使用到技术上或经济上不宜继续使用为止的时间。因为受到无形磨损和有形磨损的影响，设备寿命具有不同的形式，包括自然寿命（natural life）、技术寿命（technological life）、折旧寿命（depreciation life）、经济寿命（economic life）等。

1. 设备的自然寿命

设备的自然寿命也称物理寿命，是指设备从全新状态开始使用，直到通过大修也不再具有正常功能而进行报废的全部时间。设备的自然寿命由有形磨损决定，与使用环境、维修保养的好坏密切相关，通过改善使用环境及进行良好的维修保养可以提高设备的自然寿命。

2. 设备的技术寿命

设备的技术寿命是指设备从全新投入使用到因技术落后不能满足使用者需要的功能而被淘汰所持续的时间。设备的技术寿命由无形磨损决定，其一般短于自然寿命，且技术进步速度越快，设备的技术寿命越短。设备通过现代化改装可以延长其技术寿命。

3. 设备的折旧寿命

设备的折旧寿命是指按照国家财务通则和现行财务制度，将设备的原值通过折旧的方式转移到产品成本中，直到设备价值的残值折旧到账面值为零或为最终残值所经历的时间。折旧寿命一般短于设备的自然寿命和技术寿命。在我国，设备的折旧年限由国家统一规定。

4. 设备的经济寿命

设备的经济寿命是指经济角度上设备的最合理使用年限。具体来讲，是指设备从全新投入使用开始到如果继续使用在经济上不合理为止所经历的时间，它是有形磨损和无形磨损共同作用的结果。设备经济寿命的思想和计算原理是设备更新的理论基础，是确定设备最佳更新期的主要依据。

8.2.2　设备经济寿命的确定

设备的经济寿命是由设备的年均投资成本和年均运营成本决定的。年均投资成本是分摊到各使用年份的年度设备成本费，由购置费和设备残值组成。年均运营成本是由运行费用、维修费用及因停机而造成的损失组成的。随着设备使用年限的延长，年均投资成本逐年降低，但年均运营成本越来越高。因此，存在某一年份，设备的年均总成本最小，这个年份为设备的经济寿命。

因为设备更新的最佳时机往往取决于设备的经济寿命，所以要科学合理地确定设备的经济寿命。其计算方法有静态计算法和动态计算法两种，它们均假设设备产生的收益相同，因此只比较设备的成本。

1. 经济寿命的静态计算法

（1）表格计算法

设备的年均总成本由设备的年均投资成本和年均运营成本构成，其随时间的变化规律如图 8.2 所示，年均总成本最小值对应的年份即为经济寿命。

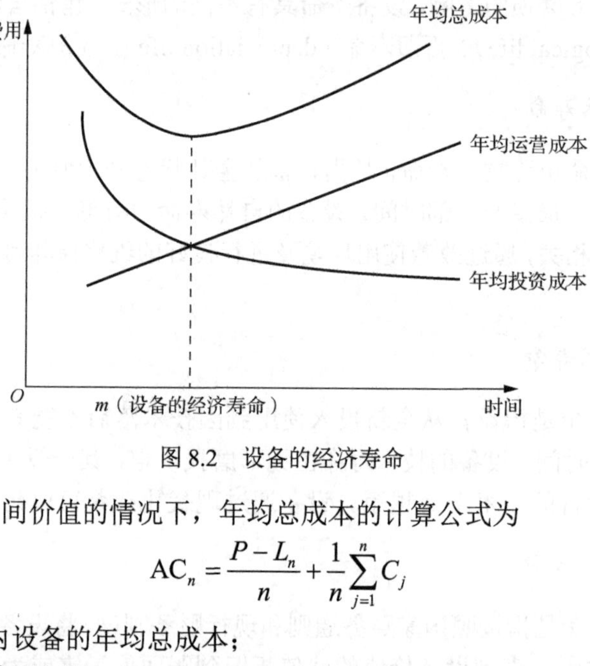

图 8.2　设备的经济寿命

在不考虑资金时间价值的情况下，年均总成本的计算公式为

$$\mathrm{AC}_n=\frac{P-L_n}{n}+\frac{1}{n}\sum_{j=1}^{n}C_j \tag{8.3}$$

式中，AC_n——n 年内设备的年均总成本；

n——设备的使用年限；

j——设备的使用年度，j 的取值范围为 1～n；

P——设备的购置成本，即设备原值。

C_j——在 n 年使用期间内的第 j 年度设备的运营成本；

L_n——设备在第 n 年的净残值。

在所有的设备使用年限中，使设备年均总成本 AC_n 最小的使用年限即为设备的经济寿命。若设备的经济寿命为 m 年，则

$$\mathrm{AC}_m=\min\{\mathrm{AC}_1,\mathrm{AC}_2,\mathrm{AC}_3,\cdots,\mathrm{AC}_{n-1},\mathrm{AC}_n\} \tag{8.4}$$

【例 8.1】 某型号设备的原始价值为 32 000 元，使用寿命为 7 年，有关资料如表 8.1 所示，不考虑利息，求该设备的经济寿命。

表 8.1　某型号设备使用过程的统计数据　　　　单位：元

使用年度 j	1	2	3	4	5	6	7
第 j 年度的运营成本	4 000	5 000	7 000	9 000	11 000	14 000	18 000
第 j 年末残值	20 000	12 000	9 000	7 000	5 000	3 000	2 000

解：根据式（8.3）计算该设备在不同使用期限的年均总成本，如表 8.2 所示。

表 8.2　某型号设备年均总成本的计算 1　　　　单位：元

使用年限 n	年末残值 L_n	年均投资成本 $\frac{P-L_n}{n}$	年度运营成本 C_j	年均运营成本 $\frac{1}{n}\sum_{j=1}^{n}C_j$	年均总成本 AC_n
①	②	③=(32 000−②)/①	④	⑤=Σ④/①	⑥=③+⑤
1	20 000	12 000	4 000	4 000	16 000
2	12 000	10 000	5 000	4 500	14 500
3	9 000	7 667	7 000	5 333	13 000
4	7 000	6 250	9 000	6 250	12 500
5	5 000	5 400	11 000	7 200	12 600
6	3 000	4 833	14 000	8 333	13 166
7	2 000	4 286	18 000	9 714	14 000

从表 8.2 中可以看出，该设备使用 4 年时，其年均总成本最低，AC_m=12 500 元，故该设备的经济寿命为 4 年。

（2）公式计算法

假定设备运营成本的逐年递增额 $\Delta C_t = \lambda$ 为常量，称为设备的低劣化值，设 C_t 为设备第 t 年的运营成本，则设备使用 n 年的年均总成本为

$$
\begin{aligned}
AC_n &= \frac{P-L_n}{n} + \frac{1}{n}\sum_{t=1}^{n} C_t \\
&= \frac{P-L_n}{n} + C_1 + \frac{1}{n}\left[\lambda + 2\lambda + \cdots + (n-1)\lambda\right] \\
&= \frac{P-L_n}{n} + C_1 + \frac{1}{2n}\left[n(n-1)\lambda\right] \\
&= \frac{P-L_n}{n} + C_1 + \frac{1}{2}\left[(n-1)\lambda\right]
\end{aligned} \tag{8.5}
$$

若要使年均总成本 AC_n 最小，则需要对式（8.5）中的 n 求导数，令其为零，可得

$$\frac{\mathrm{d}AC_n}{\mathrm{d}n} = -\frac{P-L_n}{n^2} + \frac{\lambda}{2} = 0$$

则使导数为零的 n 值即为设备的经济寿命 m

$$m = \sqrt{\frac{2(P-L_n)}{\lambda}} \tag{8.6}$$

需要注意的是，在式（8.6）的推导过程中，假定 L_n 为常量，不随使用年限的变化而变化，因此，用此公式计算求得的经济寿命与实际情况存在差距。

【例 8.2】 已知某型号机床的购置费用为 20 000 元，使用费用第 1 年为 3 000 元，以后每年增加 1 000 元，预计残值均为 4 000 元，如果不计算利息，求该型号机床的经济寿命。

解：由式（8.6）可得

$$m=\sqrt{\frac{2\times(20\,000-4\,000)}{1\,000}}\approx 6\text{（年）}$$

因此，该型号机床的经济寿命是 6 年。

2. 经济寿命的动态计算法

计算动态的经济寿命，需要考虑资金的时间价值，即在计算设备的年均投资成本和年均运营成本时应考虑时间因素。

设备年均总成本的计算公式为

$$\mathrm{AC}_n=P(A/P,i,n)-L_n(A/F,i,n)+\sum_{j=1}^{n}C_j(P/F,i,j)(A/P,i,n) \tag{8.7}$$

【例 8.3】 根据例 8.1 的数据，并设基准收益率 $i_c=10\%$，计算设备的经济寿命。

解：计算该设备在不同使用期限的年均总成本，如表 8.3 所示。

表 8.3　某型号设备年均总成本的计算 2　　单位：元

使用年限	年末残值	年均残值	年均投资成本	年度运营成本	年度运营成本现值	年均运营成本	年均总成本 AC_n
①	②	③	④	⑤	⑥	⑦	⑧=④-③+⑦
1	20 000	20 000	35 200	4 000	3 636	4 000	19 200
2	12 000	5 714	18 438	5 000	4 132	4 476	17 200
3	9 000	2 719	12 867	7 000	5 259	5 238	15 386
4	7 000	1 509	10 096	9 000	6 147	6 049	14 636
5	5 000	819	8 442	11 000	6 830	6 860	14 483
6	3 000	389	7 347	14 000	7 903	7 785	14 743
7	2 000	211	6 573	18 000	9 238	8 862	15 224

注：③=②$(A/F,10\%,j)$，④=32 000×$(A/P,10\%,j)$，⑥=⑤$(P/F,10\%,j)$，⑦=Σ⑥$(A/P,10\%,j)$。

从表 8.3 中可以看出，该设备使用 5 年时，其年均总成本最低，AC_n=14 483 元，故该设备的经济寿命为 5 年。

8.3　设备更新方案的经济分析

设备更新方案的实质是确定正在使用的设备是否更新、何时更新、如何更新等问题。理论上设备更新的最佳期限为其经济寿命，但值得说明的是，在研究设备的经济寿命时，只是从设备的年平均费用着手，而忽略了资金和技术进步等影响因素对设备更新的制约。因此，在研究设备的经济寿命的基础上，应该对设备的更新时机做进一步的研究。

8.3.1　设备修理的经济分析

1. 设备修理概述

设备修理可分为日常维护、小修、中修和大修。日常维护是指对设备进行润滑与清洁、定期检验与调整、消除部分零部件磨损等维修内容；小修主要是进行设备调整、修复、更换个别零部件；中修需要进行设备的部分解体并调整、修复或更换磨损的零部件；大修需要进行设备的全部解体，全面消除缺陷，使设备性能基本恢复并接近出厂标准，从而延长设备的自然寿命。

大修是维修工作中规模最大、花费最多的一种设备磨损补偿方式，所以对设备修理工作的经济性分析，主要是针对设备大修。设备大修是对发生磨损的设备，采用较大范围或规模的调整、修复或更换已经磨损的零部件的方法，恢复或基本恢复设备局部丧失的生产能力。

由于大修方案能够利用被保留下来的零部件，从而能在一定程度上节省资源，故与购置新设备相比，大修更加经济。但在实践过程中，大修过的设备无论从精度、运行速度、故障率等技术方面，还是从生产率、有效运行时间等经济方面，与同类型的新设备都无法比拟，其综合性能都有不同程度的降低。设备每经过一次大修，恢复的性能标准总是要比新设备或前一次修理后达到的性能标准降低一定的水平。在修理过一定的次数后，其综合性能指标，尤其是经济性能指标将无法达到继续使用的要求，或者超出一定的经济界限，这时再修理就是不经济的行为。

如图 8.3 所示，A 点表示新设备的标准性能水平，设备在使用过程中，其性能会沿着 AM_1 线下降，根据使用情况选择在 T_1 时刻进行第一次大修，大修后其性能恢复至 M 点所表示的性能水平。可以看出，M 点所表示的性能水平低于 A 点所表示的性能水平，即经过第一次大修后设备的性能水平比新设备的性能水平下降了一些。自 M 点继续使用，其性能又沿着 MN_1 线继续劣化，当其性能降至 N_1 点（T_2 时刻）时又需要大修，大修之后设备性能恢复至 N 点所表示的性能水平，这时的性能水平比 M 点所表示的性能水平又下降了一些。随着设备使用时间的增长，大修次数不断增加，设备的性能将不断劣化。假设 S 点代表的性能水平为维持设备运转所需要的最低界限，图中 A、M、N、P、Q、R、S 各点连接起来形成的曲线就表示了设备在使用过程中劣化的趋势，当设备经过数次大修后，设备的劣化趋势达到或超过 S 点所表示的这个界限时就没有修理的必要了。

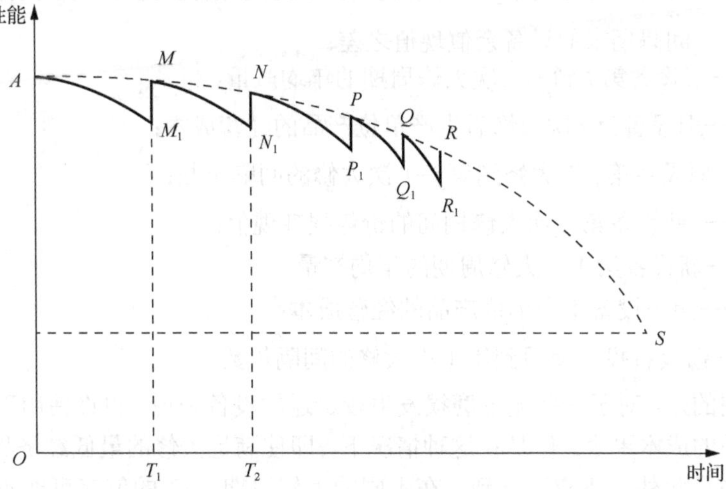

图 8.3　大修设备性能劣化曲线

随着设备大修次数的增长，设备性能呈现劣化趋势，设备大修费用将越来越高，且大修间隔期越来越短，设备经过多次大修后再采用修理的方案就未必经济合理了，因而首先要对大修方案进行经济分析，再将大修方案与设备更新的其他方案进行比较，从而做出是否更新的决策。

2. 设备大修的经济界限

若设备的某次大修费用超过了购置同种设备所需要的费用，显然该次大修在经济上不具有合理性，通常把这一标准称为设备进行大修的最低经济界限，用公式表示为

$$R \leqslant P - L \tag{8.8}$$

式中，R——超过购置同种设备所需费用的大修费用；

P——同种设备的重置价值，即同种新设备在大修时的市场价格；

L——旧设备被替换时的残值。

设备大修后，其性能与新设备相比仍差一些，这可能会造成生产单位产品的成本比同种新设备生产单位产品的成本更高，因此，符合大修的最低经济界限并不一定是最佳方案。不能仅从大修费用与设备价值之间的关系来判断是否进行大修，而必须与生产成本相联系，应当使在大修后使用该设备生产的单位产品成本不超过使用相同新设备生产的单位产品的成本。

大修的另一条经济界限是

$$C_j \leqslant C_o \tag{8.9}$$

式中，C_j——用第 j 次大修后的旧设备生产单位产品的成本；

C_o——用具有相同功能的新设备生产单位产品的成本。

$$C_j = (R_j + \Delta V_j)(A/P, i_c, T_j)/Q_j + C_{gj} \tag{8.10}$$

$$C_o = \Delta V_{o1}(A/P, i_c, T_{o1})/Q_{o1} + C_{go1} \tag{8.11}$$

式中，R_j——旧设备第 j 次大修的费用；

ΔV_j——旧设备运行到第 $j+1$ 次大修期间的价值损耗现值，其值为第 $j-1$、j 次大修间隔期末的设备余值现值之差；

Q_j——旧设备第 j 到 $j+1$ 次大修周期的年均产量；

C_{gj}——旧设备第 j 次大修后生产单位产品的经营成本；

T_j——原设备第 j 次大修到第 $j+1$ 次大修的间隔年数；

ΔV_{o1}——新设备第 1 次大修期间的价值损耗现值；

Q_{o1}——新设备第 1 次大修周期的年均产量；

C_{go1}——用新设备生产单位产品的经营成本；

T_{o1}——新设备投入使用到第 1 次大修的间隔年数。

值得说明的是，对于一些无形磨损发生较迅速的设备来说，也许使用现代化的新设备生产单位产品的成本更少。但是在这种情况下，即使满足大修的最低经济界限，这种大修也是不合理的。此外，还应注意到，在不同的大修周期，C_j 的值有可能不相同。例如，在第一次大修周期内的 $C_o > C_j$，并不等同于在以后各次的大修周期内同样满足 $C_o > C_j$。故设备大修周期数也是大修经济评价中应注意的问题。

【例 8.4】 某工厂现有一台已使用 6 年的家具加工设备，重估价值为 4 500 元，拟进行第一次大修，预计大修费为 6 000 元，大修后，该设备年均加工产品 7 万套，年均运营成本为 13 000 元。设备经大修后，可继续使用 5 年，那时设备的价值为 3 000 元，目前，市场同类型新设备的价值为 35 000 元，平均每年加工产品 9 万套，年均运营成本为 8 000 元，预计使用 6 年进行第一次大修，此时设备的残值为 7 000 元。基准收益率为 10%，试为该工厂设备大修方案进行决策。

解：根据大修最低经济界限条件，该设备的第一次大修费用 6 000 元小于更换新设备所需的净费用（35 000−4 500=30 500 元），因此，满足大修最低经济界限条件。

再比较单位产品成本：

$$C_j = \{[6\,000 + 4\,500 - 3\,000 \times (P/F,10\%,5)](A/P,10\%,5) + 13\,000\} \div 7$$

$$= 2\,182.65\text{（元/万套）}$$

$$C_o = \{[35\,000 - 7\,000 \times (P/F,10\%,6)](A/P,10\%,6) + 8\,000\} \div 9$$

$$= 1\,680.97\text{（元/万套）}$$

$$C_j > C_o$$

现有设备大修后的单位产品生产成本大于同类型新设备的单位产品生产成本，不满足大修的第二条经济界限，因此，该工厂应该放弃大修的方案，而应购置一台新设备。

8.3.2　原型设备更新的经济分析

原型设备更新是指设备因磨损而不能继续使用，但是在整个使用时期内尚未出现功能更完善、性能更先进的设备，此时可以用同类型的新设备更换旧设备。当设备到达经济寿命时，其年均总成本最低，若提前更新或推迟更新，都将花费更高的年均总成本，因此，原型设备更新的最佳时机就是设备使用时间正好达到其经济寿命之时。

原型设备更新方案的比较步骤主要有以下 3 个。

1）确定各方案共同的研究期。

2）用费用年值法确定各方案设备的经济寿命。

3）通过比较每个方案设备的经济寿命确定最佳方案，即旧设备是否更新及设备未来的更新周期。

【例 8.5】 某型号推土机的购置费为 480 000 元，其各年该推土机残值及运营成本如表 8.4 所示。基准收益率为 10%，问该推土机何时更新为宜？此时年均总成本是多少？

表 8.4　某型号推土机使用过程中的统计数据　　单位：元

使用年度 j	1	2	3	4	5	6	7
年度运营成本 C_j	60 000	75 000	105 000	135 000	165 000	210 000	270 000
设备残值 L_n	300 000	180 000	135 000	185 000	75 000	45 000	30 000

解：确定设备更新的最佳时机就是要确定其经济寿命，根据式（8.7）进行计算，计算结果如表 8.5 所示。

表 8.5 某型号推土机年均总成本的计算 单位：元

使用年限	年均投资成本 $P(A/P,i,n)$	年均残值 $L_n(A/F,i,n)$	年度运营成本现值 $C_j(P/F,i,j)$	年均运营成本 Σ④ $(A/P,i,n)$	年均总成本 ②-③+⑤
①	②	③	④	⑤	⑥
1	528 000	300 000	54 546	60 000	288 000
2	276 576	85 716	61 980	67 142	258 002
3	193 008	40 784	78 887	78 576	230 800
4	151 440	39 868	92 205	90 743	202 315
5	126 624	12 285	102 449	102 900	217 239
6	110 208	5 832	118 545	116 777	221 153
7	98 592	3 162	138 564	132 930	228 360

年均总成本的计算过程以第 4 年为例，具体如下。

$$P(A/P,i,n) = 480\,000 \times (A/P,10\%,4) = 480\,000 \times 0.315\,5 = 151\,440\text{（元）}$$

$$L_n(A/F,i,n) = 185\,000 \times (A/F,10\%,4) = 185\,000 \times 0.215\,5 = 39\,868\text{（元）}$$

$$C_j(P/F,i,j) = 135\,000 \times (P/F,10\%,4) = 135\,000 \times 0.683\,0 = 92\,205\text{（元）}$$

$$\sum_{j=1}^{n} C_j(P/F,i,j)(A/P,i,n) = (54\,546 + 61\,980 + 78\,887 + 92\,205) \times (A/P,10\%,4)$$

$$= 287\,618 \times 0.315\,5 = 90\,743\text{（元）}$$

$$\text{AC}_n = P(A/P,i,n) - L_n(A/F,i,n) + \sum_{j=1}^{n} C_j(P/F,i,j)(A/P,i,n)$$

$$= 151\,440 - 39\,868 + 90\,743 = 202\,315\text{（元）}$$

根据表 8.5 可知，该型号推土机的经济寿命为 4 年，因此，第 4 年时更新为宜，此时，其年均总成本是 202 315 元。

8.3.3 新型设备更新的经济分析

新型设备更新是指以生产效率高、性能先进、经济效果好的设备替换已磨损不能继续使用或虽可以继续使用，但在经济上继续使用已不合理的现有旧设备。因此，新型设备更新的经济分析是选择继续使用旧设备还是购置新设备更换旧设备的问题。一般假定现有设备可被其经济寿命期内等额总成本最低的设备取代，通过两种方案的经济分析，从而做出合理的决策。

【例 8.6】 某企业 5 年前购得设备甲，当时的购置费为 57 000 元，目前尚可继续使用 5 年，预计使用期末残值为 3 000 元，年度运营成本为 12 000 元。现市场上出现新型设备乙，购置费为 60 000 元，预计可使用 12 年，期末残值为 2 000 元，年度运营成本为 5 000 元，若选择购买设备乙，则出售设备甲可得到 15 000 元。已知基准收益率为 12%，请问是否进行设备更新？

解： 绘制现金流量图如下。

设备甲：

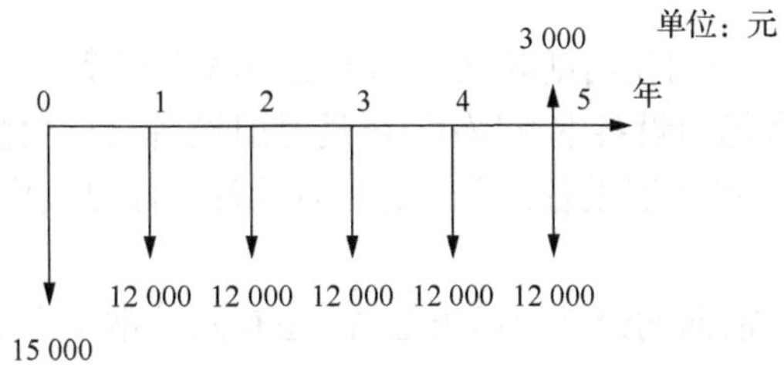

设备乙：

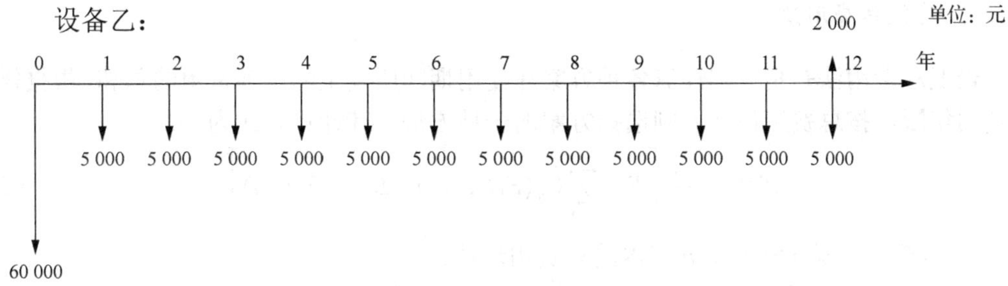

$$\begin{aligned}AC_{甲} &= 15\,000\times(A/P,12\%,5)+12\,000-3\,000\times(A/F,12\%,5)\\ &= 15\,000\times0.277\,4+12\,000-3\,000\times0.157\,4=15\,688.8\text{（元）}\\ AC_{乙} &= 60\,000\times(A/P,12\%,12)+5\,000-2\,000\times(A/F,12\%,12)\\ &= 60\,000\times0.161\,4+5\,000-2\,000\times0.041\,4=14\,601.2\text{（元）}\end{aligned}$$

$AC_{甲}>AC_{乙}$，所以应选择购买设备乙。

8.3.4　设备现代化改装的经济分析

当今科技发展日新月异，新技术的研发与应用推动了新设备的发明与制造，从而生产效率得到了很大的提高。以高速切削加工机床为例，高速切削作为模具行业切削加工的发展趋势，能克服普通机床转速受限导致的加工不足，为避免购买高速切削加工机床带来的高昂成本，可在普通机床的基础上加装电动机内藏式电动增速器，以经济有效的方式解决问题。同样，其他行业在短期内要全面更换陈旧设备既不经济也不现实，通过升级旧机型更换新部件和新附件，是更为可行的途径。

设备的现代化改装是设备更新的另一种方式，是指应用新技术，给原有设备装上或更换新部件、新附件、新装置，从而改变原有设备的结构，改善原有设备的性能，增加设备的某些功能，使之全部达到或局部达到新设备的技术水平。

设备现代化改装具有如下突出优点。

1）现代化改装是克服原有设备技术陈旧状态，消除第Ⅱ类无形磨损的有效手段。

2）因为现代化改装可以利用原有设备的零部件，所以所需费用通常低于购置新设备的费用，具备经济性的优势。

3）因为现代化改装是针对生产的具体需要进行的，所以改装后的设备一般对生产具有更强的适应性。

8.3.5 设备更新方案的综合比较

设备更新的方案有多种，当旧设备达到一定的使用期限或达到一定的磨损程度时，要综合比较各种更新方案的经济合理性，即要考虑旧设备继续留用，还是对旧设备进行大修，或是对旧设备进行原型更新，或是用新型设备更新旧设备，抑或是对旧设备进行现代化改装等，从各方案中决策出总费用最小的方案。

对以上更新方案进行综合比较时，除参考前面的经济分析方法外，还有两种常用方法：最低总费用法和差额投资回收期法。

1. 最低总费用法

最低总费用法是指分别计算各种方案在使用期间所发生的各项费用的总和，根据需要的使用年限，按总费用最低原则选择方案的一种方法。其计算公式为

$$\mathrm{PVC}_i=\frac{1}{\alpha_i}\left[P_i+\sum_{j=1}^{n}C_{ij}(P/F,i_\mathrm{c},j)-L_{in}(P/F,i_\mathrm{c},n)\right] \tag{8.12}$$

式中，PVC_i——第 i 种方案 n 年内的总费用现值；

P_i——第 i 种方案所需的设备投资；

C_{ij}——第 i 种方案在第 j 年的运营成本；

L_{in}——第 i 种方案到第 n 年的残值；

α_i——第 i 种方案的生产效率系数，一般将原型新设备的生产效率系数定为准值，即取值为 1。

2. 差额投资回收期法

一般情况下，设备大修、现代化改装与设备更新的投资的关系有

$$\begin{cases}K_r<K_m<K_n\\C_r>C_m>C_n\\Q_r<Q_m<Q_n\end{cases} \tag{8.13}$$

式中，r、m、n——设备大修、现代化改装、设备更新方案；

K_r、K_m、K_n——设备大修、现代化改装、设备更新的投资；

C_r、C_m、C_n——设备大修、现代化改装、设备更新的单位产品成本；

Q_r、Q_m、Q_n——设备大修、现代化改装、设备更新的年生产量。

1）当 $\frac{K_r}{Q_r}>\frac{K_m}{Q_m}$ 且 $C_r>C_m$ 时，表示现代化改装不仅投资少，而且节约经营成本，但这种情况较少。

2）当 $\frac{K_r}{Q_r}<\frac{K_m}{Q_m}$ 且 $C_r>C_m$ 时，需要用差额投资回收期指标 P_a 进行判断。

$$P_\mathrm{a}=\frac{\dfrac{K_m}{Q_m}-\dfrac{K_r}{Q_r}}{C_r-C_m} \tag{8.14}$$

若 $P_\mathrm{a}\leqslant P_\mathrm{c}$，则选择设备现代化改装方案，否则选择设备大修方案。

式中，P_a——差额投资回收期；

P_c——基准投资回收期。

3）当 $\frac{K_m}{Q_m} > \frac{K_n}{Q_n}$ 且 $C_m > C_n$ 时，表示设备更新方案较优，但这种情况也较少。

4）当 $\frac{K_m}{Q_m} < \frac{K_n}{Q_n}$ 且 $C_m > C_n$ 时，需要用差额投资回收期指标 P_a 进行判断。

$$P_a = \frac{\frac{K_n}{Q_n} - \frac{K_m}{Q_m}}{C_m - C_n} \tag{8.15}$$

若 $P_a \leqslant P_c$，则选择设备更新方案，否则选择现代化改装方案。

8.4　设备租赁的经济分析

8.4.1　设备租赁概述

通过自有资金、借入资金购置或研制设备是企业获取设备的一个重要途径，但当企业资金紧张、筹款困难，或者设备专业化程度高、结构复杂、难以研制时，可以选择通过租赁方式获得设备。

设备租赁是设备使用者（承租人）按照合同约定，按期向设备所有者（出租人）支付一定费用而取得设备使用权的一种经济活动。租赁的方式主要有经营租赁和融资租赁两种。

（1）经营租赁

经营租赁是指在一定时期内，承租人支付租金而拥有设备使用权的行为。经营租赁时，出租人除向承租人提供租赁设备外，一般还要承担设备的维修、保养及保险费用等。承租人不获得该设备的所有权，只是支付相应租金来取得设备的使用权。经营租赁具有可撤销性、短期性、租金高等特点，适用于技术更新快、用途广、使用季节性强的设备。经营租赁设备的租赁费应计入企业成本，以减少企业所得税。

（2）融资租赁

融资租赁中双方明确租赁的期限和付费义务，出租人按照要求提供规定的设备，然后以租金形式回收设备的全部资金，出租人对设备的整机性能、维修保养等不承担责任。融资租赁是以融通资金和对设备的长期使用为前提的，租赁期相当于或超过设备的寿命期，具有不可撤销性、租期长等特点，适用于大型设备、专有技术设备。

（3）设备租赁的优缺点

1）设备租赁的优点。

① 在资金紧张或筹款困难时，可以使用较少资金获得生产急需、技术先进的设备。

② 可以加快设备更新速度，同时降低由于设备陈旧、技术落后而给企业带来的风险。

③ 可以规避通货膨胀、利率波动的影响，降低企业投资风险。

④ 可以避免购置的一些季节性或临时性设备的闲置，以提高设备的利用率。

⑤ 设备租赁费用可在计算企业所得税前扣除，以减少企业所得税支出，为企业带来较

多的利益。

2）设备租赁的缺点。

① 在租赁期间，承租人对租用设备只有使用权而无所有权，所以承租人无权随意改造或处置设备，也不能将设备用于担保、抵押贷款等。

② 在租赁期间，承租人所交的租金总额一般比直接购置设备的费用高，因而使用成本一般较高。

③ 长年支付租金，形成承租人的长期负债。

④ 融资租赁合同规定严格，毁约要赔偿损失。

因为设备租赁既有优点又有缺点，所以在选择设备租赁前要进行认真的分析论证，一般在决策前要对设备租赁或购置进行经济分析，以选择最优方式。

8.4.2　租赁与购置的决策分析

租赁设备或购置设备的决策，首先应根据企业生产经营目标和状况提出设备更新的投资建议；其次拟定几套包含购置或租赁的设备投资更新方案；再次制定定性分析筛选方案，包括企业财务能力分析、设备技术风险分析、使用维修特点分析等；最后进行定量分析并优选方案，决定租赁设备或购置设备。

企业采用租赁设备还是购置设备取决于它们在经济上的比较，方法与一般互斥投资方案的比选方法相同。如果设备给企业带来的收入相同，则只需要比较租赁费用和购置费用。当设备寿命相同时，可以采用净现值法；当设备寿命不同时，可以采用年值法。无论采用净现值法还是年值法，都应选用收益效果大或成本较低的方案。

采用设备租赁的方案，租赁费可以直接计入成本，其年净现金流量为

$$\begin{aligned}\text{年净现金流量}&=\text{营业收入}-\text{经营成本}-\text{租赁费}-\text{所得税率}\\&\quad\times(\text{营业收入}-\text{经营成本}-\text{租赁费})\end{aligned}\tag{8.16}$$

而在相同条件下购置设备方案的年净现金流量为

$$\begin{aligned}\text{年净现金流量}&=\text{营业收入}-\text{经营成本}-\text{设备购置费}-\text{所得税率}\\&\quad\times(\text{营业收入}-\text{经营成本}-\text{折旧费})\end{aligned}\tag{8.17}$$

【例 8.7】 某筑路企业为了业务需要，急需一台摊铺设备。如果直接购买，则其购置费用为 300 万元，使用寿命为 15 年，设备的净残值为 10 万元。如果通过租赁方式获得设备的使用权，则每年需要支付设备租金 33 万元。无论购置还是租赁，每年均需支出 30 万元的运营费用和 20 万元的各种维修费用。如果基准收益率为 10%，请分别运用现值法和年值法分析该企业应购置设备还是应租赁设备。

解： 1）采用现值法进行分析计算。

选择购置设备时，其费用现值为

$$\begin{aligned}PVC_{\text{购}}&=300+30\times(P/A,10\%,15)+20\times(P/A,10\%,15)-10\times(P/F,10\%,15)\\&=300+30\times7.6061+20\times7.6061-10\times0.2394\\&=677.911\text{（万元）}\end{aligned}$$

选择租赁设备时，其费用现值为

$$\begin{aligned}PVC_{\text{租}}&=33\times(P/A,10\%,15)+30\times(P/A,10\%,15)+20\times(P/A,10\%,15)\\&=33\times7.6061+30\times7.6061+20\times7.6061\\&=631.306\text{（万元）}\end{aligned}$$

因为 $PVC_{购} > PVC_{租}$，所以该企业应租赁设备。

2）采用年值法进行分析计算。

选择购置设备时，其费用年值为

$$
\begin{aligned}
AC_{购} &= 300 \times (A/P,10\%,15) + 30 + 20 - 10 \times (A/F,10\%,15) \\
&= 300 \times 0.1315 + 30 + 20 - 10 \times 0.0315 \\
&= 89.135\text{（万元）}
\end{aligned}
$$

选择租赁设备时，其费用年值为

$$
\begin{aligned}
AC_{租} &= 33 + 30 + 20 \\
&= 83\text{（万元）}
\end{aligned}
$$

与现值法计算结论相同，仍然是 $AC_{购} > AC_{租}$，分析结果仍然是该企业应租赁设备。

【例 8.8】 某企业需要引进一台设备，其购置费为 250 000 元，使用寿命为 5 年，期末残值为 10 000 元。该设备也可以租赁，每年年末支付租赁费用 65 000 元。该设备每年可为企业获得营业收入 120 000 元，需缴纳税率为 20%的所得税，年末纳税。折旧采用直线法，基准收益率为 12%。请分析该企业应购置设备还是应租赁设备。

解：1）采用购置设备方式

$$\text{年折旧费} = (250\,000 - 10\,000) \div 5 = 48\,000\text{（元）}$$

$$\text{营收各年所得税} = (120\,000 - 48\,000) \times 0.2 = 14\,400\text{（元）}$$

$$\text{营收各年净现金流量} = 120\,000 - 14\,400 = 105\,600\text{（元）}$$

计算净现值：

$$
\begin{aligned}
NPV_{购} &= -250\,000 + 105\,600 \times (P/A,12\%,5) + 10\,000 \times (P/F,12\%,5) \\
&= -250\,000 + 105\,600 \times 3.6048 + 10\,000 \times 0.5674 \\
&= 136\,341\text{（元）}
\end{aligned}
$$

2）采用租赁设备方式

$$\text{营收各年所得税} = (120\,000 - 65\,000) \times 0.2 = 11\,000\text{（元）}$$

$$\text{营收各年净现金流量} = 120\,000 - 65\,000 - 11\,000 = 44\,000\text{（元）}$$

计算净现值：

$$
\begin{aligned}
NPV_{租} &= 44\,000 \times (P/A,12\%,5) \\
&= 44\,000 \times 3.6048 \\
&= 158\,611\text{（元）}
\end{aligned}
$$

因为 $NPV_{购} < NPV_{租}$，所以该企业应租赁设备。

8.4.3　租赁费用的确定

（1）租赁费用的构成

租赁费用主要包括租赁保证金、租金和担保费等。

1）租赁保证金。为了保障租赁合同的顺利执行，承租人必须交纳一定数额的租赁保证金。当租赁合同结束时，租赁保证金将被退还给承租人或抵扣最后几期租金。保证金一般按合同金额或设备价格的一定比例计算。

2）租金。租金是租赁双方签订的租赁合同中最重要的内容，直接影响出租人和承租人的利益。出租人要从取得的租金中得到出租资产的补偿和收益，承租人则要比照租金核算成本，同时也需要通过租赁设备获取一定的预期利润。影响租金的因素有很多，如设备的价格、融资的利息及财务费用、各种税金、租赁保证金、运费、各种费用的支付时间、租金采用的计算公式等。

3）担保费。出租人一般要求承租人提供担保人以对该租赁交易进行担保，当承租人不能支付租金时，由担保人代为支付。一般情况下，承租人需要支付给担保人一定数额的担保费用。

（2）租金的确定

租金的计算主要有附加率法和年值法两种方法。

1）附加率法。附加率法是指在租赁设备的价格或评估价值上再加上一个特定的比率来计算租金。

$$R = P(1+Ni)/N + Pr \tag{8.18}$$

式中，R——租赁设备的租金；

P——租赁设备的价格；

N——租赁期数，可按月、季、半年、年等计；

i——基准收益率；

r——附加率。

【例 8.9】 某企业计划从设备公司租赁一台搅拌机，该搅拌机的价格为 100 000 元，租期 4 年，每年年末支付租金，基准收益率为 12%，附加率为 6%，请问每年该企业应该支付给设备公司多少租金？

解： $R = 100\,000\times(1+4\times12\%)\div4+100\,000\times6\% = 43\,000$（元）。

2）年值法。年值法是指将一项租赁设备的现值按基准利率平均分摊至未来各租赁期内的计算方法。如果租金在年终支付，则其计算公式为

$$R = P(A/P,i,N) \tag{8.19}$$

如果租金在年初支付，则其计算公式为

$$R = P(A/P,i,N)/(1+i) \tag{8.20}$$

【例 8.10】 某企业租赁一台价值 150 万元的生产设备，租赁期限为 5 年，基准收益率为 15%。试分别按每年年终、每年年初的支付方式计算租金。

解： ① 按年终支付方式计算租金。

$$R = 150\times(A/P,15\%,5) = 150\times0.298\,3 = 44.745\text{（万元）}$$

② 按年初支付方式计算租金。

$$R = 150\times(A/P,15\%,5)\div(1+15\%) = 150\times0.298\,3\div1.15 = 38.909\text{（万元）}$$

典 型 案 例

已知某旧设备各种更新及不更新而继续使用的各年分项费用方案如表 8.6 所示，旧设备的出售价格为 4 000 元，基准收益率 $i_c = 10\%$，试选择最佳方案。

表 8.6　某设备各处理方案的各项费用统计　　单位：元

方案	投资/元	生产效率系数	成本及残值	年限								
				1	2	3	4	5	6	7	8	9
继续使用旧设备	0	0.7	C	1 800	2 200	2 600						
			L	1 600	800	400						
旧设备大修	10 000	0.97	C	900	1 200	1 500	1 800	2 100	2 400	2 700	3 000	3 300
			L	9 600	8 800	8 000	7 200	6 400	5 600	4 800	4 000	3 200
原型更新	22 000	1	C	500	600	700	800	900	1 000	1 100	1 200	1 300
			L	12 500	11 400	10 300	9 200	8 100	7 000	5 900	4 800	3 700
旧设备现代化改装	17 000	1.2	C	650	800	950	1 100	1 250	1 400	1 550	1 700	1 850
			L	12 000	11 000	10 000	9 000	8 000	7 000	6 000	5 000	4 000
新型更新	26 500	1.3	C	400	480	560	640	720	800	880	960	1 040
			L	15 500	14 000	12 500	11 000	9 500	8 000	6 500	5 000	3 500

注：C 表示各年运营成本（元），L 表示各年末残值（元）。

解：可以采用最低总费用法对本案例进行分析。

根据式（8.12），计算出不同服务年限各方案的总费用现值，结果如表 8.7 所示。从计算结果可知，如果设备的服务年限只有 1 年，则选择继续使用旧设备为最佳；如果设备的服务年限为 2～5 年，则选择对旧设备进行大修为最佳；如果设备的服务年限为 6～9 年，则最佳方案是对原设备进行现代化改装。

表 8.7　某设备不同服务年限各方案的总费用现值　　单位：元

方案	年限								
	1	2	3	4	5	6	7	8	9
继续使用旧设备	5 974*	9 705	13 011						
旧设备大修	6 279	8 802*	11 264*	13 658*	15 976*	18 210	20 358	22 417	24 384
原型更新	11 091	13 529	15 738	17 739	19 552	21 195	22 683	24 031	25 253
旧设备现代化改装	8 901	10 968	12 877	14 642	16 272	17 777*	19 167*	20 450*	21 634*
新型更新	9 825	12 070	14 069	15 850	17 436	18 847	20 102	21 218	22 210

注：标*者为该年限各方案中的总费用最低者。

各年总费用现值的计算过程分别以继续使用旧设备方案中的第 1 年及旧设备大修方案中的第 2 年为例进行介绍，具体如下。

（1）继续使用旧设备方案中的第 1 年计算过程

$$
\begin{aligned}
\mathrm{PVC}_1 &= \frac{1}{0.7}\times[4\,000+1800\times(P/F,10\%,1)-1\,600\times(P/F,10\%,1)] \\
&= \frac{1}{0.7}\times[4\,000+1800\times0.9091-1\,600\times0.9091] \\
&= 5\,974\text{（元）}
\end{aligned}
$$

（2）旧设备大修方案中的第 2 年计算过程

$$PVC_2 = \frac{1}{0.97} \times [(10\,000 + 4\,000) + 900 \times (P/F,10\%,1) + 1\,200 \times (P/F,10\%,2) - 8\,800 \times (P/F,10\%,2)]$$

$$= \frac{1}{0.97} \times [14\,000 + 900 \times 0.909\,1 + 1\,200 \times 0.826\,4 - 8\,800 \times 0.826\,4]$$

$$= 8\,802 \text{（元）}$$

本 章 小 结

设备更新是企业维持和提升生产效率、保障产品质量、降低生产成本及适应市场需求变化的关键手段。通过经济分析，企业可以做出明智的更新决策，从而实现长期经济效益。企业应根据设备的技术状况、经济效益和市场需求等因素，综合考虑设备更新的最佳时机。本章介绍了设备更新的概念、设备磨损的分类及其补偿方式和设备更新经济分析的原则等，阐述了设备寿命的各种形式及含义，讲述了设备的经济寿命及其计算，还介绍了设备更新方案的经济分析方法。企业在设备更新过程中还可能面临技术风险、市场风险、财务风险等，需要通过一定的风险评估和风险管理措施，控制更新过程中的不确定性因素，确保更新决策的顺利实施。

思考与练习

1. 什么是设备更新？设备更新的原因有哪些？
2. 什么是设备的有形磨损和无形磨损？
3. 设备磨损的补偿方式有哪些？
4. 设备的寿命有哪些形式？什么是设备的经济寿命？
5. 设备修理有哪几类？什么是设备大修的经济界限？
6. 简述原型设备更新方案的比较步骤。
7. 某设备的购置费用为 75 000 元，初始运行费用为 8 000 元，以后每年增加 2 800 元，若残值为 5 000 元，不考虑资金时间价值，则该设备的经济寿命为多少年？
8. 某企业设备 A 的购置费为 45 000 元，自然寿命为 8 年，各年运行费用及年末残值如表 8.8 所示。不考虑资金时间价值，试确定该设备的经济寿命。

表 8.8　某设备 A 使用过程的数据统计　　单位：元

使用年度 j	1	2	3	4	5	6	7	8
第 j 年度运营成本	7 500	8 600	9 800	11 000	12 400	13 900	16 000	21 000
第 i 年末残值	23 000	12 000	7 700	6 000	4 500	3 300	1 500	600

9. 某设备 A 的购置费用为 15 000 元，现已使用了 3 年，估计经济寿命为 8 年，8 年末的净残值预计为 2 000 元，年运营成本为 850 元。目前该设备的市场折卖价为 8 000 元。现市场上出现了与设备 A 功能相同的设备 B，其原始成本为 20 000 元，估计可使用 8 年，

8 年末的净残值为 3 500 元，年运营成本为 500 元。现有两个方案：方案 1 是继续使用设备 A；方案 2 是卖掉设备 A，购买设备 B。已知基准收益率为 12%，试比较两个方案。

10．某企业为满足工程施工需求想要引进一台设备。如果直接购买该设备，则其购置费用为 80 000 元，使用寿命为 10 年，设备的净残值为 7 000 元。如果通过租赁方式获得设备的使用权，则每年需要支付设备租金 12 000 元。无论是购买还是租赁，每年均需支出 6 000 元的运营费用和 3 000 元的各种维修费用。如果基准收益率为 15%，则请用现值法分析该企业应购买设备还是应租赁设备。

11．某工程公司租赁了一台起重设备，该设备的价格为 500 000 元，租期为 5 年，每年年末支付租金，基准收益率为 10%，附加率为 8%。请问该工程公司每年应支付多少使用该设备的租金？

12．某企业租赁一台价值为 180 000 元的生产设备，租赁期限为 6 年，基准收益率为 10%。试分别按每年年终、每年年初的支付方式计算租金。

第9章　价 值 工 程

【学习目标】

1）了解价值工程的概念和特点；
2）掌握价值工程对象选择的原则与基本方法；
3）掌握功能分析的目的与主要技术；
4）熟悉功能评价的用途与常见方法。

【关键概念】

价值　功能　成本　对象选择　功能分析　功能评价　功能成本分析

9.1　价值工程概述

9.1.1　价值工程的起源与发展

价值工程（value engineering，VE），又称价值分析（value analysis，VA），是一种新兴的工程技术评价理论。价值工程的起源可以追溯到20世纪40年代，当时美国正处于第二次世界大战期间。在这个时期，由于军需品需求激增，资源短缺，企业面临着巨大的压力。在美国通用电气公司工作的劳伦斯·麦尔斯（Lawrence Miles）在这个紧急的环境中，为了解决成本与资源压力的问题，提出了一种全新的方法，即价值工程。

麦尔斯在通用电气公司的采购部门工作期间，面对高价石棉板采购难题，他创新性地提出了以功能为导向的思维方式，通过功能分析找到价格低廉且具备相同防火功能的替代品——不燃烧的纸，这一创新为通用电气公司带来了显著的成本节约和效能提升，使通用电气公司在汽车生产中受益匪浅，这一事件后来被称为“石棉板事件”。

麦尔斯将这种以功能为导向的思维方式系统化，提出了价值工程理念，即通过功能分析剔除不必要的成本、优化设计，从而提高性能和降低成本。1947年，他发表了题为《价值分析程序》的研究成果，标志着价值工程的正式产生，奠定了价值工程的理论基础。

1955年，价值工程传入日本，成为全面质量管理（total quality management，TQM）的重要组成部分。日本企业在采用价值工程的同时，结合其他管理方法，形成了更为综合和系统的质量管理体系。这对日本企业在20世纪后半叶的经济繁荣和全球竞争中的成功起到了积极作用。

20世纪70年代末，随着对效益和质量管理理念的不断强调，价值工程的概念传入中国。1984年，中华人民共和国国家经济委员会正式将价值工程列为18种现代化管理方法之一，推动了其在中国的推广和深化。

1987年，国家标准局（现为国家标准化管理委员会）颁布的《价值工程基本术语和一般工作程序》（GB 8223—1987）标志着价值工程在中国的正式规范化。该标准首次明确了价值工程的定义，指出价值工程是一种通过多学科合作，对研究对象的功能和成本进行系统分析，从而在不断创新的基础上提升研究对象价值的思想方法和管理技术。这一标准为价值工程在中国的推广和应用提供了明确的理论框架和操作指南。

随着中国经济的不断发展，价值工程在企业管理、工程设计、产品开发等多个领域得到广泛应用，成为中国企业追求卓越和提高竞争力的重要手段之一。同时，价值工程的教育与研究也持续受到关注，培养了一批专业人才，为价值工程在实践中的应用提供了有力支持。

9.1.2 价值工程的定义与基本要素

价值工程是指以研究对象的功能分析为核心，以实现产品功能的最低寿命周期成本为目标的分析研究活动。对价值工程的理解涉及 3 个基本要素：功能、全寿命周期成本和价值。

1. 功能

功能是指研究对象能够满足某种需求的一种属性。根据研究对象的不同，用户对产品需求的功能也不一样。例如，空调的功能是调节温度，手表的功能是显示时间，建筑产品的功能是提供室内居住和活动空间。用户购买产品，实际上购买的是产品的功能，相对地，企业不断地升级改善产品性能，是为了更好地满足客户对功能的需要。通常，一种研究对象在不同维度上具有几种不同的功能，为了便于对功能进行分析，其一般有以下几种不同的分类方法。

（1）按需求的重要程度分类

功能按需求的重要程度分类，可分为基本功能和辅助功能两类。基本功能指与研究对象的核心用途直接相关的功能，它是实现研究对象用途所不可或缺的关键功能。辅助功能则是支持基本功能的次要功能，虽然对研究对象的整体表现有所帮助，但并非必不可少。

（2）按需求的必要性分类

功能按需求的必要性分类，可分为必要功能和可选功能两类。必要功能是为了满足用户需求所必须具备的功能，包括基本功能、辅助功能、使用功能和美学功能等。与使用者的需求无关，而产品又具备的功能称为可选功能或附加功能。必要功能与可选功能的区分并非绝对，通常需要充分考虑使用对象的特点，因为不同的用户对同一产品的功能需求可能有所不同。

（3）按需求的满足属性分类

功能按需求的满足属性分类，可分为实用功能和审美功能两类。实用功能是研究对象所具备的与技术经济用途直接相关的一种动态功能，体现了产品能够满足用户具体客观需求的价值。审美功能包括美学功能、欣赏功能、外观功能等，是与用户的精神体验和主观意识相联系的一种静态功能。

（4）按需求的满意度分类

功能按需求的满意度分类，可分为不足功能和过剩功能两类。不足功能是指研究对象尚未满足用户需求的必要功能，表现为产品整体功能或零部件功能水平在数量上低于标准功能水平。相对地，过剩功能是指研究对象具有的超过用户需求的不必要功能。

（5）按需求的紧急性分类

功能按需求的紧急性分类，可分为紧急功能和非紧急功能两类。紧急功能是指研究对象中用户需求非常迫切的功能，其直接关系到产品的实用性和紧急性。相对地，非紧急功能是指虽然对用户有一定的价值，但不具有迫切性的功能。

2. 全寿命周期成本

全寿命周期成本（life cycle cost，LCC）的概念最早由英国人哥顿在1964年提出，他倡导了“全寿命周期成本管理”理论。全寿命周期成本是指产品在有效使用期间所发生的与该产品有关的所有成本，它包括产品设计成本、制造成本、采购成本、使用成本、维修养护成本、废置处理成本等。其核心理念在于单件产品的研制和生产成本（采购费用）不足以说明产品总费用的高低，决策人员不应把采购费用和使用维护费用分割开来考虑，而必须把这几者结合起来，作为产品的全寿命周期费用进行总体考虑。

$$\mathrm{LCC} = C_\mathrm{i} + C_\mathrm{o} + C_\mathrm{m} + C_\mathrm{f} + C_\mathrm{d} \tag{9.1}$$

式中，C_i——投资成本（cost of investment），即一次或两次设备购买投入成本；

C_o——运行成本（cost of operation）；

C_m——养护成本（cost of maintenance）；

C_f——维修成本（cost of fault）；

C_d——废置处理成本（cost of disposal）。

全寿命周期成本与产品功能之间存在着密切的关系。在功能水平较低的情况下，产品的生产成本相对较低，但由于功能不足以满足用户的基本需求，使用成本较高；相反，在功能水平较高的情况下，尽管使用成本可能会减少，但为了提高产品功能而增加的生产成本也会相应增加。因此，在一个平衡点上，两者达到均衡状态，产品功能既能够满足用户的需求，同时全寿命周期成本也较低，从而实现了产品价值的最大化。

3. 价值

在价值工程中，价值是衡量产品、服务或工程项目的功能与实现该功能所消耗成本之间的合理性的重要尺度。不同于马克思主义劳动价值论中的价值概念，价值工程中的价值强调的是功能与成本的比例关系。具体而言，价值是指研究对象所具备的功能与实现这些功能所需的生命周期成本之间的对比关系。价值工程旨在最大化这一功能与成本的比值，从而优化资源使用并提升项目的总体效益。

$$价值 = \frac{功能}{成本} \tag{9.2}$$

价值的大小由功能（F）与成本（C）的比值来决定。人们通常追求“物美价廉”的商品，即商品的性能和质量水平高，成本低。购买商品时要考虑商品的价值，即“物有所值”。价值由功能和成本共同决定。在成本不变的情况下，价值与功能成正比：功能越大，价值越大；功能越小，价值越小。相反，在功能不变的情况下，价值与成本成反比：成本越高，价值越低；成本越低，价值越高。在实际应用中，通过精细的功能分析和成本效益评估，以及创新性的解决方案来优化产品或项目的价值，实现在有限资源下提供最大价值的目标。

4. 价值的提高途径

价值工程具有以下主要特点：以提高价值为目标，要求以最低的寿命周期成本实现产品的必要功能；以功能分析为核心；以有组织、有领导的活动为基础；以科学的技术方法为工具。提高价值的基本途径如表9.1所示。

表9.1 提高价值的途径

项目	类型				
	1	2	3	4	5
功能 F	不变	提高	大幅提高	提高	略降低
成本 C	降低	不变	略提高	降低	大幅降低
备注	节约型	改进型	投资型	双向型	牺牲型

5. 工作流程

当执行价值工程项目时，通常会遵循如表9.2所示的步骤和内容。

表9.2 价值工程的工作步骤和内容

序号	工作步骤	工作内容
1	识别项目和团队组建	确定需要进行价值工程的项目或产品。 组建跨职能团队，包括设计师、工程师、生产人员、财务专家等
2	明确目标和范围	确定价值工程的目标，如降低成本、提高性能、改善质量等。 界定项目的范围和约束条件
3	功能分析	对项目进行功能分析，明确项目的功能和需求。 确定必要功能和辅助功能，并进行分类
4	成本估算	对项目的各项成本进行估算，包括设计、制造、运输、维护、使用和废弃等全寿命周期成本
5	功能评估	对项目的功能进行评估，包括功能的重要性、可靠性等方面。 确定功能的优劣和改进空间
6	创造性提案	提出创新性的解决方案，以优化项目的功能和成本。 进行头脑风暴、设计思维等活动，激发团队成员的创造力
7	方案评估	对提出的各种解决方案进行评估，包括对功能、成本、风险等方面的综合考虑。 确定最佳方案或方案组合
8	实施和监控	实施采纳的方案，并监控其执行情况。 定期评估项目的进展，及时调整和改进方案
9	总结与反馈	在项目结束时，对整个价值工程过程进行总结和反馈。 分享成功经验和教训，为未来项目提供指导和借鉴

由于价值工程的应用范围较广，其工作步骤和形式因项目而异。在实际应用中，根据具体情况，采用适合的实施措施、方法和步骤，以贯彻价值工程的基本原理和思想。这些步骤体现了价值工程的基本原理和思想，并在实践中发挥着重要作用。

9.2　对象选择与情报收集

在一个项目中，并非所有产品都需要进行价值分析，而是根据企业方向、市场需求、用户反馈等因素选择分析对象。价值工程的对象选择与情报收集因此显得至关重要。

9.2.1　对象选择方法

1. 经验分析法

经验分析法是价值工程中常用的对象选择方法之一。它依赖于历史数据和经验的分析，以确定分析对象。首先，通过对过去项目或产品的历史数据进行分析，可以识别出对整体价值影响较大的部分或环节，以及存在改进潜力的方面。其次，通过比较不同案例，找出共同点和差异点，确定对项目或产品价值产生显著影响的因素。再次，借助行业专家、技术专家或项目经理等的意见和经验，也是经验分析法的一部分，通过他们的建议来确定应重点关注的分析对象。同时，强调识别项目或产品中的问题和薄弱环节也是该方法的一部分。通过分析过往项目的问题和失败经验，可以确定需要进行深入价值分析和改进的部分。最后，经验分析法还考虑了风险因素。识别潜在的风险点和关键问题，以及它们对项目或产品价值的可能影响，有助于确定重点分析对象。经验分析法通过多种途径帮助确定项目或产品中需要重点关注的对象，从而指导价值工程的实施和改进方向。

2. 因素分析法

因素分析法是一种统计学方法，用于识别和确定影响某一现象的关键因素。在价值工程中，这一方法被广泛应用于选择研究对象的过程中，通过识别那些对产品功能、成本和价值产生最大影响的因素，从而确定最具有研究价值的对象。该方法的主要步骤包括确定潜在研究对象、收集相关数据、提取因素、旋转因素及对因素进行解释等。通过这些步骤，因素分析法能够有效地简化复杂的数据结构，揭示不同研究对象之间的潜在关联性和重要性，从而帮助团队做出更为明智的选择。

因素分析法特别适用于在复杂项目中筛选出最具影响力的研究对象。与经验分析法相比，因素分析法强调数据的客观性和量化分析，适用于处理复杂问题和大规模数据。通过分析这些数据，团队可以更加准确地确定哪些对象在功能和成本优化方面最有潜力，并优先选择这些对象进行深入的价值工程研究。

【例 9.1】 在价值工程中使用因素分析法选择研究对象。

假设某公司计划通过价值工程来提升其新推出产品的市场竞争力。为了确定最适合进行价值工程研究的对象，公司决定首先分析消费者对该产品的购买决策因素。为此，公司进行了消费者调查，收集了与产品相关的各种因素数据，包括价格、质量、品牌声誉、广告宣传和产品特性等。

为了从众多因素中识别出对消费者购买决策影响最大的关键因素，公司采用了因素分析法。首先，公司收集并整理相关数据。其次，通过主成分分析或因子分析等方法，提取能够解释大部分数据变异的主要因素。最后，通过因素旋转技术，将这些因素的结构进行简化和明确，使其更易于理解和解释。

通过对这些关键因素的深入分析，公司能够确定哪些研究对象对提升产品功能和降低成本最为关键。例如，如果因素分析显示价格和产品特性对消费者决策的影响最大，那么公司可以优先选择与这些因素相关的部分进行价值工程研究，从而在最关键的领域内实现功能优化和成本控制。

最终，通过这一选择过程，公司不仅能够明确研究的优先方向，还能够确保价值工程的实施效果最大化，从而为产品的市场表现和竞争力提供强有力的支持。

3. 百分比分析法

百分比分析法是价值工程中常用的一种对象选择方法，其基本思想是通过对问题相关因素的分析和评估，将这些因素按照其对问题的影响程度进行百分比分配，以确定哪些因素更值得关注和优先处理。首先，该方法要求对问题进行全面的分析，确定可能影响问题发生或解决的各种因素，包括技术、经济、市场、环境等方面的因素。其次，对每个因素进行评估，确定其对问题的影响程度，这可以通过专家意见、历史数据、实地调查等方法获取。再次，根据对各因素的评估结果，为每个因素分配一个权重百分比，表示其对问题的影响程度。一般来说，影响程度较大的因素被分配较高的百分比，而影响程度较小的因素则被分配较低的百分比。最后，将各因素的百分比加总，得到综合的百分比，作为对象选择和优先处理的依据。百分比法的优点在于简单易行，能够直观地反映各因素的重要程度，有助于快速确定问题解决的优先顺序。然而，它也存在一定的主观性，因为权重百分比的确定往往依赖于评估者的经验和判断。因此，在应用百分比法时，需要综合考虑各种因素，并尽量减少主观偏差，以确保评估结果的客观性和准确性。

【例 9.2】 某制造公司开展了 3 个生产项目，它们的成本比重和利润比重如表 9.3 所示。

表 9.3 3 个生产项目的成本比重和利润比重

项目	成本比重/%	利润比重/%	价值工程对象选择
X	40	20	
Y	30	25	√
Z	30	55	
合计	100	100	

项目 Y 被选为价值工程的对象，因为它的成本比重较高，而利润比重相对较低，表明了在该项目中可能存在着优化成本的潜力。

4. ABC 分析法

ABC 分析法，又称帕累托分析法，源自意大利经济学家帕累托对财富分配不均的研究。根据他的观察，少数人掌握了大部分社会财富，这一现象被称为“帕累托法则”或“80/20 定律”，即 20%的人拥有 80%的财富。在管理领域，这一规律被广泛应用于成本分析中，因此 ABC 分析法也称成本比重法。

ABC 分析法的核心思想是根据零部件的成本占比进行分类，并据此划分其重要性和价值。一般来说，成本比重较高但数量较少的零部件被归为 A 类，成本比重适中且数量也适中的零部件被归为 B 类，而成本比重较低但数量较多的零部件被归为 C 类。在价值工程中，主要关注 A 类零部件，因为它们的成本占比较高，但数量较少，通过优化这些零部件可以实现较大的成本节约和效益提升。

ABC 分析法的关键是将项目或产品的所有部分按照成本从高到低排列，然后选取排在前面的 10%～20%作为价值工程的重点研究对象。这一方法主要侧重于成本分析，以确保资源的有效利用和成本的最大化节约。

ABC 分析法示意图如图 9.1 所示。

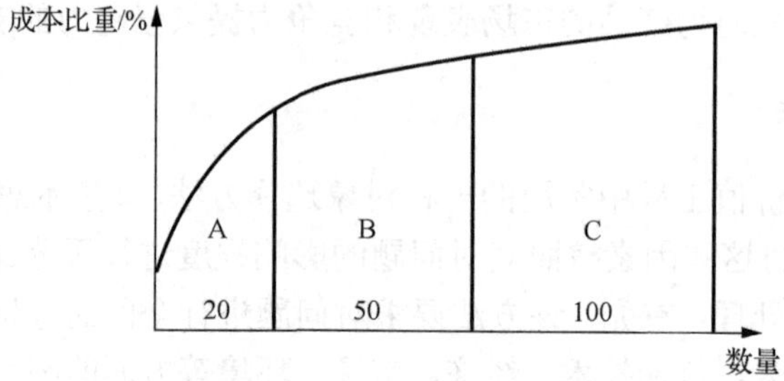

图 9.1　ABC 分析法示意图

从图 9.1 中可知，按 ABC 分析法选择对象，主要从 A 部分中选取子项目或零件作为分析对象。

ABC 分析法的主要工作步骤如下。

1）数据收集：收集与分析对象相关的数据，包括各零部件或项目的成本信息，以及它们的数量和重要性等方面的数据。

2）计算成本比重：将每个零部件或项目的成本与总成本相比，计算出它们在总成本中的比重。这可以通过将每个零部件或项目的成本除以总成本来实现。

3）排序分类：将计算得到的成本比重从高到低进行排序，并按照一定的比例（如 80/20 原则）划分为 A、B、C 三类。

4）设定阈值：根据具体情况来设定 A、B、C 类的阈值，通常根据成本比重的百分比来确定。例如，A 类可能是成本比重最高的前 10%～20%，B 类是接下来的一部分，而剩余的部分则被归为 C 类。

5）分析和决策：对于被归为 A 类的零部件或项目，重点进行深入分析和优化，以确保最大化地节约成本和增加效益。对于 B 类和 C 类，可以根据具体情况进行适当的管理和控制，但不需要投入过多的资源。

6）定期评估：随着项目或产品的变化，需要定期评估和更新 ABC 分类，以确保资源的有效利用和成本的最大化节约。

【例 9.3】 某汽车制造公司使用 ABC 分析法选择研究对象。他们对汽车的各个零部件进行了数量比重和成本比重的分析，结果如表 9.4 所示。

表 9.4　数量比重和成本比重的分析

零件种类	零件数量比重/%	零件成本比重/%	价值工程的选择
发动机	15	50	√
制动系统	25	30	
灯光系统	30	15	
内饰	30	5	

根据 ABC 分析法，发动机的数量比重只占总数量的 15%，但其成本比重却达到了总成本的 50%，因此发动机被选定为研究对象。而制动系统、灯光系统和内饰的数量比重较高，相对来说能够较好地发挥其价值，因此不在价值工程的研究范围内。

ABC 分析法的优点在于能够突出重点，集中资源和精力在关键的少数对象上，从而实现更大程度的成本节约和效益提升。然而，该方法也存在着缺点，因为它只考虑了成本比重，没有充分考虑零部件或对象的功能性和其他价值因素。

5. 强制确定法

强制确定法是价值工程中一种确定对象的方法，也称命令法或规则法，又称零件功能重要性对比法或 FD 法（forced decision method）。强制确定法综合考虑零部件的成本和功能重要性来确定价值工程的对象，强调成本与功能之间的匹配关系。该方法通过制定一系列规则或标准来确定对象，而不是基于数量或成本比重等定量指标。在强制确定法中，通常会根据项目的特点、目标、技术需求、市场需求等因素，制定一系列明确的规则或标准，根据这些规则或标准来确定哪些对象应该成为价值工程的研究对象。

强制确定法的优点在于能够快速、直观地确定对象，不需要复杂的数据分析和计算，适用于一些特定情况下需要重点关注的对象。例如，当某个零部件在产品中起着关键作用，或者某个功能在用户需求中具有特别重要的地位时，可以通过强制确定法将其确定为研究对象，从而确保在价值工程中有针对性地对其进行改进和优化。

然而，强制确定法也存在一些缺点。首先，由于是基于规则或标准来确定对象的，可能会忽略一些潜在的重要对象，导致研究范围存在局限性。其次，强制确定法可能会受到主观因素的影响，在制定规则或标准的过程可能存在一定程度的主观性和不确定性。因此，在使用强制确定法时，需要谨慎考虑各种因素，并尽量确保制定的规则或标准是合理的、客观的。

强制确定法的具体实施步骤如下。

1）确定评价指标和权重：确定评价对象的各项功能指标，并为每个功能指标分配相应的权重，以反映其在整体评价中的重要程度。

2）收集数据：收集与评价对象相关的成本和功能数据，包括零部件的成本和各项功能的性能指标等信息。

3）打分评估：通常采用 0～1 评分法或 0～4 评分法，对每个零部件或功能进行打分评估，根据其在功能上的表现和所涉及的成本，为其分配相应的分数。

4）计算综合评分：根据权重和分数，计算每个零部件或功能的综合评分。

5）计算功能评价系数：根据综合评分，确定产品的功能评价系数。

$$\text{某产品的功能评价系数}=\frac{\text{该产品的功能分数}}{\text{全部产品的功能总分数}} \tag{9.3}$$

6）比较分析：对评分进行比较分析，确定哪些零部件或功能在成本和功能之间存在不匹配或不合理的情况。

7）优化决策：根据比较分析的结果，制定相应的优化决策，调整零部件或功能的设计、选型或使用方式，以实现成本与功能的良好匹配。

8）监控和调整：定期对评价对象进行监控和调整，确保成本与功能之间的匹配关系始终保持在合理的水平上，以满足项目或产品的要求和目标。

6. 比较法

比较法是一种在价值工程中常用的方法，通过对项目或产品的各子项目进行逐一比较，评估其相对重要性，以确定最有研究价值的对象。该方法特别适用于价值工程初期的研究对象选择阶段，通过分析各子项目的功能重要性和成本分布，帮助团队识别出需要优先优化的关键部分，从而指导后续的价值工程活动。

在使用比较法时，首先将构成项目或产品的所有子项目按一定顺序排列，并逐一进行“一对一”的比较。在比较过程中，如果某个子项目在功能上较为重要，则为其记一分；反之，则记零分。然后将每个子项目的得分累加，并除以所有子项目的总得分，得到该子项目的功能评价系数。这一系数直接反映了该子项目在整体项目中的功能重要性，从而为选择研究对象提供了科学依据。

比较法的优势在于其简洁直观的分析方式，能够快速评估各个子项目的相对重要性，为价值工程项目中的研究对象选择提供重要参考。然而，需要注意的是，评分过程应保持客观性和公正性，避免主观偏见对结果的影响。此外，为了获得更全面和准确的评估结果，比较法往往需要与其他分析方法结合使用。

$$功能评价系数=\frac{某子项目的功能}{项目或产品的功能} \tag{9.4}$$

为了简单起见，用 A、B、…、H 代表子项目名称，其计算如表 9.5 所示。

表 9.5　功能评价系数计算表

子项目名称	一对一比较结果							得分	功能评价系数
	A	B	C	D	E	F	H		
A	1	1	1	0	1	0	1	5	0.178
B	0	1	1	0	1	1	0	4	0.143
C	0	0	1	1	1	0	1	4	0.143
D	1	1	0	1	1	1	0	5	0.178
E	0	0	0	0	1	1	1	3	0.107
F	1	0	1	0	0	1	1	4	0.143
H	0	1	0	1	0	0	1	3	0.107
合计								28	1.000

在表 9.5 中，可以观察到，零件 A 和 D 的功能评价系数最高，均为 0.178，表明它们在整个零件中的功能最为重要。相反，零件 E 和 H 的功能评价系数最小，均为 0.107，意味着它们的功能相对较不重要，可以将它们与其他子项合并。

在获得功能评价系数之后，需要进一步计算每个子项目目前成本在整个项目成本中的比例，这个比值称为子项目的成本系数。其计算公式为

$$子项目的成本系数=\frac{子项目的目前投资或成本}{项目或产品的目前投资或成本} \tag{9.5}$$

产品中各子项目的功能评价系数同其成本系数之比，称为该子项目的价值系数，即

$$价值系数=\frac{功能评价系数}{成本系数} \tag{9.6}$$

在表9.6中，价值系数接近1的子项目，如B和E（或H）零件，表示其功能与成本相当；价值系数小于1的子项目，如A和D，表明其成本偏高，需要寻找降低成本的方法或替代方案；价值系数大于1的子项目，如F，表明其成本分配较低，但仍需确保其功能。为了提高产品的市场竞争力，企业决定将产品的成本从505元降至300元。企业需要通过价值系数确定目标成本，并找出关键的成本降低指标。这一过程确保了价值工程资源的合理配置，使研究集中在最能提高整体价值的子项目上。

表9.6 价值系数

子项目名称	功能评价系数	目前成本	成本系数	价值系数	按功能评价系数分配目前成本	按功能评价系数分配预计成本	降低成本指标
	①	②	③=②/⑤	④=①/③	⑤=①×505	⑥=①×300	⑦=②-⑥
A	0.178	100	0.198	0.899	89.89	53.4	46.6
B	0.143	70	0.139	1.029	72.2	42.9	27.1
C	0.143	65	0.129	1.109	72.21	42.9	22.1
D	0.178	110	0.218	0.816	80.89	53.4	56.6
E	0.107	50	0.099	1.080	54.03	32.1	17.9
F	0.143	60	0.118	1.212	72.2	42.9	17.1
H	0.107	50	0.099	1.080	54.03	32.1	17.9
合计	1.000	505	1.00		505	300	205

9.2.2 情报收集

当进行价值工程时，情报收集是至关重要的一步。它涉及收集项目或产品相关的各种信息和数据，以支持团队做出明智的决策和有效的改进。情报收集的步骤包括确定信息需求，收集内部资料和外部资料，进行调查和访谈，使用数据分析工具，借鉴先前经验，以及持续更新和监控。团队需要了解项目的功能、成本、性能、市场需求等方面的信息，从而为价值工程的目标和优化方案提供支持。情报收集是一个持续的过程，团队应该定期更新和监控收集到的信息，以确保其准确性和及时性。综上所述，情报收集为价值工程提供了必要的数据和见解，帮助团队更好地理解项目的现状和问题，为改进和优化项目提供了基础。

1. 工作要求

收集情报时，有一些重要的要求需要考虑，以确保所收集到的信息能够为价值工程提供有效的支持和指导。这些要求包括以下内容。

1）准确性。收集到的情报必须准确无误，以确保基于这些信息做出的决策和改进是可靠的。

2）完整性。收集到的信息应该全面涵盖项目或产品的各方面，包括功能、成本、性能、质量、市场需求等，以便进行全面分析和评估。

3）及时性。情报收集应该及时进行，以确保团队在做出决策时能够基于最新的数据和信息，避免数据过时或信息不准确的情况发生。

4）可靠性。收集到的信息必须有可靠的来源，如官方报告、专业机构、行业研究等，以确保其真实性和可信度。

5）综合性。情报收集应该综合运用多种方法和渠道，包括文献查阅、数据分析、调查问卷、专家访谈等，以获取多角度、全面的信息。

6）精练性。收集到的信息应该简明扼要，避免冗长复杂，以便团队能够快速理解和应用这些信息。

7）相关性。收集到的情报必须与项目或产品的目标和需求密切相关，以确保其对价值工程的实际帮助和指导作用。

8）专业性。需要专业的人员使用专业的方法进行情报收集，以确保信息的准确性和有效性。

2. 收集内容

1）用户方面的情报：用户的基本要求和条件，包括产品功能要求、使用环境、文化水平、经济条件等。

2）销售方面的情报：市场范围和趋势、竞争对手情况、产品销售数量和市场发展态势等。

3）成本方面的情报：同类企业和供料企业的生产成本、材料价格、燃料费用等，以及产品历史成本数据。

4）科学技术方面的情报：科研成果应用情况，新技术、新材料、新工艺的发展状况和趋势。

5）生产与供应方面的情报：企业的经营概况、生产能力、设备状况、原材料供应情况等。

6）政策、法规、条例、规定等方面的情报：国家的经济政策、产品优惠政策、技术政策、环保法规等。

3. 实施步骤

1）确定收集目标：明确收集情报的目的和范围，确定需要获取的信息内容和所涉及的领域。

2）确定情报来源：根据收集目标确定情报来源，包括文献资料、专家咨询、市场调研、网络信息等渠道。

3）制订收集计划：制订详细的情报收集计划，包括收集时间、方式、方法和责任人，确保收集计划有序进行。

4）收集情报数据：根据情报收集计划，采取相应的方法和手段收集情报数据，如查阅文献资料、进行实地调查、参加会议交流等。

5）整理和分析情报：对收集到的情报数据进行整理和分析，筛选有用的信息，提炼关键内容，形成清晰的情报报告或分析报告。

6）制定应对策略：根据情报分析结果，制订相应的应对策略和行动计划，指导企业的决策和实践。

7）不断更新和迭代：情报收集是一个持续的过程，需要不断更新和完善收集的内容，及时调整收集策略，以适应市场和环境的变化。

4. 重点搜集

1）内部情报资料：企业的经营方针、生产能力、工时定额、质量统计数据，生产费用、废品率及损耗额等，加工、作业管理，材料物理特性，设计、生产、销售资料，产量、批量等情况。

2）外部企业情报资料：竞争对手的经济分析资料、生产资料、质量统计数据及用户的反应等。

3）外部市场情报资料：用户的使用目的、使用条件、使用中的故障情况，用户今后的需求、使用问题等。

9.3 功 能 分 析

功能分析是价值工程的核心，以深入理解产品或系统的功能需求、特性和性能为目的，以便优化设计、提高效率和降低成本。功能分析重点关注产品或系统的功能，而非具体的实现方式或构造细节。其核心思想是将产品或系统的功能与形式解耦，从而更好地理解其核心功能和价值所在。

9.3.1 功能分析的作用

功能分析是一种系统性的方法，旨在从事物的存在或价值出发，逐层逐步地分析和研究事物的各种功能及它们之间的相互关系。这种方法不仅关注事物的表面功能，还深入挖掘潜在的、隐含的功能，探索各功能之间的联系和依赖性。通过系统的功能分析，可以为具体的研究活动开辟一条清晰的路径，确保分析过程不偏离方向，并可靠地实现分析目标。以下是功能分析在不同阶段和方面的重要作用。

1. 理解需求

功能分析有助于深入了解用户需求和产品要解决的问题。通过对功能进行识别和分解，设计团队能够透彻地理解产品所需实现的每一个功能。这不仅包括明确的核心功能，还涵盖隐含的用户需求及潜在的功能需求。例如，在开发一款智能手机时，除了基础的通信功能，功能分析还可能揭示出用户对电池续航、数据安全性、应用程序兼容性等方面的需求。通过这样的分析，设计团队可以确保对产品的功能需求有清晰的认识，避免因需求不明确而导致的设计偏差或产品失败。

2. 优化设计

功能分析是优化设计的重要工具。通过识别和分析产品或系统中各功能的重要性和优先级，设计团队可以更好地进行资源分配，重点关注那些对用户体验和产品性能最为关键的功能。同时，功能分析还可以帮助设计团队找出冗余功能或复杂性过高的功能，从而有针对性地进行简化和优化。例如，在设计一款软件应用时，功能分析可以帮助团队确定哪些功能是必不可少的，而哪些功能可以通过更简洁的设计来实现，从而简化用户界面，提高用户体验。

3. 创新改进

功能分析不仅有助于优化现有设计，还能够推动创新和改进。通过深入分析各功能的实现方式和相互关系，设计团队可以发现现有设计中的瓶颈和局限，并提出新的思路。例如，在汽车设计中，通过对动力系统功能的深入分析，工程师可能会发现传统燃油发动机的局限性，从而推动电动或混合动力系统的开发。这种创新改进不仅可以提升产品的性能，还能够为企业带来新的市场机遇和竞争优势。

4. 降低成本

功能分析在成本控制方面也具有重要作用。通过对各功能的详细分析，设计团队可以识别出哪些功能的实现成本较高，哪些功能可能是冗余的。根据这些分析结果，团队可以提出相应的优化方案，以降低产品的制造成本和生命周期成本。例如，在家电产品的设计中，功能分析可能会揭示某些高成本的功能并不常用，设计团队可以考虑简化或取消这些功能，从而大幅降低产品的生产成本，同时又不影响产品的核心价值。

5. 提高性能

功能分析能够帮助设计团队更好地理解产品或系统的核心功能和性能要求，从而设计出更符合用户需求、性能更优越的产品。在功能分析过程中，设计团队可以详细分析每个功能对整体性能的影响，以确保设计方案能够最大化地满足性能指标。例如，在航空航天工程中，通过功能分析，工程师可以优化飞行器的质量、推力、燃油效率等关键性能参数，从而提升飞行器的整体性能和可靠性。

9.3.2 功能整理

功能整理是价值工程中常用的工具和方法之一，旨在对一个系统、产品或项目的各种功能进行系统性梳理和整合。功能整理不仅是对功能的简单罗列，更是对功能的深度分析和优化，它能帮助人们更好地理解系统的构成和运作方式，从而发现潜在的改进空间，优化设计方案，提升系统的整体性能和效率。

在功能整理过程中，通常会将系统、产品或项目的各项功能逐一列出，并根据其重要性、关联性和优先级进行排序和组织。这一过程有助于形成对系统或产品的全面认识，揭示其内在的逻辑结构和功能层次，从而为后续的设计优化和决策提供坚实的基础。

1. 功能整理的主要作用

（1）清晰定义功能

功能整理的首要步骤是对系统、产品或项目的各项功能进行清晰的定义和描述。这一过程不仅仅是列出功能名称，还包括详细说明每个功能的性质、目的和适用范围。通过这一整理过程，可以确保团队成员对各项功能的理解一致，避免在设计和实施过程中出现模糊或混淆。清晰的功能定义还可以帮助团队识别出那些可能被忽视的次要功能或附加功能，从而形成对整个系统的完整理解。例如，在开发一款智能家居设备时，通过功能整理可以明确设备的核心功能（如温度控制、能源管理）和附加功能（如语音控制、远程监控等）。

（2）识别关键功能

在功能整理过程中，一个重要的任务是识别和确定系统或产品中的关键功能。这些关键功能通常对整体性能和价值具有重要影响，是系统或产品能够实现其主要目的的核心要素。通过识别这些功能，团队可以更好地集中资源和精力，确保这些功能得到充分优化和有效实现。例如，在一款医疗设备的设计中，功能整理可能会揭示出生命体征监测和数据记录是关键功能，这些功能直接关系到设备的可靠性和用户的安全性。

（3）发现改进空间

功能整理不仅有助于识别关键功能，还能够通过对功能的系统性梳理和分析，发现系统或产品中存在的不必要或重复的功能。这些冗余功能可能会增加系统的复杂性和成本，降低其效率和性能。通过功能整理，设计团队可以识别这些改进空间，并采取措施简化设计，降低成本，提升性能。例如，在一个复杂的软件系统中，通过功能整理可能会发现多个模块实现了类似的功能，团队可以通过合并这些模块来简化系统结构，减小维护难度。

（4）优化设计方案

功能整理为优化系统或产品的设计提供了坚实的基础和指导。通过系统地整理和分析各项功能，团队可以确定最合适的功能配置和布局，确保设计的合理性和可实施性。这一过程不仅有助于优化系统的整体架构，还可以帮助团队识别出设计中的潜在风险和瓶颈，从而提前采取措施进行解决。例如，在一款移动应用的设计中，通过功能整理，团队可以合理安排用户界面中的各项功能，确保用户在操作时的流畅性和便捷性。

（5）沟通和决策支持

功能整理的结果为系统或产品的功能提供了一个清晰的描述和组织结构，这对于团队内部的沟通和外部的交流都具有重要意义。通过功能整理，团队可以更容易地向利益相关者解释系统的设计思路和功能布局，确保各方对项目目标和实现方式达成一致。此外，功能整理还为管理层和决策者提供了可靠的数据和分析基础，帮助他们在复杂的设计和开发过程中做出明智的决策。例如，在大型基础设施项目中，功能整理可以为管理层提供清晰的功能优先级列表，帮助他们合理分配资源，确保项目按时完成。

2. 功能整理的具体过程

1）功能列举：将系统、产品或项目的所有功能逐一列出，包括核心功能、次要功能和附加功能。

2）功能描述：详细描述每个功能的性质、作用范围及其在系统中的作用。

3）功能分类：将功能按其重要性、关联性和优先级进行分类和排序，明确哪些功能是核心功能，哪些功能是辅助功能。

4）功能整合：根据功能之间的关联性和依赖性，优化功能布局，消除冗余功能，简化系统设计。

5）功能评估：对整理后的功能进行评估，确定其对整体系统性能、成本和效率的影响，为后续的设计优化和决策提供依据。

9.3.3 功能评价

功能评价是指对系统、产品或服务所提供的各项功能进行客观评估和分析的过程。在功能评价中，通常会对功能的实现程度、性能水平、符合度及对整体目标的贡献度等方面进行评估。这种评估可以基于定性和定量的指标，旨在确定系统或产品的功能是否达到了预期的要求，并提供改进的方向。其主要目的包括评估功能的实现程度，确定系统或产品是否满足用户的需求和期望；衡量性能水平，量化评估系统或产品的功能性能，确定其优势和不足之处；确认符合度，评价系统或产品的功能是否符合相关标准、规范或法律法规的要求，确保其合法性和合规性；提供改进建议，发现问题并提出具体的改进建议和措施，以优化功能性能和提升价值；支持决策和沟通，为决策提供客观依据，促进各方对系统或产品功能的认知和期望，促进决策的达成和执行。

功能评价的方法主要分为两大类：功能成本法和功能系数法。这两类方法在实际操作中会因评价对象的不同而采用不同的方式和计算方法，因此形成了多种具体评价方法。在实际运用中，无论选择哪种方法，关键在于确保评价符合实际情况，对于价值工程活动的有效开展具有积极作用，这才是科学的做法。需要注意的是，在使用这些方法时，应该始终以价值工程的基本原则为指导，不要局限于方法本身，更不能简单地将其视为数字游戏的手段。

1. 功能成本法

功能成本法又称绝对值法。功能成本法是一种评估方案或产品各功能所产生成本的方法，其核心理念是确保产品或方案的功能与成本之间达到最佳平衡。该方法的实施步骤主要包括功能识别、成本分配、功能成本分析、优化决策和方案实施。通过将产品或方案的总成本按功能分配，来对各功能的成本进行分析和评估。功能成本法可以帮助确定哪些功能的成本可以降低、哪些功能可以增加，从而实现成本的优化和价值的提升。它直接将成本与功能联系起来，以帮助识别和优化成本的关键驱动因素。

$$\text{功能价值系数}=\frac{\text{功能评价值}}{\text{功能目前成本}} \tag{9.7}$$

功能评价值（F）是指用户要求功能的最低成本（目标成本），可通过经验估算和功能的重要系数进行计算。

功能目前成本（C）需根据传统的成本核算资料换算成功能的目前成本。

通过功能价值系数（VI）的大小来确定改进对象。

【例 9.4】 假设某产品有 3 项功能，各功能目前成本、功能重要性系数如表 9.7 所示。

表 9.7 各功能的目前成本、功能重要性系数

功能	功能目前成本（C）/元	功能重要性系数
	①	②
F_1	600	0.40
F_2	400	0.30
F_3	300	0.20

若目标成本（功能评价值）为 1 000 元，试求各功能价值系数。

解：根据表中的数据，我们可以按照以下步骤计算各功能价值系数。

1）计算功能评价值（F）：功能评价值即为目标成本，为 1 000 元。

2）计算功能价值系数（VI）：功能价值系数等于功能评价值除以功能目前成本。

3）计算成本降低期望值：成本降低期望值等于功能目前成本减去功能评价。

4）根据成本降低期望值确定改善顺序。

按照上述步骤进行计算，得到各功能的价值系数，如表 9.8 所示。

表 9.8 各功能的价值系数

功能	功能评价值（F）/元	功能价值系数（VI）	成本降低期望值/元	改善顺序
	③=②×1 000	④=③/①	⑤=①-③	⑥
F_1	400	0.67	200	1
F_2	300	0.75	100	2
F_3	200	0.67	100	2

2. 功能系数法

功能系数法是一种用于确定产品或项目中各功能的重要性程度的评价方法。它基于功能对整体目标的贡献程度来评估功能的重要性，通常采用定量指标来表示。在功能系数法中，每个功能都被赋予一个功能系数（function index，FI），该系数反映了该功能对产品或项目总体目标的贡献程度。这种方法可帮助确定优先考虑哪些功能，以便在设计或改进过程中更有效地分配资源。其计算公式为

$$价值系数=\frac{功能系数}{成本系数} \tag{9.8}$$

功能系数法通常与其他评价方法结合使用，如功能成本法，以便全面评估功能的价值和重要性。

（1）成本系数的计算

成本系数（cost index，CI）是功能分析中的一个重要指标，用于评估每个功能对总成本的贡献程度。计算成本系数的一种常见方法是将每个功能的成本与总成本进行比较，以确定其在总成本中的占比。

$$成本系数(CI_i)=\frac{第i个评价对象的目前成本}{总成本} \tag{9.9}$$

（2）功能系数的计算

功能系数是评估每个功能对总成本的贡献程度的指标，计算方法是将每个功能的成本除以总成本。这样可以确定每个功能在总成本中所占的比例，帮助确定哪些功能的成本可能较高或哪些功能值得优化。功能系数的计算是一个定性与定量相结合的过程，其主要步骤是评定功能分值。功能系数的计算方法很多，常用的有以下几种。

1）0～1 评分法。0～1 评分法将各功能一一对比，重要的得 1 分，不重要的得 0 分，然后为防止功能系数中出现零，用各加 1 分的方法进行修正，最后用修正得分除以总得分即为功能系数。0～1 评分法适用于被评价对象在功能的重要程度上差异不太大，并且评价对象的子功能数目不太多的情况。其计算过程如表 9.9 所示。

表 9.9　使用 0～1 评分法计算功能系数

功能	F_1	F_2	F_3	F_4	F_5	得分	修正得分	FI_i
F_1	×	0	0	1	1	2	3	0.20
F_2	1	×	1	1	1	4	5	0.33
F_3	1	0	×	1	1	3	4	0.27
F_4	0	0	0	×	0	0	1	0.07
F_5	0	0	0	1	×	1	2	0.13
合计						10	15	1.00

2）0～4 评分法。0～4 评分法将各功能一一对比，很重要的功能因素得 4 分，另一个很不重要的功能因素得 0 分；较重要的功能因素得 3 分，另一个较不重要的功能因素得 1 分；同样重要或基本同样重要时，两个功能因素各得 2 分。最后用各功能得分除以功能总得分即为功能系数。其计算过程如表 9.10 所示（其中 5 项基本功能的重要性为，F_2 和 F_3 同样重要，F_4 和 F_5 同样重要，F_1 相对于 F_2 较重要，F_1 相对于 F_4 很重要，F_2 相对于 F_4 较重要）。类似于 0～1 评分法，0～4 评分法适用于被评价对象在功能的重要程度上差异不太大，并且评价对象的子功能数目不太多的情况。0～1 评分法适用于简单的二元选择，而 0～4 评分法则适用于需要更精细地评估和比较的情况。选择合适的评分方法取决于具体的评估对象和评价标准的复杂程度。

表 9.10　使用 0～4 评分法计算功能系数

功能	F_1	F_2	F_3	F_4	F_5	得分	FI_i
F_1	×	3	3	4	4	14	0.350
F_2	1	×	2	3	3	9	0.225
F_3	1	2	×	3	3	9	0.225
F_4	0	1	1	×	2	4	0.100
F_5	0	1	1	2	×	4	0.100
合计						40	1.000

3）倍比法。倍比法用于比较两个或多个指标在不同时间点或不同条件下的变化情况。该方法通过计算指标在不同时间点或条件下的比值，以揭示变化趋势和相对变化幅度。令最后一个评价对象得分为 1，按对象之间的相互比值计算各功能的分值，其计算过程如表 9.11 所示。倍比法的优点在于能够清晰地展现指标的变化情况，并便于进行时间序列分析和趋势预测。然而，该方法也存在一些局限性，如对数据的敏感度较高，容易受到极端值的影响，同时需要确保比较的基准或参考点的选择合理。

表 9.11　使用倍比法计算功能系数

功能	相对比值	得分	FI_i
F_1	$F_1/F_2=2$	22.5	0.50
F_2	$F_2/F_3=1.5$	11.25	0.25
F_3	$F_3/F_4=3$	7.5	0.17
F_4	$F_4/F_5=2.5$	2.5	0.06
F_5		1	0.02
合计		44.75	1.00

3. 功能价值系数的计算

根据式（9.7），即可计算出每一功能的价值系数（VI）。其计算过程如表 9.12 所示。

表 9.12 功能价值系数的计算

功能	功能系数（FI）	功能目前成本（C）/元	成本系数（CI）	功能价值系数（VI）	功能改进目标
	①	②	③=②/1 230	④=①/③	⑤
F_1	0.50	560	0.455 285	1.098	
F_2	0.25	300	0.243 902	1.025	
F_3	0.17	150	0.121 951	1.394	
F_4	0.06	120	0.097 561	0.615	
F_5	0.02	100	0.081 301	0.246	√
合计	1.00	1 230	1.000		

由表 9.12 可知，价值系数最低的是功能 F_5，应对其进行改进。

4. 确定功能的改进目标

根据功能系数法计算出的功能价值系数可能有以下 3 种情况。

1）当价值系数 VI=1 时，功能的重要程度与成本比重相匹配，不需要改进。

2）当价值系数 VI<1 时，成本比重大于功能的重要程度，需要将其列为改进对象，主要目标是降低成本。

3）当价值系数 VI>1 时，成本比重小于功能的重要程度。可能原因包括成本偏低导致功能不足、功能过剩，或者特殊情况下的功能重要而成本较少。对于这种情况，需要进一步分析判断是否需要改进。

5. 功能的目标成本与成本改进期望值

确定了评价对象整体的目标成本和功能评价系数后，就可以计算功能的目标成本和成本改进期望值了。成本改进期望值等于功能目前成本与功能评价值的差值。当多个功能的价值系数相同时，应优先选择成本改进期望值较大的功能作为重点改进对象。

以表 9.10 为例，若整体功能的目标成本为 1 000 元，则功能的目标成本等于整体目标成本乘以功能评价系数，成本改进期望值等于功能的目标成本减去功能目前成本，如表 9.13 所示。这意味着改进 F_1、F_2、F_4、F_5 功能后有望降低相应的成本，从而使总成本减少 230 元。

表 9.13 功能目标成本与改进期望值计算

功能	功能目前成本（C）/元	功能评价系数	功能的目标成本	成本改进期望值/元
	①	②	③=整体目标成本×①	④=③-①
F_1	560	0.50	500	-60
F_2	300	0.25	250	-50
F_3	150	0.17	170	20
F_4	120	0.06	60	-60
F_5	100	0.02	20	-80
总计	1 230	1.00	1 000	-230

【例 9.5】 下面以某国产手表为例分析价值工程在方案优化中的应用。

（1）概述

在某国产手表出口中，外商及用户的评价是：手表的内在质量尚好，外观质量太差，价格无法提高，因此，必须对产品进行更新，以增强其竞争力。产品改进的主要目标是针对缺点进行改进。

（2）成本分布分析

该手表的零件总数按 140 个计算，其平均成本为 18.78 元/个。经 ABC 分析法将零件按成本从高到低的顺序进行排列，如表 9.14 所示。

表 9.14　成本分布

零件类别	零件数量/个	占总数量/%	计算成本/（元/万个）	占成本总值/%
A	32	22.86	147 194.16	78.37
B	25	17.86	27 917.88	14.87
C	83	59.28	12 698.90	6.76
合计	140	100	187 810.94	100

（3）产品功能分析及评价

1）基本功能：计时。

2）辅助功能：防水、防震、防磁。

3）使用功能：耐用。

4）外观功能：美观。

5）各功能的重要性评价如下。

① 使用 0～1 评分法进行重要性次序评价，如表 9.15 所示。

表 9.15　各主要零件的重要性评价表

序号	功能	计时	防水	防震	防磁	耐用	美观	评分值	重要性次序
1	计时	×	1	1	1	1	1	5	1
2	防水	0	×	1	1	0	0	2	4
3	防震	0	0	×	1	0	0	1	5
4	防磁	0	0	0	×	0	0	0	6
5	耐用	0	1	1	1	×	0	3	3
6	美观	0	1	1	1	1	×	4	2

② 使用百分制评分法（一种常用的评价方法，主要用于对各项指标或功能进行量化评分，以反映其相对重要性或权重）评定功能的重要度系数。评定要点是按每人评分的多少进行排列，现将 6 位专家的评分结果列于表 9.16 中。

表 9.16　评估专家对手表的评分

次序	功能	评分人员						得分总计	功能重要度系数
		一	二	三	四	五	六		
1	计时	30	30	28	35	32	30	185	0.308 3
2	美观	30	25	25	35	30	30	175	0.291 7
3	耐用	20	20	20	10	15	15	100	0.166 7
4	防水	8	10	12	10	11	10	61	0.101 7

续表

次序	功能	评分人员						得分总计	功能重要度系数
		一	二	三	四	五	六		
5	防震	8	10	10	7	8	10	53	0.088 3
6	防磁	4	5	5	3	4	5	26	0.043 3

③ 对 A、B 类中的 6 个重点零部件进行功能评价。使用定量评分法进行评定，得出的 6 个重点零部件的功能评价系数如表 9.17 所示。

表 9.17 重点零部件的功能评价系数

序号	零部件名称	功能项目												功能评价系数
		计时 0.3083		美观 0.2917		耐用 0.1667		防水 0.1017		防震 0.0883		防磁 0.0433		
1	夹板	15%	0.046 2	8%	0.024	30%	0.05	0	0	0	0	0	0	0.119 6
2	原动系	25%	0.077 1	0	4	0	0	0	0	0	0	0	0	0.077 1
3	擒纵调速系	60%	0.185 0	0	0	0	0	0	0	0	0	100%	0.043 3	0.228 3
4	防震器	0	0	2%	0.005 8	0	0	0	0	100%	0.088 3	0	0	0.094 1
5	表盘	0	0	30%	0.087 5	0	0	0	0	0	0	0	0	0.087 5
6	表壳	0	0	60%	0.175 0	70%	0.116 7	100%	0.101 7	0	0	0	0	0.393 4
合计		100%		100%		100%		100%		100%		100%		1.000 0

④ 计算 6 个重点零部件的成本系数，如表 9.18 所示。

表 9.18 重点零部件的成本系数

序号	零部件名称	成本/（元/万只）	成本系数
1	夹板	60 426.36	0.345 1
2	原动系	12 466.40	0.071 2
3	擒纵调速系	15 451.48	0.088 2
4	防震器	29 715.00	0.169 7
5	表盘	89 14.50	0.050 9
6	表壳	48 138.30	0.274 9
合计		175 112.04	1.000 0

（4）确定具体目标

根据功能评价系数和成本系数，求出这 6 个重点零部件的价值系数，如表 9.19 所示。使用价值系数判别法来确定具体目标。

表 9.19 重点零部件的价值系数

序号	零部件名称	功能评价系数	成本系数	价值系数
1	夹板	0.119 6	0.345 1	0.346 5
2	原动系	0.077 1	0.071 2	1.082 8
3	擒纵调速系	0.228 3	0.088 2	2.588 4
4	防震器	0.094 1	0.169 7	0.554 5
5	表盘	0.087 5	0.050 9	1.719 0
6	表壳	0.393 4	0.274 9	1.431 1

从表 9.19 中可以看出，夹板、防震器的价值系数小于 1，故其是主要的改进对象。其他零部件需要做具体的分析。

① 原动系的价值系数接近于 1，说明原动系功能与所花费的成本基本上相当，不必作为改进对象。

② 擒纵调速系的价值系数大于 1，说明其功能与成本相比，成本已较低，在满足使用者需求的条件下，不是价值分析的主要目标，可暂时不分析。

③ 表盘的价值系数大于 1，说明表盘功能在满足使用者需求的条件下成本已较低，不是价值分析的主要目标。

④ 表壳的价值系数大于 1，说明成本偏低，还可以适当提高一点成本，以便使表壳外观造型更加新颖、美观。这是符合用户需求的，也是合理的。

（5）改进方案

根据上述分析，该手表完全可以在保证内在功能不变、适当提高外观功能、使成本有所降低的条件下，达到扩大出口积极创汇的目的。

1）改进方案提出的依据。因为国际市场的发展要求无钻或少钻，如美国在海关法中就明确规定，一些钻数小的手表可获得最优惠的进口税率，所以必须尽量减少表钻数量、简化夹板结构、不使用防震器，从而简化机芯，以达到降低成本、扩大出口的目的。

2）改进方案的要点。19 钻改为 7 钻，夹板的孔位坐标不变；简化主夹板结构，条夹板和上夹板合并，中夹板兼作垫块；表壳改进外观造型，并考虑采用配套表带。

经过改进后，整个机芯的零件数量减少，减少的比例为 25%。

（6）产品更新后的预计效果

1）成本变化内容。

① 通过减少夹板钻所降低的成本为 3.94 元/只。

② 采用钢托而不用防震器所降低的成本为 2.42 元/只。

③ 简化主夹板结构所降低的成本为 0.69 元/只。

④ 表壳改进造型和增加表带所增加的成本为 2 元/只。

2）经济效益分析。上述各项成本的降低总数为 3.94+2.42+0.69−2=5.05（元/只）。

① 每年净节约金额。以年产量 100 万只计算，每万只手表改进前的成本为 187 810.94 元，改进后的成本为 137 310.94 元，改进后减少 50 500 元。整个工艺改进需要增加投资 15 000 元，即

$$\begin{aligned}\text{每年净节约额} &= (187\,810.94 - 137\,310.94)\times 100 - 15\,000 \\ &= 50\,500\times 100 - 15\,000 \\ &= 5\,050\,000 - 15\,000 \\ &= 5\,035\,000\text{（元/年）}\end{aligned}$$

② 节约百分数为

$$\frac{187\,810.94 - 137\,310.94}{187\,810.94}\times 100\% = 26.89\%$$

3）技术性能指标对比。根据对样机试制后的实际测试结果可以看出，经过简化后的机芯仍能符合统一机芯各项原有的性能指标。

9.4　价值工程方案的评价

价值工程方案的评价是指对提出的各种改进方案进行系统性、客观性的评估和比较，以确定最佳方案或优先采取的方案。评价的目的是验证方案是否能够有效降低成本、提高价值和满足需求，以确保方案的实施达到预期的效果。进行方案评价时，通常是对方案的经济性、技术可行性、实施难度、风险和影响等方面进行综合分析，以综合考虑各种因素的影响，并为最终决策提供科学依据。评价过程需要依据相关的指标和标准，采用适当的方法和工具进行定量或定性分析，以确保评价结果准确可靠。评价是价值工程过程中非常重要的一环，它能够帮助决策者选择最佳的方案，从而实现效益最大化。

9.4.1　方案综合评价方法

方案综合评价是指通过系列化的评估手段，全面分析和比较不同方案的技术、经济、社会等方面的优劣，最终确定最优方案的一种方法。

方案综合评价方法由概略评价、详细评价及综合评价组成，其中都包括技术、经济、社会和综合等方面的评价。概略评价是指对提出的方案进行初步筛选，排除不可行的方案，选出较有潜力的几个方案进行详细评价。详细评价是指在大量数据资料的基础上对选定的方案进行深入分析，评估其在技术、经济和社会等方面的可行性和优劣。在评价过程中，一般先进行技术评价，然后分别进行经济评价和社会评价，最后进行综合评价。评价方法包括德尔菲法、优缺点列举法和直接评分法等，以综合分析结果为依据确定最优方案。

1. 概略评价

概略评价对方案创新阶段提出的各方案设想进行初步评价，目的是淘汰那些明显不可行的方案，筛选出少数几个价值较高的方案，以供详细评价做进一步的分析。概略评价的内容包括以下几个方面。

1）技术评价方面，应分析、研究创新方案能否满足所要求的功能，以及其本身在技术上能否实现。

2）经济评价方面，应分析、研究产品成本能否降低及降低的幅度，以及实现目标成本的可能性。

3）社会评价方面，应分析、研究创新方案对社会利害影响的大小。

4）综合评价方面，应分析、研究创新方案能否使价值工程活动对象的功能和价值有所提高。

2. 详细评价

详细评价是指在掌握大量数据资料的基础上，对通过概略评价的少数方案，从技术、经济、社会 3 个方面进行详尽的评价分析，为提案的编写和审批提供依据。详细评价的内容包括以下几个方面。

1）技术评价方面，主要以用户需要的功能为依据，对创新方案的必要功能条件实现的程度进行分析评价。特别对产品或零部件，一般要对功能的实现程度（包括性能、质量、寿命等）、可靠性、维修性、操作性、安全性及系统的协调性等进行评价。

2）经济评价方面，主要考虑成本、利润、企业经营的要求；创新方案的适用期限与数量；实施方案所需的费用、节约成本与投资回收期，以及实现方案所需的生产条件等。

3）社会评价方面，主要研究和分析创新方案给国家和社会带来的影响（如环境污染、生态平衡、国民经济效益等）。

4）综合评价方面，是指在上述 3 种评价的基础上，对整个创新方案的诸因素进行全面系统的评价。为此，首先要明确评价项目，即确定评价所需的各种指标和因素；然后分析各方案对每一评价项目的满足程度；最后根据方案对各评价项目的满足程度来权衡利弊，判断各方案的总体价值，从而选出总体价值最大的方案，即技术上先进、经济上合理和社会上有利的最优方案。

3. 综合评价

方案的综合评价的方法有很多，常用的定性方法有德尔菲法、优缺点列举法等；常用的定量方法有直接评分法、加权评分法、环比评分法、强制评分法等。

1）德尔菲法。德尔菲法又称专家意见法或专家函询调查法，是指依据系统的程序，采用匿名发表意见的方式，即专家之间不得互相讨论，不发生横向联系，只能与调查人员发生联系，通过多轮次调查专家对问卷所提问题的看法，经过反复征询、归纳、修改，最后汇总成专家基本一致的看法，并将其作为预测的结果。正是由于德尔菲法具有资源利用的充分性及最终结论的可靠性和统一性的特点，所以它在诸多判断预测或决策手段中脱颖而出。

2）优缺点列举法。优缺点列举法是指把每一个方案在技术上、经济上的优缺点详细列出，进行综合分析，并对优缺点做进一步的调查，然后使用淘汰法逐步缩小考虑范围，从范围不断缩小的过程中找出最后的结论。

3）直接评分法。直接评分法是指根据各种方案能够达到各项功能要求的程度，按 10 分制（或 100 分制）评分，然后算出每个方案达到功能要求的总分，比较各方案总分，做出采纳、保留、舍弃的决定，接着对采纳、保留的方案进行成本比较，最后确定最优方案。直接评分法如表 9.20 所示。

表 9.20 直接评分法

汽车型号	评价项目					总分	结论
	动力性能	燃油经济性	安全性能	驾驶舒适性	价格		
1	85	90	80	85	75	415	
2	90	85	85	80	80	420	
3	80	95	75	75	70	395	
4	95	80	90	85	85	435	√

4）加权评分法。加权评分法是指首先为不同的评价项目分配权重，然后根据方案在每个项目上的表现给予得分，最后将各项得分按权重加权求和，得到综合评分。这种方法适用于需要考虑不同评价项目相对重要程度的情况。具体步骤如下。

① 确定评价项目：确定需要评价的各项目，如技术性能、成本、可行性等。

② 确定权重：根据各项评价项目的重要性，为每个项目确定一个权重，通常使用百

分比表示。

③ 评分：对每个方案在各评价项目上的表现进行评分，可以使用直接评分法或其他评分方法进行评分。

④ 加权求和：将每个方案在各项评价项目上的得分与相应的权重相乘，然后将结果加总，得到综合评分。

⑤ 比较评分：根据综合评分，对各个方案进行比较，确定最优方案。

5）环比评分法。环比评分法（decision alternative ratio evaluation system，DARE 法）是一种常用的评估和选择创新方案的方法。该方法通过比较不同因素的重要性来确定各因素的权重，从而评估和选择最佳方案。先确定需要评价的各因素或指标，包括技术、经济、社会等多个方面。接着，对这些评价因素进行逐一比较，确定它们之间的相对重要性，这种比较通常基于专家意见、历史数据、市场需求等多种信息来源。接下来，将最后一个被比较的指标的重要性系数设定为 1 作为基准，逐步修正每个因素的重要性比值，确保它们之间的比值符合一定的比例关系。然后，根据修正后的重要性比值，计算每个因素的权重，这些权重可以表示各因素在整体评价中的相对贡献程度。之后，使用确定的权重来评估各创新方案，对每个方案的各因素进行加权求和，得出综合得分。最后，根据各方案的综合得分，选择综合得分最高的方案作为最佳方案。这种方法能够考虑多个因素的相对重要性，使评价更加客观和综合，为决策者提供了一种系统化的方法来评估和选择方案，有助于做出理性的决策。

6）强制评分法。强制评分法包括 0～1 评分法和 0～4 评分法两种方法。

9.4.2 综合评价的一般工作流程

综合评价方法通过列出建设项目的技术经济指标和非数量指标，由专家论证或决策者直接评定方案的优劣。综合评价方法能够综合考虑多个因素的影响，包括技术、经济、社会等多个方面，使评价更加全面和客观。此方法通过将各因素进行加权求和，得出综合得分，使不同方案之间的比较更加直观和可比，有助于决策者做出理性的选择。综合评价方法为决策者提供了一种系统化的方法来评估和选择方案，能够为决策提供科学的依据和支持，降低决策风险。

在确定各因素的权重和评价指标时，往往需要依赖专家意见或主观判断，存在一定的主观性和不确定性。此方法需要大量的数据支持，包括技术数据、经济数据等，而这些数据可能难以获取或不完整，影响评价结果的准确性和可靠性。确定各因素的权重是该方法的关键步骤之一，但权重的确定往往受到主观因素的影响，存在一定的难度和局限性。由于综合评价方法涉及多个因素和多个权重，所以评价结果可能受到多种因素的影响，存在一定的不确定性和误差。

为了避免上述缺点，能够较好地听取各方面意见，可采取以下流程进行综合评价。

（1）确定评价目标和指标

明确评价的目标是什么，确定需要评价的指标和因素，这些指标可以包括技术、经济、社会等方面的因素。

评价指标的设立应遵循以下原则。

1）系统性原则。指标体系应能全面反映建设项目的综合情况，从中找出主要方面的指标，既能反映直接效果，又能反映间接效果，以保证综合评价的全面性与可信度。

2）指标的可测性原则。指标含义明确，计算指标所需的数据资料便于收集，计算方法简便、易于掌握。

3）定量指标与定性指标结合适用的原则。使用定量指标进行计算，可使评价具有客观性，便于用数学方法处理；将定量指标与定性指标结合使用，又可弥补单纯定量指标评价的不足，以防失之偏颇。

4）绝对指标与相对指标结合适用的原则。绝对指标反映总量、规模，相对指标反映某些方面的强度或密度。

5）指标之间应尽可能避免关联和重叠关系。对于隐含的相关关系，要在模型中使用适当的方法消除。

6）指标的选择要尽可能保持同趋势，不能保持同趋势的应经适当步骤实现同趋势，以保持可比性。

7）指标的设置要有重点。重要方面的指标可设置得细些，次要方面可设置得粗些，指标的覆盖范围要宽些。

8）指标要有层次性。这样有利于确定指标的权重，便于确定方案的综合效果。

（2）建立评价模型

根据评价目标和指标，建立一个评价模型，确定各因素之间的关系和影响程度，以及各指标的权重。

（3）收集和整理数据

收集和整理与评价相关的数据，包括技术数据、经济数据、社会数据等，确保评价所需的数据是全面和准确的。

（4）分析数据

对收集到的数据进行分析，通过统计分析、比较分析等方法，得出各指标的具体数值和趋势，为后续的评价提供依据。

（5）确定权重

对各指标进行权重确定，可以使用专家打分法、层次分析法、主成分分析法等方法，确定各指标的权重。

（6）评价计算

根据建立的评价模型和确定的权重，对各指标进行加权计算，得出各方案的综合评价得分。

（7）确定综合评价的判据

确定综合评价的判据是决策过程中的关键步骤之一。尽管存在对于是否设立单一判据的不同看法，但大多数人认为建立一个单一判据对于方案决策具有重要意义。

通常情况下，综合评价的单一判据是通过定性与定量相结合的评价值来确定的，可以是某一指数或某一百分比。对于综合评价值的高低和优劣的判别，可以采取两种处理方法：一种是预先设定某一数值 N，大于 N 的方案被视为可行方案，小于 N 的方案被视为不可行方案；另一种是不预先设定临界值，而是根据综合评价值的大小来排列方案的优先次序。

（8）选择评价方法

选择适当的评价方法对于确保评价过程的有效性至关重要。在评价的不同阶段，可能需要采用不同的方法。因此，应根据所评价的内容、类型和具体情况，灵活选择合适的评价方法。通常情况下，会结合多种方法，并在实践中不断探索和改进。

工程项目的综合评价是一个复杂的过程，涉及从确定目标、评价范围、确定评价指标体系、指标权重，到选择综合评价方法，以及做出评价结论等多个方面的工作。这个过程需要进行预测、分析、评定、协调、计算、模拟、综合等各种工作，并且需要进行交叉和反复的操作。

9.4.3 价值工程效果评价

根据评价结果，选定最佳方案后，通过试验验证方案的可行性和效果，确保其能够达到预期目标，并为后续的审批提供充分的依据。试验成功后，该方案可作为正式提案提交审批。审批通过后，方案进入实施阶段。在这一阶段，价值工程小组需要全程跟进，积极参与实施过程的监督与检查，确保每个步骤都符合设计目标。同时，要与各相关方保持密切沟通，及时解决可能出现的问题，确保方案能够按计划顺利实施，并达到预期的价值提升效果。最后，对该价值工程的应用效果进行评价，该评价包括以下几个方面。

（1）技术效果评价

以用户需求的功能为基准，评估方案对功能的实现程度，通常采用定量评价方法，考察是否达到规定的技术指标，如产品质量、寿命、安全等。

（2）经济效果评价

根据需求计算改进方案对能源、原材料消耗、劳动生产率、利润等指标的影响，与原方案进行比较，重点关注能源、原材料消耗等方面的节约。

$$\text{成本降低率}=\frac{\text{原方案成本}-\text{改进后的新方案成本}}{\text{原方案成本}} \tag{9.10}$$

$$\text{投资效率}=\frac{(\text{原方案成本}-\text{改进后的新方案成本})\times\text{全年产量}-\text{价值工程年投资费用}}{\text{价值工程年投资费用}}\times 100\% \tag{9.11}$$

$$\text{达到目标比率}=\frac{\text{改进后的新方案成本}}{\text{节约目标额}}\times 100\% \tag{9.12}$$

（3）社会效果评价

社会效果评价包括填补国内外科技发展的空白、节约资源、降低用户成本、改善环境等方面的影响。

（4）价值工程工作总结

价值工程工作全部结束后，评估是否达到预期目标，分析存在的差距和原因，总结工作过程中的优缺点，归纳经验并提出改进建议。

典 型 案 例

某公司计划在一片空地上建造一座办公大楼，设计方案涉及结构、设备、材料等多个方面。有以下 3 个不同的设计方案。

方案 A：结构为钢结构，设备为高效节能型空调设备，外墙材料为玻璃幕墙。楼梯为混凝土结构，总造价为 1 000 万元。

方案 B：结构为混凝土框架，设备为普通型空调设备，外墙材料为砖瓦墙，楼梯为木质结构，总造价为 900 万元。

方案 C：结构为钢筋混凝土框架，设备为普通型空调设备，外墙材料为玻璃幕墙，楼梯为钢铁结构，总造价为 950 万元。

1. 价值工程分析

（1）选择最佳设计方案

公司对每个方案的各项功能进行评分，并为每个功能分配权重。然后计算每个方案的加权得分，选择得分最高的方案作为最佳设计方案。

（2）土建工程价值工程分析

公司将土建工程划分为几个功能项目，如地基工程、结构工程、外墙工程等。然后，对每个功能项目进行评分，并比较目前的成本和目标成本。通过分析可能降低的额度，确定功能改进的顺序，以实现成本的控制和降低。

2. 方案功能和评分信息

方案各功能和权重及各方案的功能得分如表 9.21 所示。

表 9.21　方案各功能和权重及各方案的功能得分

方案功能	功能权重	方案功能得分		
		A	B	C
结构	0.25	10	8	9
设备	0.20	9	7	8
外墙材料	0.20	8	7	9
楼梯	0.15	9	7	8
其他	0.20	8	6	7

通过对这些信息进行分析，公司可以进行最佳设计方案的选择，并确定土建工程部分的功能改进顺序，以最大程度地满足需求并控制成本。

（1）选择最优设计方案

需要计算每个方案的加权得分，然后选择得分最高的方案作为最优设计方案。

1）计算加权得分：对于每个方案，将每个功能的得分与其对应的权重相乘，然后将所有功能的加权得分相加，即可得到总得分。

方案 A 的加权得分：10×0.25+9×0.20+8×0.20+9×0.15+8×0.20=8.85。

方案 B 的加权得分：8×0.25+7×0.20+7×0.20+7×0.15+6×0.20=6.05。

方案 C 的加权得分：9×0.25+8×0.20+9×0.20+8×0.15+7×0.20=8.25。

2）结论：根据计算，方案 A 的加权得分为 8.85，方案 B 的加权得分为 6.05，方案 C 的加权得分为 8.25。因此，方案 A 的得分最高，应选择方案 A 作为最优设计方案。

（2）土建工程价值工程分析

1）计算目标成本与可能降低的额度。

目标成本为 12 170 万元，各功能项目的当前成本占比为：桩基围护工程 11.86%，地下室工程 11.57%，主体结构工程 36.72%，装饰工程 39.85%。

计算目标成本与可能降低的额度。

桩基围护工程：目前成本为 1 520 万元，可能降低额度为 1 520−(12 170×11.86%)=77（万元）。

地下室工程：目前成本为 1 482 万元，可能降低额度为 1 482−(12 170×11.57%)=74（万元）。

主体结构工程：目前成本为 4 705 万元，可能降低额度为 4 705−(12 170×36.72%)=236（万元）。

装饰工程：目前成本为 5 105 万元，可能降低额度为 5 105−(12 170×39.85%)=255（万元）。

2）确定功能改进顺序。

功能改进顺序应根据可能降低的额度来确定，首先应着手改进可能降低额度较大的功能项目。功能改进顺序为装饰工程（可能降低额度最大）、主体结构工程、桩基围护工程、地下室工程。

这样的顺序可以使公司最大限度地降低成本，同时确保对各功能项目的改进都得到了充分的考虑。

本 章 小 结

价值工程是一种系统性的方法论，旨在通过优化设计、提高效率和降低成本，实现产品、项目或流程的最大化价值。该方法注重发现和利用隐藏的价值，通过对功能的重新定义和重新设计，以实现成本的最优化，并且通常是在不影响质量和性能的前提下完成的。价值工程的核心步骤包括信息收集和识别、功能分析、创造性方案制定、方案评价、方案实施及效果评价与总结。信息收集和识别阶段旨在识别潜在的改进机会。功能分析则是价值工程的基础，通过识别产品或项目的核心功能和价值来确定改进的方向。创造性方案制定阶段是提出多种可能的解决方案的阶段。方案评价则是对已提出的各种方案进行评估，进而确定最佳方案的阶段。一旦确定了最佳方案，就可以实施了，并在实施后进行效果评价与总结。价值工程的优点包括提高了产品、项目或流程的价值和性能，降低了成本，提高了效率，并促进了团队合作和创新思维。价值工程的应用领域非常广泛，包括建筑、制造业、工程项目、服务行业等各领域。无论是产品开发、工程设计、生产制造还是项目管理，价值工程都可以发挥重要作用。

思考与练习

1．价值工程在工程项目中的主要作用是什么？至少列举 3 个方面。

2．解释价值工程中的“价值”是如何定义的，它与成本之间有什么关系。

3．在实施价值工程时，可能会遇到哪些挑战和障碍？如何克服这些挑战？

4．什么是功能分析？它在价值工程中的作用是什么？请举例说明。

5．如何确定和评价不同设计方案的优劣？价值工程中常用的评价方法有哪些？

6．价值工程是如何帮助项目降低成本并提高价值的？请提供具体案例或论据。

7．价值工程在未来的工程领域中可能会有怎样的发展趋势？

8．在某家电器公司的新产品开发项目中，设计团队提出了 4 种不同的产品方案：A、

B、C、D。经过专家评估，得到了如表 9.22 所示的功能重要性评分。

表 9.22　功能重要性评分

方案功能	制造成本	功能完整性	用户体验	可持续性	市场竞争力
A	8	6	7	5	7
B	7	7	8	6	6
C	6	8	6	8	8
D	5	5	5	7	5

根据表 9.22，计算每个方案的总功能重要性评分，并给出最佳产品方案。

第 10 章　工程项目的预测与决策技术

【学习目标】

1）了解工程项目预测的概念、分类及工作程序；

2）掌握定性预测中的市场调查预测法、专家预测法和主观概率法；

3）掌握定量预测技术中的时间序列预测法（移动平均法、指数平滑法）、回归分析预测法；

4）了解决策的概念、分类、程序；

5）掌握确定型决策、非确定型决策的基本方法。

【关键概念】

预测　定性预测　定量预测　德尔菲法　时间序列预测法　回归分析预测法　决策　确定型决策　不确定型决策

10.1　工程项目预测概述

10.1.1　工程项目预测的概念

工程项目预测是指根据科学的方法和客观事物发展趋势及变化规律，对工程项目未来发展趋势或状态做出科学的推测与判断。

10.1.2　工程项目预测的分类

1. 按预测方法划分

按预测方法划分，工程项目预测可分为定性预测和定量预测。

（1）定性预测

定性预测是指预测者根据历史与现实观察资料，依赖个人或集体经验与智慧，对工程项目未来发展状态和变化趋势做出判断。常用的定性预测方法包括专家意见法、个人判断法、专家会议法、头脑风暴法、德尔菲法、相关类推法、对比类推法、比例类推法等。

（2）定量预测

定量预测是指依据调查研究所得的数据资料，运用统计方法和数学模型，近似地揭示工程项目及其影响因素的数量变动关系，建立对应的预测模型，据此对工程项目做出定量测算。常用的定量预测方法包括时间序列分析预测法、因果分析预测法等。

2. 按预测期限划分

按预测期限划分，工程项目预测可分为长期预测、中期预测、短期预测和近期预测。对于不同建设期的工程项目，长期、中期和短期预测的具体期限各不相同。

（1）长期预测

长期预测是指对 5 年以上（不包括 5 年）工程项目发展前景的预测。长期预测是制订工程项目远景计划，提出长期发展目标和任务的依据。

（2）中期预测

中期预测是指对 1 年以上（不包括 1 年）5 年以下工程项目发展前景的预测。中期预测是制订工程项目 5 年计划，提出 5 年发展目标和任务的依据。

（3）短期预测

短期预测是指对 3 个月（包括 3 个月）以上 1 年以下工程项目发展前景的预测。短期预测是制订工程项目年度计划、季度计划，提出短期发展具体任务的依据。

（4）近期预测

近期预测是指以日、周、旬、月为单位对 3 个月以下工程项目发展前景的预测。近期预测是制订工程项目月、旬发展计划，提出近期发展具体任务的依据。

3. 按预测时态划分

按预测时态划分，工程项目预测可分为静态预测和动态预测。

（1）静态预测

静态预测是指不包含时间变动因素，根据同一时期的因果关系，对工程项目做出预测。

（2）动态预测

动态预测是指包含时间变动因素，根据工程项目发展历史和现状，对其未来发展前景做出预测。

10.1.3 工程项目预测的程序

1. 明确预测任务，确定预测目标

一般来说，预测不是目的，其是为决策服务。因此，在预测工作过程中，首先要在总目标的指导下，通过调查研究，理清工程项目影响因素及可能导致的后果，确定工程项目预测的具体要求，包括预测指标、预测期限、可能选用的预测方法及要求的基本资料和数据。

2. 收集、整理有关资料

预测是根据有关历史资料去推测未来，资料是预测依据。应根据工程项目预测的具体要求收集资料，预测中所需的资料通常包括以下内容。

1）工程项目本身的发展历史资料。

2）对工程项目发展变化有影响作用的各相关因素历史资料。

3）形成上述资料的历史背景，以及影响因素在预测期间内的可能表现状况。

对收集的资料进行分析、加工和整理，判别资料的真实程度和可用度，删除不真实及无用的资料。

3. 选择预测方法

不同的预测方法有不同的适用范围、前提条件及要求。对于特定工程项目，理论上可以选择多种预测方法，而在实际情况中，应根据计划、决策需要，结合预测条件、环境，

以经济、方便、精度高为原则对预测方法进行选择。

4. 建立预测模型

预测模型是对预测工程项目发展变化客观规律的近似模拟。对于数学模型，要求给出其模型形式和参数值，如趋势外推法，则要求给出反映发展趋势公式；类推法，则要寻求与预测对象发展类似的事物在历史上所呈现的发展规律等。

5. 检验预测模型

检验预测模型是指对预测模型能否真实反映工程项目未来发展的规律进行评价，如工程项目是否仍按原趋势发展下去，即其发展是否会产生突变；所建立的预测模型能否准确预测工程项目的发展趋势。如果检验结果显示，现有预测模型能够真实反映工程项目未来的发展状况，则可进入下一步，反之，则需要重建预测模型。

6. 运用预测模型进行预测

根据收集的资料，运用经过检验的预测模型，计算或推测工程项目未来发展的结果。

7. 分析预测误差，评价预测结果

在计算和推测的过程中，运用经过检验的预测模型，其预测结果也难免会产生误差。因此，都应对工程项目预测结果进行分析及评价。通常情况下，根据常识和经验对预测结果是否合理进行检查及判断，其与实际结果是否存在较大偏差，以及未来条件变化是否会对实际结果产生影响等，并通过对预测结果进行修正，使其更接近实际结果。

10.2　工程项目定性预测方法

10.2.1　工程项目定性预测概述

（1）工程项目定性预测的特点

1）强调对工程项目发展性质进行描述性预测。当所掌握的工程项目历史数据不多或影响因素众多且复杂时，难以做出定量分析，则运用专家经验及分析判断能力，对工程项目进行定性预测是较好的可行方法。

2）强调对工程项目发展趋势、方向和重大转折点进行预测。例如，某工程项目总体形势变化、国家政策变化分析等。

由工程项目定性预测的特点可知，其优点在于灵活性较强，能充分发挥预测者的主观能动性，同时，预测简单迅速，可节省一定的人力、物力和财力。但其缺点在于受主观因素影响较大，且主要依赖预测者的知识、经验和能力，难以对工程项目发展做出精确度量。

（2）提高工程项目定性预测准确程度的方法

1）加强调查研究，掌握影响工程项目发展的有利条件及不利因素等，从而使对工程项目发展前景的分析判断更接近实际。

2）在对工程项目进行调查研究时，应做到数据与情况并重，使定性分析定量化，即通过质的分析进行量的估计，进行有数据、有情况的分析判断，以提高定性预测的说服力。

3）将定性预测与定量预测相结合，提高预测质量，以深入判断工程项目发展过程的阶段性和重大转折点。

10.2.2 常见的工程项目定性预测方法

1. 市场调查预测法

市场调查预测法是指预测者深入实际，对工程项目进行市场调查研究，取得必要的调查统计资料及信息，并根据自己的经验和专业水平，对工程项目的发展前景进行分析判断。这种预测方法虽然可以提供简单的数据，但其主要预测工程项目发展前景的性质和方向，属于定性预测范畴。

2. 专家预测法

专家预测法是指以专家为信息索取对象，组织各领域专家运用专业经验及知识，通过直观、综合地分析工程项目过去及现在发生的问题，并从中找出规律，对工程项目发展远景做出判断。专家预测法属于直观预测范畴，简单易行，是应用历史较为悠久的一种定性预测方法，其可在缺乏足够统计数据和原始资料的情况下，做出预测，但预测结果在很大程度上取决于专家的集体智慧。专家预测法主要包括专家个人判断法、专家会议法、头脑风暴法和德尔菲法。

（1）专家个人判断法

专家个人判断法是指通过征求专家的个人意见来预测工程项目的发展前景，其主要优点是最大限度地利用专家的个人创造力，但仅靠专家个人判断很容易受专家知识面、经验广度和深度、占有资料全面程度及对预测问题是否感兴趣等因素的影响，从而造成预测结果的片面性。

（2）专家会议法

专家会议法是指专家通过会议相互启发、交换意见，并通过反馈把思路集中于战略目标，以弥补专家个人判断的不足，为工程项目重大决策做出预测。其主要优点是专家会议信息量比单个专家获取的信息量大、专家会议考虑的因素比单个专家考虑的因素多、专家会议提供的方案比单个专家提供的方案具体，但专家会议的预测结果易受心理因素及劝说性影响，如屈服权威或大多数人意见、不愿修正已发表意见等。

（3）头脑风暴法

头脑风暴法是指通过一组专家共同开会讨论，进行工程项目信息交流及互相启发，从而诱发专家发挥其创造性思维，促进“思维共振”，以达到互相补充并产生“组合效应”的预测方法。

（4）德尔菲法

德尔菲法是指依据系统程序，采用匿名发表意见方式，通过多轮次调查专家意见，并经过反复征询、归纳、修改和技术处理，最后汇总专家基本一致的看法，作为工程项目发展前景的预测结果。其可充分发挥各专家的作用，并能把各专家意见的分歧点表达出来，同时避免权威人士意见的影响，并有利于专家修正已发表意见。但该方法的实施过程较为复杂，花费时间较长，不适合进行工程项目的快速预测与决策。

3. 主观概率法

主观概率法是指预测者利用主观概率，对市场调查预测法或专家预测法所得到的工程项目各种定量预测结果进行集中整理，得出综合性预测结果，其反映了预测者个人对工程项目未来发展的主观判断。

10.3　工程项目定量预测方法

10.3.1　工程项目定量预测概述

工程项目定量预测方法的优点是能够较为准确地把握未来工程项目发展的程度和规模；其缺点是对统计资料的要求和依赖性高，计算量大，对一些工程项目中的重大事件发生、重要转折点及新动向预测的敏感性差。

10.3.2　常见的工程项目定量预测方法

常见的工程项目定量预测方法主要包括时间序列预测法、回归分析预测法。

1. 时间序列预测法

时间序列预测法是指通过对时间序列分析和研究，运用科学的方法建立预测模型，预测工程项目未来发展的变化趋势，确定其预测值。时间序列预测法主要包括移动平均法和指数平滑法。

（1）移动平均法

移动平均法是指根据时间序列逐项推移工程项目资料，依次计算包含一定项数的时序平均数，以反映工程项目长期趋势的方法。当时间序列数值由于受周期变动和不规则变动影响，起伏较大，且不易显示出工程项目的发展趋势时，可运用移动平均法来消除这些因素的影响，分析、预测序列的长期趋势。移动平均法可以分为简单移动平均法、加权移动平均值法等。

1）简单移动平均法，其计算公式为

$$M_t^{(1)} = \frac{X_t + X_{t-1} + \cdots + X_{t-N+1}}{N} \quad (t \geqslant N) \tag{10.1}$$

式中，$M_t^{(1)}$——第 t 期的一次移动平均数；

t——周期数；

X_t——第 t 期的数据；

N——分段数据点数或序时项数。

从实际计算可发现，若 N=5，则

$$M_5^{(1)} = \frac{X_5 + X_{5-1} + X_{5-2} + X_{5-3} + X_{5-5+1}}{5} = \frac{X_5 + X_4 + X_3 + X_2 + X_1}{5}$$

$$M_6^{(1)} = \frac{X_6 + X_5 + X_4 + X_3 + X_2}{5} = \frac{X_5 + X_4 + X_3 + X_2 + X_1}{5} + \frac{X_6}{5} - \frac{X_1}{5} = M_5^{(1)} + \frac{X_6 - X_1}{N}$$

即计算 $M_t^{(1)}$ 时，可采用递推算法，以减少大量的计算量，递推公式为

$$M_t^{(1)} = M_{t-1}^{(1)} + \frac{X_t - X_{t-N}}{N} \tag{10.2}$$

预测公式为

$$\hat{y}_{t+1} = M_t^{(1)} \tag{10.3}$$

【例 10.1】 已知某企业某年度 1～12 月的产值，其统计数据如表 10.1 所示，分别取 N=3 和 N=5，请运用移动平均法进行预测。

表 10.1　某企业某年度 1～12 月的产值 1　　单位：万元

月份	周期数	产值	预测值	
			N=3	N=5
1	1	200		
2	2	135		
3	3	195		
4	4	197	176.7	
5	5	310	175.7	
6	6	202	234.2	207.5
7	7	210	236.5	207.9
8	8	190	240.7	222.9
9	9	210	200.7	221.9
10	10	258	203.3	224.4
11	11	246	219.3	214.0
12	12	282	238.0	222.8

解：当 N=3 时，一次移动平均值为

$$\hat{y}_4 = M_3^{(1)} = \frac{X_3 + X_2 + X_1}{3} = \frac{200+135+195}{3} = 176.7$$

根据式（10.3）可得

$$\hat{y}_5 = M_4^{(1)} = M_3^{(1)} + \frac{X_4 - X_1}{3} = 176.7 + \frac{197-200}{3} = 175.7$$

同理，求出 $M_5^{(1)} \sim M_{12}^{(1)}$。

按照上述方法，计算 N=5 时，$M_t^{(1)}$ 的一次移动平均值。

将 N=3 和 N=5 时求得的 $M_t^{(1)}$ 填入表 10.1 中。

运用移动平均法进行预测的不足之处：存储数据量较大、对最近 N 期数据等权看待，而 t-N 期以前的数据则完全不考虑，但因为近期数据与预测关系更为密切，所以应赋予不同时期的数据以不同的权数。

2）加权移动平均值法，其计算公式为

$$M_{tw}^{(1)} = \frac{\sum_{i=0}^{n-1} X_{t-i} W_{t-i}}{\sum_{i=0}^{n-1} W_{t-i}} \tag{10.4}$$

式中，W_{t-i}——第 t-i 期数据的权数；

$M_{tw}^{(1)}$——第 t 期的一次加权移动平均数。

利用加权移动平均数进行预测，其预测公式为

$$\hat{y}_{t+1}=M_{tw}^{(1)} \tag{10.5}$$

【例 10.2】 已知某企业某年度 1～12 月的产值，其统计数据如表 10.2 所示，取 N=3，运用加权移动平均值法进行预测（取 $w_1=3$，$w_2=2$，$w_3=1$）。

表 10.2　某企业某年度 1～12 月的产值 2　　单位：万元

月份	1	2	3	4	5	6	7	8	9	10	11	12	1
周期数	1	2	3	4	5	6	7	8	9	10	11	12	13
产值	200	135	195	197	310	202	210	190	210	258	246	282	
预测值				175.9	186	253.2	237.2	224	198.7	203.3	230.7	244	266

解：取 $w_1=3$，$w_2=2$，$w_3=1$，根据预测公式可得

$$\hat{y}_{t+1}=\frac{3y_t+2y_{t-1}+y_{t-2}}{3+2+1}$$

当 N=3 时，加权移动平均预测值的计算结果如表 10.2 所示。

在加权移动平均值法中，w_t 的选择同样具有一定的经验性。一般的原则是近期数据权数大，远期数据权数小。

（2）指数平滑法

指数平滑法根据平滑次数不同，可分为一次指数平滑法、二次指数平滑法和三次指数平滑法等，最常用的方法为一次指数平滑法。

一次指数平滑法的计算公式为

$$S_t^{(1)}=ay_t+(1-\alpha)S_{t-1}^{(1)} \tag{10.6}$$

式中，$S_t^{(1)}$——第 t 期的指数平滑值；

α——平滑系数（0<α<1）。

以第 t 期的指数平滑值 $S_t^{(1)}$ 作为第 t+1 期的预测值，即

$$\hat{y}_{t+1}=S_t^{(1)} \tag{10.7}$$

1）平滑系数 α 的选择。一次指数平滑法确定预测值的关键在于平滑系数 α 的选择。从式（10.6）可知，当 α=0 时，本期预测值等于紧前期预测值，且 α 值越接近于 0，本期预测值越接近紧前期预测值；当 α=1 时，本期预测值等于紧前期实际值，且 α 值越接近于 1，本期预测值越接近紧前期实际值。因此，α 值实际上代表新旧数据权重分配的比例，即 α 值越大，新数据在预测值中的权重越大。若时间序列数据的长期趋势较为稳定，则应取较小 α 值（0.05～0.20）；若实际时间序列数据具有迅速明显的变动趋向，则应取较大 α 值（0.30～0.70）。

2）初始值的确定。除选择合适的 α 值外，还需要确定初始值 $S_0^{(1)}$。初始值是由预测者估计或指定的，一般以最初几期实际值的平均值作为初始值。若实际时间序列数据随机变动而没有明显的周期性，即增长或下降趋势，则可直接用最近一期的一次平滑值作为下一期的预测值；若实际时间序列数据有明显的线性增长或下降趋势，则运用一次指数平滑法所计算的预测数据与实际数据存在较大的滞后偏差，必须运用二次指数平滑法建立预测模型。

二次指数平滑法是指对一次指数平滑法所计算的预测数据再进行一次指数平滑。二次指数平滑法只适用于时间序列数据变动呈线性趋势的情况，若其变动呈非线性趋势，则需运用三次指数平滑法建立非线性模型。

【例 10.3】 已知某企业过去 12 个月销售某种预制空心板的销售额分别为 36、29、23、39、32、26、21、31、38、33、28、35（单位：万元），运用指数平滑法预测第二年第一个月的销售额。

解：采用指数平滑法，分别取 α 为 0.2、0.5 和 0.8 进行计算，初始值为

$$S_0^{(1)} = \frac{y_1 + y_2}{2} = \frac{36+29}{2} = 32.5$$

预测值按下式进行计算：

$$S_t^{(1)} = a y_t + (1-\alpha) S_{t-1}^{(1)}$$

计算结果如表 10.3 所示。

表 10.3　指数平滑预测值计算表　　单位：万元

月份	t	实际值	预测值（α=0.2）	预测值（α=0.5）	预测值（α=0.8）
1	1	36	32.500	32.500	32.500
2	2	29	33.200	34.250	35.300
3	3	23	32.360	31.625	30.260
4	4	39	30.488	27.313	24.452
5	5	32	32.190	33.156	36.090
6	6	26	32.152	32.578	32.818
7	7	21	30.922	29.289	27.364
8	8	31	28.937	25.145	22.273
9	9	38	29.350	28.072	29.255
10	10	33	31.080	33.036	36.251
11	11	28	31.464	33.018	33.650
12	12	35	30.771	30.509	29.130
1	13		31.617	32.755	33.826

从表 10.3 可知，当 α 为 0.2、0.5 和 0.8 时，预测值并不相同。可分别计算各时间序列预测值的方差 S，然后选取 S 较小的 α 值来预测第二年第一个月的销售额。

当 $\alpha = 0.2$ 时，

$$S = \frac{1}{12}\sum_{t=1}^{12}(y_t - \hat{y}_t)^2 = \frac{438.9294}{12} = 36.578$$

当 $\alpha = 0.5$ 时，

$$S = \frac{1}{12}\sum_{t=1}^{12}(y_t - \hat{y}_t)^2 = \frac{542.3155}{12} = 45.193$$

当 $\alpha = 0.8$ 时，

$$S = \frac{1}{12}\sum_{t=1}^{12}(y_t - \hat{y}_t)^2 = \frac{649.6029}{12} = 54.134$$

因此，当$\alpha=0.2$时，S 较小，故选$\alpha=0.2$，以预测第二年第一个月的销售额较为准确，预测值$\hat{y}_1=31.617$。

2. 回归分析预测法

回归分析预测法是指从各种经济现象之间的相互关系出发，通过对与工程项目有联系的现象变动趋势进行分析，预测工程项目未来状态的数量表现。

（1）回归分析预测法的分类

回归分析预测法，可以从不同的角度进行分类，主要包括以下几种。

1）根据自变量多少，回归分析预测法可以分为一元回归分析法和多元回归分析法。一元回归分析法根据某一因变量与一个自变量之间的相关关系建立回归分析模型。多元回归法根据某一因变量与两个或两个以上自变量之间的相关关系建立回归分析模型。

2）根据回归分析线性与否，回归分析预测法可以分为线性回归分析法和非线性回归分析法。在线性回归分析模型中，因变量与自变量之间成线性关系；在非线性回归分析模型中，因变量与自变量之间成非线性关系。

3）根据回归分析是否带有虚拟变量，回归分析预测法可以分为普通回归分析法和带有虚拟变量的回归分析法。在普通回归分析模型中，自变量均为数量变量；在带有虚拟变量的回归分析模型中，自变量既有数量变量又有品质变量。

在实际工作中，最常用的回归分析预测法是一元线性回归分析法。

（2）一元线性回归分析法

一元线性回归分析法是指通过对两个具有线性关系的变量建立线性回归模型，根据自变量变动来预测因变量的平均发展趋势。一元线性回归分析模型为，设 x 为自变量，y 为因变量，y 与 x 之间存在某种线性关系，即一元线性回归分析的计算公式为

$$y_i=a+bx_i+\varepsilon_i,\quad i=1,2,\cdots,n \tag{10.8}$$

式中，x——自变量；

ε_i——各随机因素对 y 的影响的总和，服从正态分布，即$\varepsilon_i\sim N(0,\sigma^2)$；

y_i——因变量，受各随机因素的影响，其是以回归直线上各对应值为中心的正态随机变量，即 $y\sim N(a+bx,\sigma^2)$。

10.4　工程项目决策概述

10.4.1　工程项目决策的概念

关于工程项目决策的概念，目前尚没有统一的定义。在现代工程项目管理中，对决策常有两种理解：一种为狭义理解，即工程项目决策是为实现工程项目预定的目标，在拥有信息和经验的基础上，根据客观条件，提出各种备选方案，然后对可行方案经过分析、比较、判断，从中进行选择；另一种是广义理解，泛指做出有关工程项目的各种决定，把决策视为工程项目管理过程，该过程包括工程项目的目标设定、备选方案的确定及评价、优选和实施选择方案的全过程。

10.4.2 工程项目决策的分类

1. 按决策主体划分

按参与决策主体数量的多少，工程项目决策可分为个人决策和组织决策。

（1）个人决策

个人决策是指决策者为满足其个人目的或动机，而以个人身份做出决策。其与决策者自身的价值判断、意见、感觉等因素密切相关。

（2）组织决策

组织决策是指与某个组织或群体目标直接相关的决策，其与个人目的没有直接关系。组织决策可由组织成员个人做出，但其目的是为组织而非个人服务，因此，其价值判断应客观化和理性化。

2. 按决策内容划分

按决策内容划分，工程项目决策可分为战略决策、管理决策和业务决策。

（1）战略决策

战略决策是指组织机构做出与工程项目自身及环境变化相适应并谋求发展的决策。其通常包括组织目标、方针的确定，产品的更新换代，技术改造等，具有长期性和全局性。

（2）管理决策

管理决策是指为实现既定战略而进行的计划、组织、指挥与控制决策。其通常包括机构设置、人员配备、资源调配、故障排除等。

（3）业务决策

业务决策是指具体业务部门为了提高工作质量及日常业务效率而做出的决策。其通常包括日常工作安排、存货控制、财务收支管理等。

3. 按决策程序划分

按问题出现的重复性及决策程序的规范性，工程项目决策可分为程序化决策和非程序化决策。

（1）程序化决策

程序化决策是指决策方法和决策过程有固定的规律，可用程序化方法进行描述并求解。

（2）非程序化决策

非程序化决策是指不经常发生、无例可循或无法可依的决策。也就是只能根据当时情况和决策者手中所掌握的资料，凭经验直觉临时做出应变。

4. 按决策过程的连续性划分

按决策过程的连续性划分，工程项目决策可分为单项决策和序贯决策。

（1）单项决策

单项决策是指某个时点或某段时期的决策，其要求行动方案只有一个，则决策也只有一个。

（2）序贯决策

序贯决策是指一系列在时间上有先后顺序的决策，这些决策相互关联，前一项决策直接影响后一项决策。决策者关注的不是其中某一项决策效益，而是这一系列决策的整体合理性。

5. 按决策所要求达到的目标数量划分

按决策所要求达到的目标数量的不同，工程项目决策可分为单目标决策和多目标决策。

（1）单目标决策

单目标决策是指所欲达到的目标只有一个，该决策目标单一，制定和实施较为容易，但多数带有片面性。

（2）多目标决策

多目标决策是指所欲达到的目标有多个。在通常情况下，这些目标之间相互联系且相互制约，因此，多目标决策需要决策者全面考虑各目标之间的综合平衡关系，以做出总体最优决策。

6. 按决策方法的性质划分

按决策方法的性质，工程项目决策可分为定性决策和定量决策。

（1）定性决策

定性决策是指难以用准确的数量表示目标，主要依靠决策者的知识和经验分析判断并进行决策。

（2）定量决策

定量决策是指决策有准确数量的目标，可采用数学模型做出决策。

7. 按决策问题划分

按决策问题划分，工程项目决策可分为对抗型决策和非对抗型决策。

（1）对抗型决策

对抗型决策是指由多个不同决策主体在相互竞争和对抗中进行决策，在进行对抗型决策时，必须考虑对方可能采取的策略。

（2）非对抗型决策

非对抗型决策是指只有一个决策主体进行决策，在进行非对抗型决策时，只需考虑工程项目可能出现的不同状态，而不必考虑对方可能采取的策略。

10.4.3　工程项目决策的程序

1. 提出与分析问题

工程项目决策是针对所需要解决问题而进行的工作过程，问题提出及其性质确定是制定工程项目决策目标的前提。为此，需要通过深入的调查研究和创造性思考，对工程项目及其环境状况进行系统分析，以识别存在的问题。识别问题后，还需要对问题进行深入分析，以确定问题的基本特性，包括问题的性质、范围、程度、影响、后果、起因等各方面。

2. 确定决策目标

工程项目决策目标是指在一定环境和条件下，决策者希望工程项目达到的某种结果。针对已发现的问题，决策者需要研究是否要采取决策行动，应选择何种决策方案，以及预期达到的效果等。明确工程项目决策的目标，不仅为方案制定和选择提供了依据，而且为决策实施及控制、组织资源分配、进行各种力量协调提供了标准。

3. 拟定备选方案

分析目标实现的可能途径并拟定行动方案，是工程项目决策的重要一步。拟定行动方案是创新过程，必须广泛搜集与工程项目及环境有关的各种信息，拓展思路，从多角度预测各种可能达到目标的途径，既要敢于创新、大胆设想并构思，又要求实、冷静，对方案细节进行充分的估计，进行必要的技术经济分析，提出较高质量的备选方案。

4. 选择方案

根据预定工程项目决策目标和所建立的决策准则，对各备选方案进行比较，选择最优的方案。最优方案不仅需要在技术及经济上可行，还应考虑社会、政治、文化等因素，同时，还需要确定备用方案，以应对环境的突发变化。

5. 决策方案的实施及反馈

工程项目决策正确与否，要以实施结果为依据进行评判。在实施过程中，每个局部或环节也需做出相应的决策，因此必须对决策的实施建立有效的控制及反馈，当发生偏差或与预测情况有较大出入时，应根据最新情况及时修正或更换决策方案。

10.5　工程项目决策方法

10.5.1　确定型决策

1. 确定型决策的概念

确定型决策是指在决策环境完全确定时，按照工程项目的既定目标和决策准则，选定决策方案。

2. 确定型决策的条件

确定型决策需要满足以下条件。

1）存在决策者期望达到的明确目标（收益大或损失小等）。

2）只存在一个确定的自然状态。

3）存在可供选择的两个或两个以上的行动方案。

4）可计算出各备选方案在确定自然状态下的损益值。

3. 确定型决策的步骤

确定型决策的步骤主要包括以下几个。

1）明确决策的目标，收集与决策问题相关的信息。

2）确定存在的自然状态 x。

3）列出可供选择的不同行动方案 $\mathbf{A}=\{a\}$。

4）确定损益函数 $R(a,x)$。

5）建立决策数学模型，通常给出决策表。

6）确定决策准则，搜寻最优方案。

【例 10.4】 某预制构件厂在某水泥厂订购水泥，运输水泥的路线有水运、陆运等 5 条运输路线可供选择，其运输成本经调研核算，形成 5 个备选方案，如表 10.4 所示，试进行决策。

表 10.4　某预制构件厂运输水泥的 5 个方案

方案	Ⅰ	Ⅱ	Ⅲ	Ⅳ	Ⅴ
运距/千米	50	40	45	55	60
成本/［元/（吨·千米）］	0.40	0.46	0.49	0.42	0.32

解：该决策为确定型决策，各备选方案单位质量的运价分别如下。

方案Ⅰ：0.40×50=20（元/吨）。

方案Ⅱ：0.46×40=18.4（元/吨）。

方案Ⅲ：0.49×45=22.05（元/吨）。

方案Ⅳ：0.42×55=23.1（元/吨）。

方案Ⅴ：0.32×60=19.2（元/吨）。

若其他条件基本相似，则方案Ⅱ的单位质量运价最低，为最优方案。

10.5.2　不确定型决策

1. 不确定型决策的概念

不确定型决策是指在对工程项目的未来可能发展既无确定的自然状态，又无法估计各状态发生概率的状况下，所做出的决策。

2. 不确定型决策的条件

1）不确定型决策有可供决策者选择的多个方案。

2）存在两种以上的自然状态，且自然状态已知，但自然状态发生的概率未知。

3）各方案在不同自然状态下的收益值已知。

4）决策者有明确的目标。

3. 不确定型决策的方法

不确定型决策通常以决策矩阵表示，决策矩阵元素反映各备选方案在各自然状态下的收益值。

设 $\mathbf{S}=\{s_1,s_2,\cdots,s_m\}$ 表示策略或方案集，$\boldsymbol{\theta}=\{\theta_1,\theta_2,\cdots,\theta_n\}$ 表示自然状态集，设矩阵 $\boldsymbol{A}=(a_{ij})_{m\times n}$ 为决策矩阵，其中 a_{ij} 表示第 i 个方案在第 j 个自然状态下的收益值。

不确定型决策由于各相关因素均不确定，所以，决策者的经验、价值观、心理状态、心理素质对决策有较大的作用。常用的决策方法包括乐观决策法、悲观决策法、折中决策法。

（1）乐观决策法

乐观决策法是指决策者在决策时，对工程项目的未来状况持乐观态度。其假定工程项目在未来情形中，最理想状态占优势，因此，先选出在未来各自然状态下每种方案的最大收益，再从各方案最大收益值中选出最大值，与最大值相对应的方案即为决策者选定的方案。乐观决策法的计算公式为

$$\mu(A_{i_0}^*) = \max_{1\leqslant i\leqslant m}\max_{1\leqslant j\leqslant n}\{a_{ij}\}，\ i=1,2,\cdots,m，\ j=1,2,\cdots,n \tag{10.9}$$

式中，$A_{i_0}^*$ ——决策方案；

a_{ij} ——第 i 种方案在第 j 种状态下的收益值；

n——自然状态数；

m——方案数。

【例 10.5】 某公司对某种产品生产做出决策，行动方案有 3 种，s_1 表示大批量生产，s_2 表示中批量生产，s_3 表示小批量生产；而未来市场有 3 种可能的自然状态，θ_1 为需求量大，θ_2 为需求量中，θ_3 为需求量小，收益矩阵如表 10.5 所示。试用乐观决策法做出决策。

表 10.5　收益矩阵

行动方案	θ_1 需求量大	θ_2 需求量中	θ_3 需求量小
s_1 大批量生产	30	12	−6
s_2 中批量生产	20	15	−2
s_3 小批量生产	10	9	5

解：按照乐观决策法进行计算，如下。

$$\max_{s_i\in \mathbf{S}}\max_{\theta_j\in \boldsymbol{\theta}} a_{ij} = \max_{s_i\in \mathbf{S}}(30,20,10) = 30 = a_{11}$$

所以 s_1（大批量生产）为最优生产方案。

乐观决策法的决策目标是收益最大化，且该方法假设方案和自然状态均最有利，其强调最理想的极端目标，通常风险较大，因此，必须慎重选用。一般只有在无损失或损失不大，或十分有把握的情况下，才选择该方法。

（2）悲观决策法

悲观决策法是指决策者在决策时，对工程项目的未来状况持悲观态度。其假定工程项目在未来情形中，最不理想状态占优势，决策者在决策分析时，从最不理想的结果中选择最理想的结果，即当有多种方案供决策者选择时，决策者先估算各方案在各自然状态下的收益值，并找出各方案的最小收益值，再选择各方案最小收益值中的最大值，与最大值相对应的方案即为决策者选定的方案。悲观决策法的计算公式为

$$\mu(A_{i_0}^*) = \max_{1\leqslant i\leqslant m}\min_{1\leqslant j\leqslant n}\{a_{ij}\}，\ i=1,2,\cdots,m，\ j=1,2,\cdots,n \tag{10.10}$$

【例 10.6】 原始数据如例 10.5 所示，试用悲观决策法做出决策。

解：按照悲观决策法进行计算，如下。

$$\max_{s_i\in \mathbf{S}}\min_{\theta_j\in \boldsymbol{\theta}} a_{ij} = \max_{s_i\in \mathbf{S}}(-6,-2,5) = 5 = a_{32}$$

所以 s_3（小批量生产）为最优生产方案。

悲观决策法只考虑最不利的情况，因此，其是一种比较保守和稳妥的办法。一般情况下，在外部环境变化莫测、各种方案损失差别较大且获利差别较小或决策者无法承受较大亏损时，宜选择该方法。

（3）折中决策法

折中决策法介于悲观决策法与乐观决策法之间，即决策者对项目工程的未来前景既不抱有悲观保守态度，也不持有过于乐观态度，通常采取折中办法，用一个乐观系数α（$0<\alpha<1$）来对各方案的最大收益值和最小收益值进行加权平均，求得一个折中收益值，然后选择各方案折中收益值中的最大值，与最大值相对应的方案即为决策者选定的方案。折中决策法的计算公式为

$$\mu(A_{i_0}^*)=\max_{1\leqslant i\leqslant m}[\alpha\max_{1\leqslant j\leqslant n}\{a_{ij}\}+(1-\alpha)\min_{1\leqslant j\leqslant n}\{a_{ij}\}]，\quad i=1,2,\cdots,m，\quad j=1,2,\cdots,n \tag{10.11}$$

【例 10.7】 原始数据如例 10.5 所示，试用折中决策法做出决策。

解：按折中决策法进行计算，取系数α=0.7。

$$H(s_1)=0.7\times30+0.3\times(-6)=19.2$$
$$H(s_2)=0.7\times20+0.3\times(-2)=13.4$$
$$H(s_3)=0.7\times10+0.3\times5=8.5$$

由于 $H(s_1)$ 最大，所以 s_1（大批量生产）为最优方案。

折中决策法综合考虑最有利和最不利两种极端情况，其系数体现了决策者对风险偏好的程度，是一种平衡考虑。然而在实际应用中，乐观系数α的取值难以准确确定。α越趋近于 1，表示决策者对未来状态的估计越乐观，当α=1 时，即为乐观决策法；α越趋近于 0，表示决策者对未来状态的估计越悲观，当α=0 时，即为悲观决策准则。

典 型 案 例

某企业拟开发新产品，有 3 种设计方案可供选择。不同的设计方案的制造成本、产品性能各不相同，在不同的市场状态下的损益值也各异。有关资料如表 10.6 所示，试用乐观决策法、悲观决策法和折中决策法分别选出最优方案。

表 10.6　损益值矩阵

设计方案	畅销	一般	滞销
I	50	40	20
II	70	50	0
III	100	30	−20

1）该企业采用乐观决策法选择方案的过程如下。

① 对比最优自然状态下 3 个方案的损益值，即对比畅销状态下各方案的损益值，分为别为 50、70、100。

② 选择最优自然状态下的最大收益值或最小损失值为最优的方案，可知方案III的收益值 100 是最大的，故方案III为最优的方案。

2）该企业采用悲观决策法选择方案的过程如下。

① 悲观决策法仅在最差自然状态下比较各方案的损益值，即在滞销状态下比较各方案的损益值，分别为20、0、-20。

② 选择最差自然状态下的最大收益值或最小损失值为最优的方案，可知方案Ⅰ的收益值20是最大的，故选择方案Ⅰ为最优的方案。

3）该企业采用折中决策法选择方案的过程如下。

① 假设乐观系数（最大值系数）α=0.75，使用折中决策法计算如下。

② 计算各方案的折中损益值。

方案Ⅰ：$50\times0.75+20\times(1-0.75)=42.5$。

方案Ⅱ：$70\times0.75+0\times(1-0.75)=52.5$。

方案Ⅲ：$100\times0.75+(-20)\times(1-0.75)=70$。

③ 选择折中损益值最大的方案为最优的方案，可知方案Ⅲ的折中损益值70最大，因此选择方案Ⅲ为最优的方案。

本章小结

工程经济分析和评价的目的是为工程项目决策提供科学依据。本章主要介绍了预测和决策的基础知识及基本方法，主要包括工程项目预测的概念、分类、程序，常见的工程项目定性预测方法（市场调查预测法、专家预测法、主观概率法）和定量预测方法（时间序列预测法、回归分析预测法），以及工程项目决策的概念、分类、程序，确定型决策及不确定性决策方法等。

思考与练习

1．简述预测的概念及其工作程序。

2．什么是定性预测和定量预测？

3．常见的工程项目定性预测方法包含哪几种？

4．简述决策的概念及其基本程序。

5．已知某建筑公司过去25个月的实际产值，其统计数据如表10.7所示，当平均值分段数据点为5和8（N=5，N=8）时，求一次移动平均值和加权移动平均值。

表10.7　某建筑公司过去25个月的实际产值

期数	1	2	3	4	5	6	7	8	9	10
产值	50	45	60	52	45	51	60	43	57	40
期数	11	12	13	14	15	16	17	18	19	20
产值	56	87	49	43	52	85	98	90	97	86
期数	21	22	23	24	25					
产值	91	83	97	86	89					

6．某省1978～1989年生产总值和固定资产投资完成额的数据资料如表10.8所示，试采用回归分析预测法给出该省生产总值的预测模型。

表 10.8　某省 1978～1989 年生产总值和固定资产投资完成额　单位：亿元

年份	1978	1979	1980	1981	1982	1983	1984	1985	1986	1987	1988	1989
生产总值 y	195	210	244	264	294	314	360	432	481	567	655	704
固定资产投资完成额 x	20	20	26	35	52	56	81	131	149	163	232	202

7．某企业拟对现有产品的结构与性能进行改进，但由于缺乏试销和市场调查，对未来的需求状况只能凭销售人员的经验，将其分为 4 个自然状态：S_1，很受欢迎；S_2，一般受欢迎；S_3，不如原产品销路；S_4，没有销路。

对新产品开发可分别做出 4 个方案：A_1，在原生产线上生产；A_2，重建一条生产线生产；A_3，部分零件在厂外协作，扩大生产能力；A_4，与其他企业合作生产。以上 4 个方案在不同自然状态的经济收益如表 10.9 所示，试采用不确定型决策方法求解该问题。

表 10.9　某企业新产品开发方案经济收益　单位：万元

方案	S_1	S_2	S_3	S_4
A_1	800	500	100	-50
A_2	1 000	1 200	-200	-800
A_3	1 000	700	-50	-500
A_4	1 100	800	-150	-400

第 11 章 经济评价案例

【学习目标】

1）掌握 Excel 在经济评价计算中的常用函数；
2）掌握应用 Excel 函数进行资金等值计算的方法；
3）掌握应用 Excel 函数进行经济评价指标计算的方法；
4）了解中俄黑河大桥—布拉戈维申斯克界河公路大桥工程项目案例。

【关键概念】

等值计算　终值计算函数　现值计算函数　经济评价指标　NPV 函数　IRR 函数

11.1 Excel 在经济评价计算中的应用

11.1.1 Excel 在等值计算中的应用

在工程经济评价中，等值计算（equivalence calculation）是一种用于比较不同时点的现金流量的方法。它的基本原理是将不同时点的现金流量转换成等值的金额，以便进行比较和评估。等值计算通常用于分析不同项目或投资方案的经济效益，并帮助做出决策。Excel 作为一种强大的电子表格工具，提供了各种功能和工具，可以有效地进行等值计算。值得注意的是，在 Excel 中，对于函数所涉及的金额参数有着明确的规定：现金流出用负数表示，现金流入用正数表示。

以下是 Excel 在工程经济评价等值计算中的应用。

1. 终值计算函数（FV 函数）

（1）数据准备

准备计算终值所需的数据，包括利率、总投资期数、各期支出金额（如果适用）、现值等，确保数据的准确性和一致性。

（2）函数应用

终值计算函数为 FV(Rate, Nper, Pmt, Pv, Type)。

其中，Rate——利率；

Nper——总投资期，即该项投资总的付款期数；

Pmt——各期支出金额，在整个投资期内不变（若该参数为 0 或省略，则函数值为复利终值）；

Pv——现值，也称本金（若该参数为 0 或省略，则函数值为年金终值）；

Type——数值为 0 或 1，指定付款时间是期初还是期末，1 表示期初；0 或省略表示期末。

（3）在 Excel 中选择函数

在 Excel 中选择一个空白的单元格，用于显示计算结果。单击“公式”→“函数库”→“插入函数”按钮，在打开的“插入函数”对话框中选择函数类别为“财务”，然后选择函数“FV”，最后单击“确定”按钮。

（4）填写参数

在打开的 FV“函数参数”对话框中输入相应的数据，以一次支付终值计算（知 P 求 F）为例，需要填写的参数主要包括 Rate、Nper、Pv（也可以直接在单元格中输入公式“=FV(Rate 参数值,Nper 参数值,,Pv 参数值)”）。

（5）按 Enter 键

输入完函数及参数后，按 Enter 键执行函数。Excel 将计算并在所选单元格中显示终值。

2. 现值计算函数（PV 函数）

（1）数据准备

准备计算现值所需的数据，包括利率、总投资期数、每期支出金额（如果适用）、未来终值等，确保数据的准确性和一致性。

（2）函数应用

现值计算函数为 PV(Rate, Nper, Pmt, Fv, Type)。

其中，Fv——未来值，或在最后一次付款期后获得的一次性偿还额。

参数 Rate、Nper、Pmt 和 Type 的含义与 FV 函数中的参数含义相同；在 PV 函数中，若 Pmt 参数为 0 或省略，则函数值为复利现值；若 Fv 参数为 0 或省略，则函数值为年金现值。

（3）在 Excel 中选择函数

在 Excel 中选择一个空白的单元格，用于显示计算结果。单击“公式”→“函数库”→“插入函数”按钮，在打开的“插入函数”对话框中选择函数类别为“财务”，然后选择函数“PV”，最后单击“确定”按钮。

（4）填写参数

在打开的 PV“函数参数”对话框中输入相应的数据，以等额支付现值计算（知 A 求 P）为例，需要填写的参数主要包括 Rate、Nper、Pmt（也可以直接在单元格中输入公式“=PV(Rate 参数值,Nper 参数值,Pmt 参数值)”）。

（5）按 Enter 键

输入完函数及参数后，按 Enter 键执行函数。Excel 将计算并在所选单元格中显示现值。

3. 偿债基金和资金回收计算函数（PMT 函数）

（1）数据准备

数据包括借款金额、年利率、借款期限、投资金额、投资期限等。

（2）函数应用

偿债基金和资金回收计算函数为 PMT(Rate, Nper, Pv, Fv, Type)。

其中，参数 Rate、Nper、Pmt 和 Type 的含义与其 FV 和 PV 函数中的参数含义相同；Pv 代表一系列未来付款当前值的累积和；Fv 代表未来值。在 PMT 函数中，若 Pv 参数为 0 或省略，则该函数计算的是偿债基金值；若 Fv 参数为 0 或省略，则该函数计算的是资金回收值。

（3）在 Excel 中选择函数

在 Excel 中选择一个空白的单元格，用于显示计算结果。单击“公式”→“函数库”→“插入函数”按钮，在打开的“插入函数”对话框中选择函数类别为“财务”，然后选择函数“PMT”，最后单击“确定”按钮。

（4）填写参数

在打开的 PMT“函数参数”对话框中输入相应的数据，以等额支付偿债基金计算（知 F 求 A）为例，需要填写的参数主要包括 Rate、Nper、Fv（也可以直接在单元格中输入公式“=PMT(Rate 参数值,Nper 参数值,,Fv 参数值)”）。

（5）按 Enter 键

输入完函数及参数后，按 Enter 键执行函数。Excel 将计算并在所选单元格中显示偿债基金值。

11.1.2　Excel 在经济评价指标计算中的应用

以下是 Excel 在经济评价指标计算中的应用。

1. 投资回收期（P_t）的计算

（1）数据准备

在 Excel 中，首先需要准备一个包含每期净现金流量的列（假设为 B 列），包括投资阶段的费用支出和运营阶段的效益回收。

（2）计算累计现金流量

可以使用 SUM 函数计算累积现金流量。在一个新的列中，输入公式“=SUM(B2:Bn)”。公式中的 B2:Bn 是现金流量的列。

（3）确定投资回收期

使用 Excel 的查找函数找到第一个使累积现金流量变为正值的期数，这就是投资回收期，可以使用 MATCH 函数公式（假设累积现金流量的列为 C 列）“=MATCH(TRUE,C2:Cn>0,0)”进行计算。公式中，C2:Cn 是累积现金流量的列，使用 MATCH 函数找到第一个 TRUE（即正值）的位置。这个位置就是投资回收期。

如果计算动态投资回收期，则在计算累计现金流量前需要计算净现金流量现值，公式为“=PV(Rate, Nper, , Fv)”。

（4）分析投资回收期

P_c 为基准投资回收期。若 $P_t<P_c$，则项目可以在预期计划的要求内完成投资回收，反之该项目的现金流量收回则不能满足投资的回收，应立即停止执行该项目。

2. 净现值（NPV）的计算

（1）数据准备

在 Excel 中，首先需要准备一个包含项目或投资每期现金流量的数据表。

（2）确定折现率

确定项目的折现率或贴现率（i_0）。

（3）在 Excel 中选择函数

选择空白单元格，单击“公式”→“函数库”→“插入函数”按钮，在打开的“插入函数”对话框中选择函数类别为“财务”，然后选择函数“NPV”，最后单击“确定”按钮。

（4）计算净现值

假设净现金流量数据位于 B 列（从 B2 到 Bn），折现率为 i_0。在打开的 NPV 函数参数对话框中“Rate”文本框中输入折现率，在“Value1”文本框中选择净现金流量 B2:Bn（也可以直接在单元格中输入公式“=NPV(i_0, B2: Bn)”），然后单击“确定”按钮。

（5）分析净现值

如果净现值为正，则说明项目或投资的现值收益大于投资成本，是一个经济上可行的投资。反之，如果净现值为负，则可能不值得进行投资。

3. 净年值（NAV）的计算

净年值的计算流程类似于净现值，两者之间的关系为

$$\text{NAV} = \text{NPV}(A/P, i_0, n) = \sum_{t=1}^{n} (\text{CI} - \text{CO})_t (1 + i_0)^{-t} (A/P, i_0, n)$$

在 Excel 中，首先根据净现值的计算步骤得出净现值的计算结果，然后插入其计算结果与资本回收系数的乘积函数，得出净年值的计算结果。

4. 内部收益率（IRR）的计算

（1）数据准备

在 Excel 中，首先需要准备一个包含项目或投资每期现金流量的数据表。

（2）在 Excel 中选择函数

选择空白单元格，单击“公式”→“函数库”→“插入函数”按钮，在打开的“插入函数”对话框中选择函数类别为“财务”，然后选择函数“IRR”，最后单击“确定”按钮。

（3）计算内部收益率

假设净现金流量数据位于 B 列（从 B2 到 Bn）。在打开的 IRR“函数参数”对话框中的“Value1”文本框中选择净现金流量数据 B2:Bn，也可以直接在单元格中输入公式“=IRR(B2:Bn)”，然后单击“确定”按钮。

（4）分析内部收益率

分析计算得到的内部收益率。通常情况下，如果 IRR 大于或等于社会折现率 i_0，则表示该投资项目是可行的；如果 IRR 小于社会折现率 i_0，则可能需要重新评估投资项目的可行性。

5. 效益费用比（R_{BC}）的计算

（1）数据准备

在 Excel 中，首先需要准备一个包含项目或投资每期现金流量的数据表。

（2）数据处理

确定投资项目的净效益和成本费用。净效益可以是项目运营期的净现金流量，成本费用是投入到项目建设期的成本资金。

（3）计算效益费用比

直接在单元格中输入公式“=B/C×100%”。其中，B 代表项目净收益，C 代表项目总成本。

（4）分析效益费用比

如果经济效益费用比大于 1，则表明项目资源配置的经济效率达到了可以接受的水平，项目在计算期内有收益。

11.2　中俄黑河—布拉戈维申斯克界河公路大桥经济评价案例

1. 项目概述

中俄黑河—布拉戈维申斯克界河公路大桥是连接黑河（中国）—布拉戈维申斯克（俄罗斯）的界河桥，该项目的起点位于中国黑龙江省黑河市长发屯，终点位于俄罗斯布拉戈维申斯克市卡尼库尔干村，是我国北方高纬寒冷地区的第一座钢混叠合梁矮塔斜拉桥。路线全长 19.9 千米，其中中方境内全长 6.5 千米，俄方境内全长 13.4 千米，项目总投资 24.7 亿元人民币。项目建设期为 3 年（2016～2019 年），2016 年开始动工，2019 年竣工，年旅客吞吐量达 140 万，货物吞吐量达 300 万吨。大桥是中国丝绸之路经济带的重要组成部分，促进了中俄两国的经济贸易往来，为边疆地区的繁荣奠定了新基础。该项目被评选为中国“一带一路”交通运输十大典型案例之一，具有一定的先进性、代表性、经济性、创新性、可复制性，也是黑龙江省唯一入选的案例项目。

2. 评价依据

1）世界银行于 1995 年援助的《公路投资优化和改善可行性研究方法》。

2）国家发展改革委、建设部于 2006 年发布的《建设项目经济评价方法与参数》（第三版）。

3）中华人民共和国交通运输部于 2010 年发布的《公路建设项目可行性研究报告编制办法》。

4）中华人民共和国住房和城乡建设部和中华人民共和国交通运输部于 2010 年发布的《公路建设项目经济评价方法与参数》。

5）2023 年推广的投资项目可行性研究大纲。

3. 费用计算

（1）人工工资

按照《黑龙江省人民政府关于调整我省最低工资标准的通知》（黑政发〔2010〕66 号）和中华人民共和国交通部颁发的《公路工程基本建设项目概算、预算编制办法》（JTG B06—2007）中的有关规定进行计算，人工工资为 62.72 元/工日。

（2）主要材料价格

本工程所用的木材等主要材料的价格，采用黑龙江省公路工程造价管理总站发布的《黑龙江省公路工程主要建筑材料二〇一五年全年综合价格》市场综合价格。地方性材料的单价按调查的市场价格进行计算。

（3）运输费用

汽车运杂费：运价按黑龙江省交通厅、黑龙江省物价局发布的《黑龙江省汽车运价规则》和《黑龙江省道路运输价格管理规定》中的有关规定进行计算，装卸费按黑龙江省交通厅、黑龙江省物价局发布的《黑龙江省装卸搬运价格规定》中的有关规定进行计算。

（4）其他工程费用和间接费用

全线按新建工程考虑，工地转移地点按哈尔滨市进行计算。

（5）土地补偿及安置补助费用

按照黑龙江省土地局有关文件中的规定进行计算。占用土地征地费按照《黑龙江省征地区片综合地价实施办法》（黑政发〔2014〕34 号）中的有关规定进行计算。

征用林地补偿标准按照《黑龙江省人民政府关于林地、林木补偿标准有关问题的通知》（黑政发〔2014〕14 号）中的有关规定进行计算。

（6）项目前期工作费用

按中华人民共和国国家计划委员会、建设部发布的《工程勘察设计收费管理规定》中的有关规定进行计算。

（7）预备费用

以第一、二、三部分之和为基数，按估算指标的 9%进行计算。

4. 投资估算

黑河（中国）—布拉戈维申斯克（俄罗斯）界河公路大桥工程中方造价 49 887 万元人民币，由国家补贴和黑龙江省自筹。投资估算汇总表如表 11.1 所示。

表 11.1　投资估算汇总表

项次	工程或费用名称	估算金额/万元				
		K0+000–K5+774.6 引道工程	K5+774.6–K6+514.0 黑龙江大桥	K0+000–K0+970 监护中队连接线	K0+000–K+000 大桥公司连接线	合计
第一部分建筑安装工程费用		11 594.17	19 549.03	430.89	429.27	32 003.36
一	临时工程	49.28	262.97	4.18	4.31	320.74
二	路基工程	3 857.10		246.24	239.87	4 343.21
三	路面工程	2 853.88		145.74	150.24	3 149.86
四	桥梁涵洞工程	900.65	17 093.09	12.37	12.37	18 018.48
五	交叉工程	150.43		18.56	18.56	187.55
六	公路设施及预埋管线工程	566.25	1 948.47	3.23	3.33	2 521.28
七	绿化及环境保护工程	8.58	244.50	0.58	0.60	254.26
八	管理、养护及服务房屋	3 208.01				3 208.01
第二部分设备及工器具购置费用		921.00	23.00	0.39	0.40	944.79
一	设备购置费	916.97	17.00			933.97
二	办公及生活用品家具购置费	4.03	6.00	0.39	0.40	10.82
第三部分工程建设其他费用		6 242.15	3 420.70	424.69	435.92	10 523.46
一	土地征用及拆迁补偿费	5 247.55	255.17	403.37	414.66	6 320.75
二	建设项目管理费	502.09	847.87	21.11	21.04	1 392.11

续表

项次	工程或费用名称	估算金额/万元				
		K0+000–K5+774.6 引道工程	K5+774.6–K6+514.0 黑龙江大桥	K0+000–K0+970 监护中队连接线	K0+000–K+000 大桥公司连接线	合计
三	研究试验费		200.00			200.00
四	建设项目前期工作费		2 103.00			2 103.00
五	专业评价费	482.71				482.71
六	联合试运转费	5.80	14.66	0.22	0.21	20.89
七	生产人员培训费	4.00				4.00
一、二、三部分费用合计		1 8757.32	22 992.73	855.96	865.59	43 471.60
预备费用		1 688.16	2 069.35	77.04	77.90	3 912.45
新增费用		786.08	1 710.13	3.20	3.30	2 502.71
投资估算总金额		2 1231.56	26 772.20	936.20	946.80	49 886.76

5. 评价期的确定

项目的评价期包括建设期和运营期，本项目在 2016 年 12 月开工，工期为 3 年，2019 年 12 月通车运营，运营期按 20 年计算，故评价期为 2019～2038 年，评价基年为 2016 年。

6. 评价内容的确定

中俄黑河—布拉戈维申斯克界河公路大桥的建设，不仅有利于中俄双方的经济发展，也有利于提高人民的生活水平。工程具有一定的公益性，要从国家全局的视角，对工程的经济和宏观上的可行性进行分析。因此，该工程的经济评价应包含国民经济评价及其敏感性分析，如图 11.1 所示。

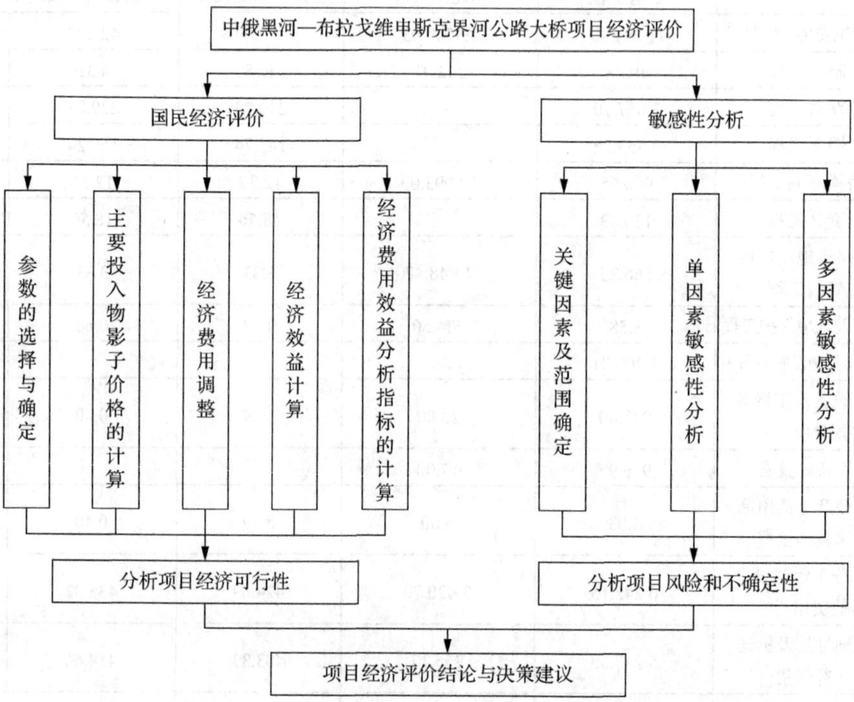

图 11.1　中俄黑河—布拉戈维申斯克界河公路大桥项目的经济评价内容

7. 参数选择与确定

参照《建设项目经济评价方法与参数》（第三版）及《建设项目投资可行性研究指南》中的有关资料，确定本项目国民经济评价的有关参数如下。

1）社会折现率为 8%。

2）外汇牌价按照 1 元人民币=10.15 卢布进行计算。

3）残值为工程建设费用的 50%，在评价末年以负值计入经济费用，类似于评价末年收入的费用。

8. 主要投入物影子价格的计算

（1）主要材料的影子价格

根据黑龙江省公路建设主要建筑材料市场销售的具体情况，分析认为目前区域的主要建筑材料均为市场化销售，其价格与价值偏离较小，按照《建设项目经济评价方法与参数》（第三版）的原则，不对本项目的主要材料价格进行调整。

（2）影子工资

由项目所在地劳动力的状况、结构、就业水平及项目工程的特点，确定全部人工的影子工资系数为 0.70。

9. 经济费用调整

公路建设项目的费用包括两部分内容：建设期费用和运营期费用。建设期费用包括建筑安装工程费用、设备及工器具购置费用、工程建设其他费用及预备费用等，运营期费用包括日常养护费用、管理费用、大修费用等。

（1）建设期经济费用的调整计算

项目建设期的经济费用以项目投资估算为基础，用影子价格对人工费等进行调整；对土地的经济费用进行调整，剔除税金等。

土地经济费用包括土地机会成本和新增资源消耗费用。考虑拟建项目的土地现状净产值较低，经济费用效益分析中的土地机会成本按照财务价格扣除耕地占用税等转移支付后的总费用进行计算；新增资源消耗费用按照土地的征用造成原有土地附属物财产损失及其资源消耗进行计算。

建设期经济费用的调整结果如表 11.2 所示。

表 11.2　建设期经济费用的调整结果　　单位：万元

项目	估算费用	经济费用
第一部分建筑安装工程费用	32 003	30 198
第二部分设备及工器具购置费用	945	945
第三部分工程建设其他费用	10 523	9 909
第四部分预备费用	3 913	3 694
新增费用	2 503	2 503
中方总投资	49 887	47 249

（2）运营期运营费用的调整计算

参考黑龙江省现有公路养护费用的投入情况及省内现有公路项目的人员编制和管理费用情况，确定拟建项目运营期的运营费用。

1）管理费用。管理费用包括收费站人员费用和管理人员费用。项目建成后将交给相关的管理部门，纳入现有的管理体系进行管理，不增加管理人员，考虑增加管理费用，在基年按 50 万元计算。

2）道路养护及大修费用。参照近年来黑龙江省公路实际道路养护费用，确定基年道路养护的财务费用：二级路为 5 万元/千米、大桥为 80 万元/年。

按照《公路工程技术标准》（JTG B01—2014）中的要求，在正常设计、正常施工、正常使用和正常养护条件下，路面、桥涵等在设计使用年限不需要进行大修或更换，因此在评价期内不考虑大修费用。

3）机电运营维护费用。考虑到本项目大桥采用完善的收费、监控、通信等管理设施，机电设备的运营费用和维护维修费用基年按照 0.6 万元/千米考虑。

根据上述标准及评价方案的具体情况，得到评价基年运营期相关费用，如表 11.3 所示。随着交通量的逐年增长，公路破坏程度不断加剧，公路所需养护费将逐年增加，评价期考虑职工工资及福利水平的提高，预计相关费用的年增长率为 3%。根据建设期的费用的调整比例，推算养护费用的经济费用。

表 11.3　评价基年运营期相关费用

项目	费用/万元
管理费用	50
道路养护费用	113
机电运营维护费用	4

10. 经济效益计算

中俄黑河—布拉戈维申斯克界河公路大桥建成后，现有口岸的大部分运量由国际浮箱固冰通道汽车运输、明水期轮渡及船舶运输转移到桥上汽车运输，将会大大降低货物及人员的运输费用；如果不建桥而采用现有的运输方式，则客、货运量超过港口承运能力后，必将向其他口岸分流或不断投资扩建港口使其满足运输量要求。

对于经济效益的计算，本项目主要采用“有、无比较法”。其效益主要包括：有大桥项目时，由冬季浮箱固冰通道汽车运输、明水期轮渡及船舶运输改为有大桥项目时的陆路汽车运输，因改变运输方式而降低运输成本产生的效益；无大桥项目时，因原口岸承运能力不足必将导致部分运量分流（分流情况按照原口岸不扩建港口考虑），与有大桥项目时在缩短运输里程方面产生的效益、时间节约效益、减少货损的效益等。

（1）改变运输方式产生的效益

改变运输方式产生的效益包括：只计算大桥建立后，汽车运输代替船舶运输成本降低产生的效益。

改变运输方式产生的效益=船舶运输与公路运输单位经济成本差
×中俄口岸间的里程数×船舶运量÷2

1）汽车运输成本。按照费用与效益计算范围口径对应一致的原则，汽车运输成本也应进行调整。本项目仅对在运输成本中所占比重较大的燃料、轮胎等进行调整。

汽车运输经济成本包括两部分：与汽车行驶距离有关，包括燃料消耗、润滑油消耗、轮胎消耗、维修费用和汽车运距折旧费用等；另一部分与使用时间有关，包括汽车时间折旧费用、人工工资和管理费用等。

参考《公路投资优化和改善可行性研究方法》的研究成果，考虑不同道路状况及不同交通状况对汽车运输成本各主要因素的影响，分别进行调整。

调整原则：采用《公路投资优化和改善可行性研究方法》的调查结果，确定各种不同车型在一定车速、道路状况下的基本资源消耗（表 11.4），再根据本项目具体的地形条件、道路状况及特征年的交通状况进行系数调整，以确定特征年的各种资源消耗，根据影子价格确定本项目特征年的汽车运输成本。

表 11.4　每百千米基本消耗（V=50km/h，IRI=2，G=1.5%）

项目		车型				
		小客	大客	小货	中货	大货
燃料	类型	汽油	汽（柴）油	汽油	汽油	汽油
	公升	11.30	27.00	16.00	23.00	26.00
润滑油	公升	0.26	0.31	0.28	0.30	0.33
轮胎费用	元	4.15	15.12	6.06	15.12	24.72
车辆维修费用	元	13.35	30.90	5.70	17.80	27.10
维修劳动费用	元	0.67	0.33	0.38	0.39	0.43
汽车运距折旧	元	17.80	15.45	7.13	14.83	19.36
汽车时间折旧	元	11.87	10.30	4.75	9.89	12.90
人工工资及福利	元	17.88	41.25	24.94	31.25	31.21

注：V 为车速；IRI 为平整度；G 为坡度。

与汽车行驶距离有关的分项经济成本的调整和计取：根据《公路投资优化和改善可行性研究方法》中各汽车的各影响因子的修正系数，得出了各项目的经济费用计算方法，如下。

燃料经济成本=燃油影子价格×平整度修正系数×基本油耗量×拥挤度修正系数
×车速修正系数×坡度修正系数

润滑油经济成本=润油影子价格×基本消耗量×车速修正系数×平整度修正系数

轮胎经济成本=轮胎基本经济费用×拥挤度修正系数×平整度修正系数×车速修正系数

维修零件经济成本=维修零件基本经济费用×车速修正系数×平整度修正系数

维修劳动成本=维修劳动基本经济费用×车速修正系数×平整度修正系数

汽车运距折旧费用成本=运距折旧费基本经济费用×车速修正系数×平整度修正系数

与使用时间有关的分项经济成本的调整和计取：汽车时间折旧费用调整的原则为，假定年使用小时不变，车速增加使行驶里程相应提高，每百千米折旧费用相应降低。

实际时间折旧费用成本=时间折旧费基本经济费用×基本车速/实际车速

人工工资的调整与行驶时间、行驶里程有关，与道路状况无关。

管理费用按其他车辆运营费用的一定比例取用，如表 11.5 所示。

表 11.5　管理费用比例

车型	小客	大客	小货	中货	大货
比例/%	5	15	15	15	15

汽车运输的经济成本包括各项指标经济费用之和，可以得到项目在不同的年份内的汽车运输经济成本。

2）船舶运输成本。船舶运输单位经济成本按汽车单位经济成本的计算方法来确定，相关资料由黑龙江省航运局提供，计算结果如表 11.6 所示。

表 11.6　黑河口岸航运运输单位综合成本　　单位：元/（千吨・千米）

成本对比	单位成本	船舶运输									装卸费用	调整系数
		人工费用	燃料费用	材料费用	检修费用	小修费用	保修费用	折旧费用	车船使用税	企业管理费用		
财务成本	15 825.47	6.56	11.121	0.58	1.69	3.38	1.56	13.53	0.23	6.82	15 780	0.88
经济成本	13 930.08	6.56	9.300	0.46	1.56	3.12	1.44	10.82	0	6.82	13 890	

注：船运装卸费用的调整如下。

黑河口岸现有船舶运输方式比大桥建成后汽车运输方式多两次装卸过程，即卸车（3.6 元/吨）+装船（43.75 元/吨）+卸船（43.75 元/吨）+装车（3.6 元/吨）=94.7（元/吨）。现有港口距离为 6 千米，折合吨千米装卸费用为 15.78 元/（吨・千米），采用船舶运输成本调整系数 0.88，装卸费用经济成本为 15.78 元/（吨・千米）×0.88=13.89 元/（吨・千米）。

（2）缩短里程的效益

在经济影响区内中方节点为哈尔滨市，俄方节点为布拉戈维申斯克、斯科沃罗季诺、腾达、奥布卢齐耶、切格多门，仅计算货运以哈尔滨市及布拉戈维申斯克为节点部分产生的缩短里程效益。

无本项目时，哈尔滨市到布拉戈维申斯克分流运量的运输里程及分流比例如表 11.7 所示。

表 11.7　分流运量运输里程及分流比例　　单位：千米

节点		布拉戈维申斯克		斯科沃洛季诺		腾达		奥布卢齐耶		切格多门	
节点	经由	运距	经由比例	运距	经由比例	运距	经由比例	运距	经由比例	运距	经由比例
哈尔滨市	黑河	636		1 337		1 517		1 114		1 442	
	满洲里	2 996	0.41	2 295	0.53	2 475	0.53	3 256	0.33	3 426	0.36
	绥芬河	2 087	0.59	2 570	0.47	2 750	0.47	1 609	0.67	1 937	0.64
运量所占比例		60%		10%		10%		10%		10%	

注：① 分流比例与运输里程成反比关系，如向满洲里口岸的分流比例为 2 087/(2 087+2 996)=0.41。

② 运量所占比例数值根据近年黑河口岸外贸运量发生的情况确定。

哈尔滨市至布拉戈维申斯克的运量占总运量的 60%，哈尔滨市至其他节点的运量占总运量的 40%。以哈尔滨市至布拉戈维申斯克运量产生的效益作为该部分效益计算的基数，哈尔滨市至其他节点效益按照哈尔滨市至布拉戈维申斯克运量产生的效益的 20%来计入。

缩短运输里程效益=公路运输单位经济成本×缩短里程数

11. 经济费用效益分析指标的计算

根据该工程在评价期内的效益、费用作为基础，运用 Excel 函数计算得到推荐方案国民经济评价结果，如表 11.8 所示，项目经济效益费用流量表如表 11.9 所示。从国民经济的评价结果来看，该工程的经济内部收益率为 12.05%高于社会折现率 8%，经济净现值为 19 440 万元大于零，效益费用比为 1.51 大于 1，投资回收期为 15 在评价期内。综上所述，从国民经济的角度来看，工程具有一定的可行性。

表 11.8　推荐方案国民经济评价结果

评价项目	评价结果
经济内部收益率 EIRR/%	12.05
经济净现值 ENPV/万元	19 440
效益费用比 RBC	1.51
投资回收期 n/年	15.0

12. 敏感性分析

根据项目的特点，确定敏感性因素为费用、效益。考虑工程项目建设费用和运营效益的未来变化幅度，运用 Excel 函数得到经济效益的敏感性分析结果。

1）单因素敏感性分析如表 11.10 所示。在项目费用、效益一方变动的情况下，项目的综合经济收益率超过社会折现率 8%，说明项目在国民经济中具有较强的抵御风险能力。且当变化率减少时，效益更敏感；当变化率增加时，费用更敏感。

2）多因素敏感性分析如表 11.11 所示。在项目费用及效益上下浮动 20%时，项目的综合经济收益率均超过社会折现率 8%，说明项目在国民经济中具有较强的抵御风险能力。

13. 国民经济评价的结论

从国民经济评价角度来看，项目国民经济的内部收益率均高于社会折现率 8%。进行单因素和双因素敏感性分析时，项目的经济收益率均高于社会折现率 8%，说明项目在国民经济中具有较强的抗风险能力，表明该工程是切实可行的。

表 11.9　项目经济效益费用流量表

项目		项目年份																						
		建设期			运营期																			
		2016	2017	2018	2019	2020	2021	2022	2023	2024	2025	2026	2027	2028	2029	2030	2031	2032	2033	2034	2035	2036	2037	2038
1	费用流量	14 175	18 899	14 175	158	163	168	173	178	183	189	195	200	206	213	219	226	232	239	246	254	261	269	−23 347
1.1	建设费	14 175	18 899	14 175																				
1.2	运营管理费				47	49	50	52	53	55	57	58	60	62	64	66	68	70	72	74	76	78	81	83
1.3	大修费				0	0	0	0	0	0	0	0	0	0	0	0	0	0	0	0	0	0	0	0
1.4	日常养护费				107	110	114	117	120	124	128	132	136	140	144	148	153	157	162	167	172	177	182	188
1.5	机电维修费				4	4	4	4	4	4	5	5	5	5	5	5	5	6	6	6	6	6	6	7
1.6	残值				0	0	0	0	0	0	0	0	0	0	0	0	0	0	0	0	0	0	0	−23 624
2	效益流量				4 590	5 061	5 429	5 829	6 265	6 739	7 254	7 575	7 912	8 265	8 636	9 026	9 338	9 662	9 998	10 347	10 710	10 809	10 908	11 008
2.1	降低营运成本效益				1 685	1 685	1 685	1 685	1 685	1 685	1 685	1 685	1 685	1 685	1 685	1 685	1 685	1 685	1 685	1 685	1 685	1 685	1 685	1 685
2.2	旅客时间节约效益				2 905	3 376	3 744	4 144	4 580	5 054	5 569	5 860	6 227	6 580	6 951	7 341	7 653	7 977	8 313	8 662	9 025	9 124	9 223	9 323
2.3	减少交通事故效益																							
2.4	间接经济效益				0	0	0	0	0	0	0	0	0	0	0	0	0	0	0	0	0	0	0	0
3	净效益流量	−14 175	−18 899	−14 175	4 423	4 898	5 261	5 656	6 087	6 555	7 065	7 381	7 711	8 058	8 423	8 807	9 113	9 430	9 759	10 101	10 456	10 547	10 639	34 355

注：Excel 函数计算出的指标结果为，经济内部收益率 EIRR=12.05%，效益费用比 RBC=1.51，经济净现值 ENPV（i=8%）=19 440（万元），投资回收期 n=15（年）。

表 11.10　单因素敏感性分析表

敏感因素	变化率	−20%	−10%	0%	10%	20%
费用变动	ENPV/万元	11 323.08	15 318.12	19 440	23 497.2	27 555.25
	RBC	1.23	1.34	1.51	1.64	1.85
	EIRR/%	10.08%	11%	12.05%	13.25%	14.67%
效益变动	ENPV/万元	7 435.25	13 437.2	19 440	25 441.12	31 443.08
	RBC	1.18	1.33	1.51	1.63	1.77
	EIRR/%	9.66%	10.89%	12.05%	13.14%	14.17%

表 11.11　多因素敏感性分析表

建设费用变动		效益变动				
		−20%	−10%	0%	10%	20%
−20%	ENPV/万元	15 552	11 743	7 933	4 124	314
	RBC	1.51	1.34	1.21	1.10	1.01
	EIRR/%	12.05%	10.80%	9.74%	8.84%	8.06%
−10%	ENPV/万元	21 306	17 496	13 687	9 877	6 068
	RBC	1.70	1.51	1.36	1.24	1.13
	EIRR/%	13.38%	12.05%	10.92%	9.96%	9.13%
0%	ENPV/万元	27 059	23 250	19 440	15 631	11 821
	RBC	1.89	1.68	1.51	1.37	1.26
	EIRR/%	14.65%	13.24%	12.05%	11.03%	10.14%
10%	ENPV/万元	32 813	29 003	25 194	21 384	17 575
	RBC	2.08	1.85	1.66	1.51	1.38
	EIRR/%	15.87%	14.38%	13.12%	12.05%	11.12%
20%	ENPV/万元	38 566	34 757	30 947	27 138	23 328
	RBC	2.27	2.01	1.81	1.65	1.51
	EIRR/%	17.03%	15.47%	14.15%	13.03%	12.05%

典 型 案 例

已知某企业要购进一台 500 万元的设备，全部向银行贷款，利率为 8%，在 10 年内等额还清。设备的寿命期也为 10 年，无残值。第一年的维修费用为 5 万元，以后每年递增 1 万元。试计算：

1）每年给银行的还款额。

2）总维修费用的现值。

3）在第 10 年年末，该企业为这台设备一共支付的款项。

解： 1）这一问即是已知现值求年金。若单元格 B1 中为总贷款额，则在单元格 B2 中输入公式“=PMT(8%,10,−500)”，结果为−74.51，即每年给银行的还款额为 74.51 万元。

2）这一问即是求等差数列的净现值。若单元格 B5:K5 中为维修费用，则在单元格 B6 中输入公式“=NPV(8%,B5:K5)”，结果为 59.53，即总维修费用的现值为 59.53 万元。

3）这一问即是求总贷款额和总维修费用的终值。在单元格 B8 输入公式“=FV(8%,10,,

−B1)”；在单元格 B9 中输入公式“=FV(8%,10,,−B6)”；在单元格 B10 中输入公式“=B8+B9”，结果为 1 207.98，即在第 10 年年末，该企业为这台设备一共支付了 1 207.98 万元。

本章小结

资金时间价值与工程项目经济评价是工程经济学的核心内容，但等值计算和经济评价指标的计算工作量较大，本章主要介绍如何应用 Excel 函数进行资金等值计算和经济评价指标计算。Excel 提供了几百种预定义函数，具有强大的数据计算和数据分析功能。运用其中的 FV、PV、PMT、NPV 和 IRR 等函数，可进行简单、快速的资金等值计算和经济评价指标计算。

为了能够更好地强化对理论知识及 Excel 函数的理解，引入了中俄黑河—布拉戈维申斯克界河公路大桥工程项目案例。首先对工程项目进行概述；然后给出了该项目评价的依据及费用计算的规范标准；依据规范标准，结合该项目的自身情况估算出投资费用；确定该项目的评价期、评价内容、评价参数；通过影子价格的计算对估算出的投资费用进行调整；结合已有的规范和该项目自身的特点对经济效益进行估算；建立整个评价期的项目经济效益费用流量表，运用 Excel 函数计算出中俄黑河—布拉戈维申斯克界河公路大桥项目经济评价指标的结果，经济内部收益率为 12.05%高于社会折现率 8%、效益费用比为 1.51 大于 1、经济净现值为 19 440 万元大于零、投资回收期为 15 年在评价期内，所以工程具有一定的可行性；最后确定出项目的敏感性因素为费用和效益，分别进行费用或效益变动的单因素敏感性分析及费用和效益变动的多因素敏感性分析，分析结果均为项目具有较强的抗风险能力。综上所述，从国民经济评价的角度来看，项目具有切实可行性。

中俄黑河—布拉戈维申斯克界河公路大桥工程项目的工期耗时长、投资规模大，在进行工程经济评价时计算工作量大，运用 Excel 函数能够快速、准确、简捷地得出计算结果，这更加验证了 Excel 在工程项目经济评价中的优势。

思考与练习

1．资金等值换算和经济评价指标计算中要用到哪些 Excel 函数？

2．如何在 Excel 中使用函数？

3．假设利率为 8%，现存入银行 10 000 元，第 5 年年末应取出多少钱？（应用 Excel 函数进行计算。）

4．在 5 年中，每年年末存入 300 元，利率为 8%，第 5 年年末的本利和是多少？（应用 Excel 函数进行计算。）

5．某公司有一个投资方案，款项由银行借入，第 10 年年末的借款本利和为 5 000 万元，如果年利率为 9%，那么从现在起，每年年末公司应筹集多少钱作为偿还基金？（应用 Excel 函数进行计算。）

6．某项目的净现金流量表如表 11.12 所示，基准收益率为 8%，计算项目动态投资回收期。（应用 Excel 函数进行计算。）

表 11.12　净现金流量表　　单位：万元

年末	1	2	3	4	5	6
净现金流量	−700	200	200	200	200	200

7．假设折现率为 10%，使用净现值法判断第 6 题中的方案是否可行。（应用 Excel 函数进行计算。）

8．假设基准内部收益率为 30%，使用内部收益率判断第 7 题中的方案是否可行。（应用 Excel 函数进行计算。）

附录　复利系数表

附表 1　复利系数表（i=1%）

年份 n	整付终值系数 $(1+i)^n$ $(F/P,i,n)$	一次偿付现值系数 $\frac{1}{(1+i)^n}$ $(P/F,i,n)$	等额支付系列终值系数 $\frac{(1+i)^n-1}{i}$ $(F/A,i,n)$	等额支付偿债基金系数 $\frac{i}{(1+i)^n-1}$ $(A/F,i,n)$	等额支付资金回收系数 $\frac{i(1+i)^n}{(1+i)^n-1}$ $(A/P,i,n)$	等额支付现值系数 $\frac{(1+i)^n-1}{i(1+i)^n}$ $(P/A,i,n)$
1	1.010 0	0.990 1	1.000 0	1.000 0	1.010 0	0.990 1
2	1.020 1	0.980 3	2.010 0	0.497 5	0.507 5	1.970 4
3	1.030 3	0.970 6	3.030 1	0.330 0	0.340 0	2.941 0
4	1.040 6	0.961 0	4.060 4	0.246 3	0.256 3	3.902 0
5	1.051 0	0.951 5	5.101 0	0.196 0	0.206 0	4.853 4
6	1.061 5	0.942 0	6.152 0	0.162 5	0.172 5	5.795 5
7	1.072 1	0.932 7	7.213 5	0.138 6	0.148 6	6.728 2
8	1.082 9	0.923 5	8.285 7	0.120 7	0.130 7	7.651 7
9	1.093 7	0.914 3	9.368 5	0.106 7	0.116 7	8.566 0
10	1.104 6	0.905 3	10.462 2	0.095 6	0.105 6	9.471 3
11	1.115 7	0.896 3	11.566 8	0.086 5	0.096 5	10.367 6
12	1.126 8	0.887 4	12.682 5	0.078 8	0.088 8	11.255 1
13	1.138 1	0.878 7	13.809 3	0.072 4	0.082 4	12.133 7
14	1.149 5	0.870 0	14.947 4	0.066 9	0.076 9	13.003 7
15	1.161 0	0.861 3	16.096 9	0.062 1	0.072 1	13.865 1
16	1.172 6	0.852 8	17.257 9	0.057 9	0.067 9	14.717 9
17	1.184 3	0.844 4	18.430 4	0.054 3	0.064 3	15.562 3
18	1.196 1	0.836 0	19.614 7	0.051 0	0.061 0	16.398 3
19	1.208 1	0.827 7	20.810 9	0.048 1	0.058 1	17.226 0
20	1.220 2	0.819 5	22.019 0	0.045 4	0.055 4	18.045 6
21	1.232 4	0.811 4	23.239 2	0.043 0	0.053 0	18.857 0
22	1.244 7	0.803 4	24.471 6	0.040 9	0.050 9	19.660 4
23	1.257 2	0.795 4	25.716 3	0.038 9	0.048 9	20.455 8
24	1.269 7	0.787 6	26.973 5	0.037 1	0.047 1	21.243 4
25	1.282 4	0.779 8	28.243 2	0.035 4	0.045 4	22.023 2
26	1.295 3	0.772 0	29.525 6	0.033 9	0.043 9	22.795 2
27	1.308 2	0.764 4	30.820 9	0.032 4	0.042 4	23.559 6
28	1.321 3	0.756 8	32.129 1	0.031 1	0.041 1	24.316 4
29	1.334 5	0.749 3	33.450 4	0.029 9	0.039 9	25.065 8
30	1.347 8	0.741 9	34.784 9	0.028 7	0.038 7	25.807 7
31	1.361 3	0.734 6	36.132 7	0.027 7	0.037 7	26.542 3
32	1.374 9	0.727 3	37.494 1	0.026 7	0.036 7	27.269 6
33	1.388 7	0.720 1	38.869 0	0.025 7	0.035 7	27.989 7
34	1.402 6	0.713 0	40.257 7	0.024 8	0.034 8	28.702 7
35	1.416 6	0.705 9	41.660 3	0.024 0	0.034 0	29.408 6

续表

年份 n	整付终值系数 $(1+i)^n$ $(F/P,i,n)$	一次偿付现值系数 $\frac{1}{(1+i)^n}$ $(P/F,i,n)$	等额支付系列终值系数 $\frac{(1+i)^n-1}{i}$ $(F/A,i,n)$	等额支付偿债基金系数 $\frac{i}{(1+i)^n-1}$ $(A/F,i,n)$	等额支付资金回收系数 $\frac{i(1+i)^n}{(1+i)^n-1}$ $(A/P,i,n)$	等额支付现值系数 $\frac{(1+i)^n-1}{i(1+i)^n}$ $(P/A,i,n)$
36	1.430 8	0.698 9	43.076 9	0.023 2	0.033 2	30.107 5
37	1.445 1	0.692 0	44.507 6	0.022 5	0.032 5	30.799 5
38	1.459 5	0.685 2	45.952 7	0.021 8	0.031 8	31.484 7
39	1.474 1	0.678 4	47.412 3	0.021 1	0.031 1	32.163 0
40	1.488 9	0.671 7	48.886 4	0.020 5	0.030 5	32.834 7
41	1.503 8	0.665 0	50.375 2	0.019 9	0.029 9	33.499 7
42	1.518 8	0.658 4	51.879 0	0.019 3	0.029 3	34.158 1
43	1.534 0	0.651 9	53.397 8	0.018 7	0.028 7	34.810 0
44	1.549 3	0.645 4	54.931 8	0.018 2	0.028 2	35.455 5
45	1.564 8	0.639 1	56.481 1	0.017 7	0.027 7	36.094 5
46	1.580 5	0.632 7	58.045 9	0.017 2	0.027 2	36.727 2
47	1.596 3	0.626 5	59.626 3	0.016 8	0.026 8	37.353 7
48	1.612 2	0.620 3	61.222 6	0.016 3	0.026 3	37.974 0
49	1.628 3	0.614 1	62.834 8	0.015 9	0.025 9	38.588 1
50	1.644 6	0.608 0	64.463 2	0.015 5	0.025 5	39.196 1

附表 2　复利系数表（i=2%）

年份 n	整付终值系数 $(1+i)^n$ $(F/P,i,n)$	一次偿付现值系数 $\frac{1}{(1+i)^n}$ $(P/F,i,n)$	等额支付系列终值系数 $\frac{(1+i)^n-1}{i}$ $(F/A,i,n)$	等额支付偿债基金系数 $\frac{i}{(1+i)^n-1}$ $(A/F,i,n)$	等额支付资金回收系数 $\frac{i(1+i)^n}{(1+i)^n-1}$ $(A/P,i,n)$	等额支付现值系数 $\frac{(1+i)^n-1}{i(1+i)^n}$ $(P/A,i,n)$
1	1.020 0	0.980 4	1.000 0	1.000 0	1.020 0	0.980 4
2	1.040 4	0.961 2	2.020 0	0.495 0	0.515 0	1.941 6
3	1.061 2	0.942 3	3.060 4	0.326 8	0.346 8	2.883 9
4	1.082 4	0.923 8	4.121 6	0.242 6	0.262 6	3.807 7
5	1.104 1	0.905 7	5.204 0	0.192 2	0.212 2	4.713 5
6	1.126 2	0.888 0	6.308 1	0.158 5	0.178 5	5.601 4
7	1.148 7	0.870 6	7.434 3	0.134 5	0.154 5	6.472 0
8	1.171 7	0.853 5	8.583 0	0.116 5	0.136 5	7.325 5
9	1.195 1	0.836 8	9.754 6	0.102 5	0.122 5	8.162 2
10	1.219 0	0.820 3	10.949 7	0.091 3	0.111 3	8.982 6
11	1.243 4	0.804 3	12.168 7	0.082 2	0.102 2	9.786 8
12	1.268 2	0.788 5	13.412 1	0.074 6	0.094 6	10.575 3
13	1.293 6	0.773 0	14.680 3	0.068 1	0.088 1	11.348 4
14	1.319 5	0.757 9	15.973 9	0.062 6	0.082 6	12.106 2
15	1.345 9	0.743 0	17.293 4	0.057 8	0.077 8	12.849 3
16	1.372 8	0.728 4	18.639 3	0.053 7	0.073 7	13.577 7
17	1.400 2	0.714 2	20.012 1	0.050 0	0.070 0	14.291 9
18	1.428 2	0.700 2	21.412 3	0.046 7	0.066 7	14.992 0

续表

年份 n	整付终值系数 $(1+i)^n$ $(F/P,i,n)$	一次偿付现值系数 $\frac{1}{(1+i)^n}$ $(P/F,i,n)$	等额支付系列终值系数 $\frac{(1+i)^n-1}{i}$ $(F/A,i,n)$	等额支付偿债基金系数 $\frac{i}{(1+i)^n-1}$ $(A/F,i,n)$	等额支付资金回收系数 $\frac{i(1+i)^n}{(1+i)^n-1}$ $(A/P,i,n)$	等额支付现值系数 $\frac{(1+i)^n-1}{i(1+i)^n}$ $(P/A,i,n)$
19	1.456 8	0.686 4	22.840 6	0.043 8	0.063 8	15.678 5
20	1.485 9	0.673 0	24.297 4	0.041 2	0.061 2	16.351 4
21	1.515 7	0.659 8	25.783 3	0.038 8	0.058 8	17.011 2
22	1.546 0	0.646 8	27.299 0	0.036 6	0.056 6	17.658 0
23	1.576 9	0.634 2	28.845 0	0.034 7	0.054 7	18.292 2
24	1.608 4	0.621 7	30.421 9	0.032 9	0.052 9	18.913 9
25	1.640 6	0.609 5	32.030 3	0.031 2	0.051 2	19.523 5
26	1.673 4	0.597 6	33.670 9	0.029 7	0.049 7	20.121 0
27	1.706 9	0.585 9	35.344 3	0.028 3	0.048 3	20.706 9
28	1.741 0	0.574 4	37.051 2	0.027 0	0.047 0	21.281 3
29	1.775 8	0.563 1	38.792 2	0.025 8	0.045 8	21.844 4
30	1.811 4	0.552 1	40.568 1	0.024 6	0.044 6	22.396 5
31	1.847 6	0.541 2	42.379 4	0.023 6	0.043 6	22.937 7
32	1.884 5	0.530 6	44.227 0	0.022 6	0.042 6	23.468 3
33	1.922 2	0.520 2	46.111 6	0.021 7	0.041 7	23.988 6
34	1.960 7	0.510 0	48.033 8	0.020 8	0.040 8	24.498 6
35	1.999 9	0.500 0	49.994 5	0.020 0	0.040 0	24.998 6
36	2.039 9	0.490 2	51.994 4	0.019 2	0.039 2	25.488 8
37	2.080 7	0.480 6	54.034 3	0.018 5	0.038 5	25.969 5
38	2.122 3	0.471 2	56.114 9	0.017 8	0.037 8	26.440 6
39	2.164 7	0.461 9	58.237 2	0.017 2	0.037 2	26.902 6
40	2.208 0	0.452 9	60.402 0	0.016 6	0.036 6	27.355 5
41	2.252 2	0.444 0	62.610 0	0.016 0	0.036 0	27.799 5
42	2.297 2	0.435 3	64.862 2	0.015 4	0.035 4	28.234 8
43	2.343 2	0.426 8	67.159 5	0.014 9	0.034 9	28.661 6
44	2.390 1	0.418 4	69.502 7	0.014 4	0.034 4	29.080 0
45	2.437 9	0.410 2	71.892 7	0.013 9	0.033 9	29.490 2
46	2.486 6	0.402 2	74.330 6	0.013 5	0.033 5	29.892 3
47	2.536 3	0.394 3	76.817 2	0.013 0	0.033 0	30.286 6
48	2.587 1	0.386 5	79.353 5	0.012 6	0.032 6	30.673 1
49	2.638 8	0.379 0	81.940 6	0.012 2	0.032 2	31.052 1
50	2.691 6	0.371 5	84.579 4	0.011 8	0.031 8	31.423 6

附表 3 复利系数表（i=3%）

年份 n	整付终值系数 $(1+i)^n$ $(F/P,i,n)$	一次偿付现值系数 $\frac{1}{(1+i)^n}$ $(P/F,i,n)$	等额支付系列终值系数 $\frac{(1+i)^n-1}{i}$ $(F/A,i,n)$	等额支付偿债基金系数 $\frac{i}{(1+i)^n-1}$ $(A/F,i,n)$	等额支付资金回收系数 $\frac{i(1+i)^n}{(1+i)^n-1}$ $(A/P,i,n)$	等额支付现值系数 $\frac{(1+i)^n-1}{i(1+i)^n}$ $(P/A,i,n)$
1	1.030 0	0.970 9	1.000 0	1.000 0	1.030 0	0.970 9
2	1.060 9	0.942 6	2.030 0	0.492 6	0.522 6	1.913 5
3	1.092 7	0.915 1	3.090 9	0.323 5	0.353 5	2.828 6
4	1.125 5	0.888 5	4.183 6	0.239 0	0.269 0	3.717 1
5	1.159 3	0.862 6	5.309 1	0.188 4	0.218 4	4.579 7
6	1.194 1	0.837 5	6.468 4	0.154 6	0.184 6	5.417 2
7	1.229 9	0.813 1	7.662 5	0.130 5	0.160 5	6.230 3
8	1.266 8	0.789 4	8.892 3	0.112 5	0.142 5	7.019 7
9	1.304 8	0.766 4	10.159 1	0.098 4	0.128 4	7.786 1
10	1.343 9	0.744 1	11.463 9	0.087 2	0.117 2	8.530 2
11	1.384 2	0.722 4	12.807 8	0.078 1	0.108 1	9.252 6
12	1.425 8	0.701 4	14.192 0	0.070 5	0.100 5	9.954 0
13	1.468 5	0.681 0	15.617 8	0.064 0	0.094 0	10.635 0
14	1.512 6	0.661 1	17.086 3	0.058 5	0.088 5	11.296 1
15	1.558 0	0.641 9	18.598 9	0.053 8	0.083 8	11.937 9
16	1.604 7	0.623 2	20.156 9	0.049 6	0.079 6	12.561 1
17	1.652 8	0.605 0	21.761 6	0.046 0	0.076 0	13.166 1
18	1.702 4	0.587 4	23.414 4	0.042 7	0.072 7	13.753 5
19	1.753 5	0.570 3	25.116 9	0.039 8	0.069 8	14.323 8
20	1.806 1	0.553 7	26.870 4	0.037 2	0.067 2	14.877 5
21	1.860 3	0.537 5	28.676 5	0.034 9	0.064 9	15.415 0
22	1.916 1	0.521 9	30.536 8	0.032 7	0.062 7	15.936 9
23	1.973 6	0.506 7	32.452 9	0.030 8	0.060 8	16.443 6
24	2.032 8	0.491 9	34.426 5	0.029 0	0.059 0	16.935 5
25	2.093 8	0.477 6	36.459 3	0.027 4	0.057 4	17.413 1
26	2.156 6	0.463 7	38.553 0	0.025 9	0.055 9	17.876 8
27	2.221 3	0.450 2	40.709 6	0.024 6	0.054 6	18.327 0
28	2.287 9	0.437 1	42.930 9	0.023 3	0.053 3	18.764 1
29	2.356 6	0.424 3	45.218 9	0.022 1	0.052 1	19.188 5
30	2.427 3	0.412 0	47.575 4	0.021 0	0.051 0	19.600 4
31	2.500 1	0.400 0	50.002 7	0.020 0	0.050 0	20.000 4
32	2.575 1	0.388 3	52.502 8	0.019 0	0.049 0	20.388 8
33	2.652 3	0.377 0	55.077 8	0.018 2	0.048 2	20.765 8
34	2.731 9	0.366 0	57.730 2	0.017 3	0.047 3	21.131 8
35	2.813 9	0.355 4	60.462 1	0.016 5	0.046 5	21.487 2
36	2.898 3	0.345 0	63.275 9	0.015 8	0.045 8	21.832 3
37	2.985 2	0.335 0	66.174 2	0.015 1	0.045 1	22.167 2
38	3.074 8	0.325 2	69.159 4	0.014 5	0.044 5	22.492 5
39	3.167 0	0.315 8	72.234 2	0.013 8	0.043 8	22.808 2
40	3.262 0	0.306 6	75.401 3	0.013 3	0.043 3	23.114 8
41	3.359 9	0.297 6	78.663 3	0.012 7	0.042 7	23.412 4
42	3.460 7	0.289 0	82.023 2	0.012 2	0.042 2	23.701 4
43	3.564 5	0.280 5	85.483 9	0.011 7	0.041 7	23.981 9
44	3.671 5	0.272 4	89.048 4	0.011 2	0.041 2	24.254 3
45	3.781 6	0.264 4	92.719 9	0.010 8	0.040 8	24.518 7
46	3.895 0	0.256 7	96.501 5	0.010 4	0.040 4	24.775 4
47	4.011 9	0.249 3	100.396 5	0.010 0	0.040 0	25.024 7
48	4.132 3	0.242 0	104.408 4	0.009 6	0.039 6	25.266 7
49	4.256 2	0.235 0	108.540 6	0.009 2	0.039 2	25.501 7
50	4.383 9	0.228 1	112.796 9	0.008 9	0.038 9	25.729 8

附表 4　复利系数表（i=4%）

年份 n	整付终值系数 $(1+i)^n$ $(F/P,i,n)$	一次偿付现值系数 $\frac{1}{(1+i)^n}$ $(P/F,i,n)$	等额支付系列终值系数 $\frac{(1+i)^n-1}{i}$ $(F/A,i,n)$	等额支付偿债基金系数 $\frac{i}{(1+i)^n-1}$ $(A/F,i,n)$	等额支付资金回收系数 $\frac{i(1+i)^n}{(1+i)^n-1}$ $(A/P,i,n)$	等额支付现值系数 $\frac{(1+i)^n-1}{i(1+i)^n}$ $(P/A,i,n)$
1	1.040 0	0.961 5	1.000 0	1.000 0	1.040 0	0.961 5
2	1.081 6	0.924 6	2.040 0	0.490 2	0.530 2	1.886 1
3	1.124 9	0.889 0	3.121 6	0.320 3	0.360 3	2.775 1
4	1.169 9	0.854 8	4.246 5	0.235 5	0.275 5	3.629 9
5	1.216 7	0.821 9	5.416 3	0.184 6	0.224 6	4.451 8
6	1.265 3	0.790 3	6.633 0	0.150 8	0.190 8	5.242 1
7	1.315 9	0.759 9	7.898 3	0.126 6	0.166 6	6.002 1
8	1.368 6	0.730 7	9.214 2	0.108 5	0.148 5	6.732 7
9	1.423 3	0.702 6	10.582 8	0.094 5	0.134 5	7.435 3
10	1.480 2	0.675 6	12.006 1	0.083 3	0.123 3	8.110 9
11	1.539 5	0.649 6	13.486 4	0.074 1	0.114 1	8.760 5
12	1.601 0	0.624 6	15.025 8	0.066 6	0.106 6	9.385 1
13	1.665 1	0.600 6	16.626 8	0.060 1	0.100 1	9.985 6
14	1.731 7	0.577 5	18.291 9	0.054 7	0.094 7	10.563 1
15	1.800 9	0.555 3	20.023 6	0.049 9	0.089 9	11.118 4
16	1.873 0	0.533 9	21.824 5	0.045 8	0.085 8	11.652 3
17	1.947 9	0.513 4	23.697 5	0.042 2	0.082 2	12.165 7
18	2.025 8	0.493 6	25.645 4	0.039 0	0.079 0	12.659 3
19	2.106 8	0.474 6	27.671 2	0.036 1	0.076 1	13.133 9
20	2.191 1	0.456 4	29.778 1	0.033 6	0.073 6	13.590 3
21	2.278 8	0.438 8	31.969 2	0.031 3	0.071 3	14.029 2
22	2.369 9	0.422 0	34.248 0	0.029 2	0.069 2	14.451 1
23	2.464 7	0.405 7	36.617 9	0.027 3	0.067 3	14.856 8
24	2.563 3	0.390 1	39.082 6	0.025 6	0.065 6	15.247 0
25	2.665 8	0.375 1	41.645 9	0.024 0	0.064 0	15.622 1
26	2.772 5	0.360 7	44.311 7	0.022 6	0.062 6	15.982 8
27	2.883 4	0.346 8	47.084 2	0.021 2	0.061 2	16.329 6
28	2.998 7	0.333 5	49.967 6	0.020 0	0.060 0	16.663 1
29	3.118 7	0.320 7	52.966 3	0.018 9	0.058 9	16.983 7
30	3.243 4	0.308 3	56.084 9	0.017 8	0.057 8	17.292 0
31	3.373 1	0.296 5	59.328 3	0.016 9	0.056 9	17.588 5
32	3.508 1	0.285 1	62.701 5	0.015 9	0.055 9	17.873 6
33	3.648 4	0.274 1	66.209 5	0.015 1	0.055 1	18.147 6
34	3.794 3	0.263 6	69.857 9	0.014 3	0.054 3	18.411 2
35	3.946 1	0.253 4	73.652 2	0.013 6	0.053 6	18.664 6
36	4.103 9	0.243 7	77.598 3	0.012 9	0.052 9	18.908 3
37	4.268 1	0.234 3	81.702 2	0.012 2	0.052 2	19.142 6
38	4.438 8	0.225 3	85.970 3	0.011 6	0.051 6	19.367 9
39	4.616 4	0.216 6	90.409 1	0.011 1	0.051 1	19.584 5
40	4.801 0	0.208 3	95.025 5	0.010 5	0.050 5	19.792 8
41	4.993 1	0.200 3	99.826 5	0.010 0	0.050 0	19.993 1
42	5.192 8	0.192 6	104.819 6	0.009 5	0.049 5	20.185 6
43	5.400 5	0.185 2	110.012 4	0.009 1	0.049 1	20.370 8
44	5.616 5	0.178 0	115.412 9	0.008 7	0.048 7	20.548 8
45	5.841 2	0.171 2	121.029 4	0.008 3	0.048 3	20.720 0
46	6.074 8	0.164 6	126.870 6	0.007 9	0.047 9	20.884 7
47	6.317 8	0.158 3	132.945 4	0.007 5	0.047 5	21.042 9
48	6.570 5	0.152 2	139.263 2	0.007 2	0.047 2	21.195 1
49	6.833 3	0.146 3	145.833 7	0.006 9	0.046 9	21.341 5
50	7.106 7	0.140 7	152.667 1	0.006 6	0.046 6	21.482 2

附表 5　复利系数表（i=5%）

年份 n	整付终值系数 $(1+i)^n$ $(F/P,i,n)$	一次偿付现值系数 $\frac{1}{(1+i)^n}$ $(P/F,i,n)$	等额支付系列终值系数 $\frac{(1+i)^n-1}{i}$ $(F/A,i,n)$	等额支付偿债基金系数 $\frac{i}{(1+i)^n-1}$ $(A/F,i,n)$	等额支付资金回收系数 $\frac{i(1+i)^n}{(1+i)^n-1}$ $(A/P,i,n)$	等额支付现值系数 $\frac{(1+i)^n-1}{i(1+i)^n}$ $(P/A,i,n)$
1	1.050 0	0.952 4	1.000 0	1.000 0	1.050 0	0.952 4
2	1.102 5	0.907 0	2.050 0	0.487 8	0.537 8	1.859 4
3	1.157 6	0.863 8	3.152 5	0.317 2	0.367 2	2.723 2
4	1.215 5	0.822 7	4.310 1	0.232 0	0.282 0	3.546 0
5	1.276 3	0.783 5	5.525 6	0.181 0	0.231 0	4.329 5
6	1.340 1	0.746 2	6.801 9	0.147 0	0.197 0	5.075 7
7	1.407 1	0.710 7	8.142 0	0.122 8	0.172 8	5.786 4
8	1.477 5	0.676 8	9.549 1	0.104 7	0.154 7	6.463 2
9	1.551 3	0.644 6	11.026 6	0.090 7	0.140 7	7.107 8
10	1.628 9	0.613 9	12.577 9	0.079 5	0.129 5	7.721 7
11	1.710 3	0.584 7	14.206 8	0.070 4	0.120 4	8.306 4
12	1.795 9	0.556 8	15.917 1	0.062 8	0.112 8	8.863 3
13	1.885 6	0.530 3	17.713 0	0.056 5	0.106 5	9.393 6
14	1.979 9	0.505 1	19.598 6	0.051 0	0.101 0	9.898 6
15	2.078 9	0.481 0	21.578 6	0.046 3	0.096 3	10.379 7
16	2.182 9	0.458 1	23.657 5	0.042 3	0.092 3	10.837 8
17	2.292 0	0.436 3	25.840 4	0.038 7	0.088 7	11.274 1
18	2.406 6	0.415 5	28.132 4	0.035 5	0.085 5	11.689 6
19	2.527 0	0.395 7	30.539 0	0.032 7	0.082 7	12.085 3
20	2.653 3	0.376 9	33.066 0	0.030 2	0.080 2	12.462 2
21	2.786 0	0.358 9	35.719 3	0.028 0	0.078 0	12.821 2
22	2.925 3	0.341 8	38.505 2	0.026 0	0.076 0	13.163 0
23	3.071 5	0.325 6	41.430 5	0.024 1	0.074 1	13.488 6
24	3.225 1	0.310 1	44.502 0	0.022 5	0.072 5	13.798 6
25	3.386 4	0.295 3	47.727 1	0.021 0	0.071 0	14.093 9
26	3.555 7	0.281 2	51.113 5	0.019 6	0.069 6	14.375 2
27	3.733 5	0.267 8	54.669 1	0.018 3	0.068 3	14.643 0
28	3.920 1	0.255 1	58.402 6	0.017 1	0.067 1	14.898 1
29	4.116 1	0.242 9	62.322 7	0.016 0	0.066 0	15.141 1
30	4.321 9	0.231 4	66.438 8	0.015 1	0.065 1	15.372 5
31	4.538 0	0.220 4	70.760 8	0.014 1	0.064 1	15.592 8
32	4.764 9	0.209 9	75.298 8	0.013 3	0.063 3	15.802 7
33	5.003 2	0.199 9	80.063 8	0.012 5	0.062 5	16.002 5
34	5.253 3	0.190 4	85.067 0	0.011 8	0.061 8	16.192 9
35	5.516 0	0.181 3	90.320 3	0.011 1	0.061 1	16.374 2
36	5.791 8	0.172 7	95.836 3	0.010 4	0.060 4	16.546 9
37	6.081 4	0.164 4	101.628 1	0.009 8	0.059 8	16.711 3
38	6.385 5	0.156 6	107.709 5	0.009 3	0.059 3	16.867 9
39	6.704 8	0.149 1	114.095 0	0.008 8	0.058 8	17.017 0
40	7.040 0	0.142 0	120.799 8	0.008 3	0.058 3	17.159 1
41	7.392 0	0.135 3	127.839 8	0.007 8	0.057 8	17.294 4
42	7.761 6	0.128 8	135.231 8	0.007 4	0.057 4	17.423 2
43	8.149 7	0.122 7	142.993 3	0.007 0	0.057 0	17.545 9
44	8.557 2	0.116 9	151.143 0	0.006 6	0.056 6	17.662 8
45	8.985 0	0.111 3	159.700 2	0.006 3	0.056 3	17.774 1
46	9.434 3	0.106 0	168.685 2	0.005 9	0.055 9	17.880 1
47	9.906 0	0.100 9	178.119 4	0.005 6	0.055 6	17.981 0
48	10.401 3	0.096 1	188.025 4	0.005 3	0.055 3	18.077 2
49	10.921 3	0.091 6	198.426 7	0.005 0	0.055 0	18.168 7
50	11.467 4	0.087 2	209.348 0	0.004 8	0.054 8	18.255 9

附表 6　复利系数表（i=6%）

年份 n	整付终值系数 $(1+i)^n$ $(F/P,i,n)$	一次偿付现值系数 $\frac{1}{(1+i)^n}$ $(P/F,i,n)$	等额支付系列终值系数 $\frac{(1+i)^n-1}{i}$ $(F/A,i,n)$	等额支付偿债基金系数 $\frac{i}{(1+i)^n-1}$ $(A/F,i,n)$	等额支付资金回收系数 $\frac{i(1+i)^n}{(1+i)^n-1}$ $(A/P,i,n)$	等额支付现值系数 $\frac{(1+i)^n-1}{i(1+i)^n}$ $(P/A,i,n)$
1	1.060 0	0.943 4	1.000 0	1.000 0	1.060 0	0.943 4
2	1.123 6	0.890 0	2.060 0	0.485 4	0.545 4	1.833 4
3	1.191 0	0.839 6	3.183 6	0.314 1	0.374 1	2.673 0
4	1.262 5	0.792 1	4.374 6	0.228 6	0.288 6	3.465 1
5	1.338 2	0.747 3	5.637 1	0.177 4	0.237 4	4.212 4
6	1.418 5	0.705 0	6.975 3	0.143 4	0.203 4	4.917 3
7	1.503 6	0.665 1	8.393 8	0.119 1	0.179 1	5.582 4
8	1.593 8	0.627 4	9.897 5	0.101 0	0.161 0	6.209 8
9	1.689 5	0.591 9	11.491 3	0.087 0	0.147 0	6.801 7
10	1.790 8	0.558 4	13.180 8	0.075 9	0.135 9	7.360 1
11	1.898 3	0.526 8	14.971 6	0.066 8	0.126 8	7.886 9
12	2.012 2	0.497 0	16.869 9	0.059 3	0.119 3	8.383 8
13	2.132 9	0.468 8	18.882 1	0.053 0	0.113 0	8.852 7
14	2.260 9	0.442 3	21.015 1	0.047 6	0.107 6	9.295 0
15	2.396 6	0.417 3	23.276 0	0.043 0	0.103 0	9.712 2
16	2.540 4	0.393 6	25.672 5	0.039 0	0.099 0	10.105 9
17	2.692 8	0.371 4	28.212 9	0.035 4	0.095 4	10.477 3
18	2.854 3	0.350 3	30.905 7	0.032 4	0.092 4	10.827 6
19	3.025 6	0.330 5	33.760 0	0.029 6	0.089 6	11.158 1
20	3.207 1	0.311 8	36.785 6	0.027 2	0.087 2	11.469 9
21	3.399 6	0.294 2	39.992 7	0.025 0	0.085 0	11.764 1
22	3.603 5	0.277 5	43.392 3	0.023 0	0.083 0	12.041 6
23	3.819 7	0.261 8	46.995 8	0.021 3	0.081 3	12.303 4
24	4.048 9	0.247 0	50.815 6	0.019 7	0.079 7	12.550 4
25	4.291 9	0.233 0	54.864 5	0.018 2	0.078 2	12.783 4
26	4.549 4	0.219 8	59.156 4	0.016 9	0.076 9	13.003 2
27	4.822 3	0.207 4	63.705 8	0.015 7	0.075 7	13.210 5
28	5.111 7	0.195 6	68.528 1	0.014 6	0.074 6	13.406 2
29	5.418 4	0.184 6	73.639 8	0.013 6	0.073 6	13.590 7
30	5.743 5	0.174 1	79.058 2	0.012 6	0.072 6	13.764 8
31	6.088 1	0.164 3	84.801 7	0.011 8	0.071 8	13.929 1
32	6.453 4	0.155 0	90.889 8	0.011 0	0.071 0	14.084 0
33	6.840 6	0.146 2	97.343 2	0.010 3	0.070 3	14.230 2
34	7.251 0	0.137 9	104.183 8	0.009 6	0.069 6	14.368 1
35	7.686 1	0.130 1	111.434 8	0.009 0	0.069 0	14.498 2
36	8.147 3	0.122 7	119.120 9	0.008 4	0.068 4	14.621 0
37	8.636 1	0.115 8	127.268 1	0.007 9	0.067 9	14.736 8
38	9.154 3	0.109 2	135.904 2	0.007 4	0.067 4	14.846 0
39	9.703 5	0.103 1	145.058 5	0.006 9	0.066 9	14.949 1
40	10.285 7	0.097 2	154.762 0	0.006 5	0.066 5	15.046 3
41	10.902 9	0.091 7	165.047 7	0.006 1	0.066 1	15.138 0
42	11.557 0	0.086 5	175.950 5	0.005 7	0.065 7	15.224 5
43	12.250 5	0.081 6	187.507 6	0.005 3	0.065 3	15.306 2
44	12.985 5	0.077 0	199.758 0	0.005 0	0.065 0	15.383 2
45	13.764 6	0.072 7	212.743 5	0.004 7	0.064 7	15.455 8
46	14.590 5	0.068 5	226.508 1	0.004 4	0.064 4	15.524 4
47	15.465 9	0.064 7	241.098 6	0.004 1	0.064 1	15.589 0
48	16.393 9	0.061 0	256.564 5	0.003 9	0.063 9	15.650 0
49	17.377 5	0.057 5	272.958 4	0.003 7	0.063 7	15.707 6
50	18.420 2	0.054 3	290.335 9	0.003 4	0.063 4	15.761 9

附表 7　复利系数表（i=7%）

年份 n	整付终值系数 $(1+i)^n$ $(F/P,i,n)$	一次偿付现值系数 $\frac{1}{(1+i)^n}$ $(P/F,i,n)$	等额支付系列终值系数 $\frac{(1+i)^n-1}{i}$ $(F/A,i,n)$	等额支付偿债基金系数 $\frac{i}{(1+i)^n-1}$ $(A/F,i,n)$	等额支付资金回收系数 $\frac{i(1+i)^n}{(1+i)^n-1}$ $(A/P,i,n)$	等额支付现值系数 $\frac{(1+i)^n-1}{i(1+i)^n}$ $(P/A,i,n)$
1	1.070 0	0.934 6	1.000 0	1.000 0	1.070 0	0.934 6
2	1.144 9	0.873 4	2.070 0	0.483 1	0.553 1	1.808 0
3	1.225 0	0.816 3	3.214 9	0.311 1	0.381 1	2.624 3
4	1.310 8	0.762 9	4.439 9	0.225 2	0.295 2	3.387 2
5	1.402 6	0.713 0	5.750 7	0.173 9	0.243 9	4.100 2
6	1.500 7	0.666 3	7.153 3	0.139 8	0.209 8	4.766 5
7	1.605 8	0.622 7	8.654 0	0.115 6	0.185 6	5.389 3
8	1.718 2	0.582 0	10.259 8	0.097 5	0.167 5	5.971 3
9	1.838 5	0.543 9	11.978 0	0.083 5	0.153 5	6.515 2
10	1.967 2	0.508 3	13.816 4	0.072 4	0.142 4	7.023 6
11	2.104 9	0.475 1	15.783 6	0.063 4	0.133 4	7.498 7
12	2.252 2	0.444 0	17.888 5	0.055 9	0.125 9	7.942 7
13	2.409 8	0.415 0	20.140 6	0.049 7	0.119 7	8.357 7
14	2.578 5	0.387 8	22.550 5	0.044 3	0.114 3	8.745 5
15	2.759 0	0.362 4	25.129 0	0.039 8	0.109 8	9.107 9
16	2.952 2	0.338 7	27.888 1	0.035 9	0.105 9	9.446 6
17	3.158 8	0.316 6	30.840 2	0.032 4	0.102 4	9.763 2
18	3.379 9	0.295 9	33.999 0	0.029 4	0.099 4	10.059 1
19	3.616 5	0.276 5	37.379 0	0.026 8	0.096 8	10.335 6
20	3.869 7	0.258 4	40.995 5	0.024 4	0.094 4	10.594 0
21	4.140 6	0.241 5	44.865 2	0.022 3	0.092 3	10.835 5
22	4.430 4	0.225 7	49.005 7	0.020 4	0.090 4	11.061 2
23	4.740 5	0.210 9	53.436 1	0.018 7	0.088 7	11.272 2
24	5.072 4	0.197 1	58.176 7	0.017 2	0.087 2	11.469 3
25	5.427 4	0.184 2	63.249 0	0.015 8	0.085 8	11.653 6
26	5.807 4	0.172 2	68.676 5	0.014 6	0.084 6	11.825 8
27	6.213 9	0.160 9	74.483 8	0.013 4	0.083 4	11.986 7
28	6.648 8	0.150 4	80.697 7	0.012 4	0.082 4	12.137 1
29	7.114 3	0.140 6	87.346 5	0.011 4	0.081 4	12.277 7
30	7.612 3	0.131 4	94.460 8	0.010 6	0.080 6	12.409 0
31	8.145 1	0.122 8	102.073 0	0.009 8	0.079 8	12.531 8
32	8.715 3	0.114 7	110.218 2	0.009 1	0.079 1	12.646 6
33	9.325 3	0.107 2	118.933 4	0.008 4	0.078 4	12.753 8
34	9.978 1	0.100 2	128.258 8	0.007 8	0.077 8	12.854 0
35	10.676 6	0.093 7	138.236 9	0.007 2	0.077 2	12.947 7
36	11.423 9	0.087 5	148.913 5	0.006 7	0.076 7	13.035 2
37	12.223 6	0.081 8	160.337 4	0.006 2	0.076 2	13.117 0
38	13.079 3	0.076 5	172.561 0	0.005 8	0.075 8	13.193 5
39	13.994 8	0.071 5	185.640 3	0.005 4	0.075 4	13.264 9
40	14.974 5	0.066 8	199.635 1	0.005 0	0.075 0	13.331 7
41	16.022 7	0.062 4	214.609 6	0.004 7	0.074 7	13.394 1
42	17.144 3	0.058 3	230.632 2	0.004 3	0.074 3	13.452 4
43	18.344 4	0.054 5	247.776 5	0.004 0	0.074 0	13.507 0
44	19.628 5	0.050 9	266.120 9	0.003 8	0.073 8	13.557 9
45	21.002 5	0.047 6	285.749 3	0.003 5	0.073 5	13.605 5
46	22.472 6	0.044 5	306.751 8	0.003 3	0.073 3	13.650 0
47	24.045 7	0.041 6	329.224 4	0.003 0	0.073 0	13.691 6
48	25.728 9	0.038 9	353.270 1	0.002 8	0.072 8	13.730 5
49	27.529 9	0.036 3	378.999 0	0.002 6	0.072 6	13.766 8
50	29.457 0	0.033 9	406.528 9	0.002 5	0.072 5	13.800 7

附表 8　复利系数表（i=8%）

年份 n	整付终值系数 $(1+i)^n$ $(F/P,i,n)$	一次偿付现值系数 $\frac{1}{(1+i)^n}$ $(P/F,i,n)$	等额支付系列终值系数 $\frac{(1+i)^n-1}{i}$ $(F/A,i,n)$	等额支付偿债基金系数 $\frac{i}{(1+i)^n-1}$ $(A/F,i,n)$	等额支付资金回收系数 $\frac{i(1+i)^n}{(1+i)^n-1}$ $(A/P,i,n)$	等额支付现值系数 $\frac{(1+i)^n-1}{i(1+i)^n}$ $(P/A,i,n)$
1	1.080 0	0.925 9	1.000 0	1.000 0	1.080 0	0.925 9
2	1.166 4	0.857 3	2.080 0	0.480 8	0.560 8	1.783 3
3	1.259 7	0.793 8	3.246 4	0.308 0	0.388 0	2.577 1
4	1.360 5	0.735 0	4.506 1	0.221 9	0.301 9	3.312 1
5	1.469 3	0.680 6	5.866 6	0.170 5	0.250 5	3.992 7
6	1.586 9	0.630 2	7.335 9	0.136 3	0.216 3	4.622 9
7	1.713 8	0.583 5	8.922 8	0.112 1	0.192 1	5.206 4
8	1.850 9	0.540 3	10.636 6	0.094 0	0.174 0	5.746 6
9	1.999 0	0.500 2	12.487 6	0.080 1	0.160 1	6.246 9
10	2.158 9	0.463 2	14.486 6	0.069 0	0.149 0	6.710 1
11	2.331 6	0.428 9	16.645 5	0.060 1	0.140 1	7.139 0
12	2.518 2	0.397 1	18.977 1	0.052 7	0.132 7	7.536 1
13	2.719 6	0.367 7	21.495 3	0.046 5	0.126 5	7.903 8
14	2.937 2	0.340 5	24.214 9	0.041 3	0.121 3	8.244 2
15	3.172 2	0.315 2	27.152 1	0.036 8	0.116 8	8.559 5
16	3.425 9	0.291 9	30.324 3	0.033 0	0.113 0	8.851 4
17	3.700 0	0.270 3	33.750 2	0.029 6	0.109 6	9.121 6
18	3.996 0	0.250 2	37.450 2	0.026 7	0.106 7	9.371 9
19	4.315 7	0.231 7	41.446 3	0.024 1	0.104 1	9.603 6
20	4.661 0	0.214 5	45.762 0	0.021 9	0.101 9	9.818 1
21	5.033 8	0.198 7	50.422 9	0.019 8	0.099 8	10.016 8
22	5.436 5	0.183 9	55.456 8	0.018 0	0.098 0	10.200 7
23	5.871 5	0.170 3	60.893 3	0.016 4	0.096 4	10.371 1
24	6.341 2	0.157 7	66.764 8	0.015 0	0.095 0	10.528 8
25	6.848 5	0.146 0	73.105 9	0.013 7	0.093 7	10.674 8
26	7.396 4	0.135 2	79.954 4	0.012 5	0.092 5	10.810 0
27	7.988 1	0.125 2	87.350 8	0.011 4	0.091 4	10.935 2
28	8.627 1	0.115 9	95.338 8	0.010 5	0.090 5	11.051 1
29	9.317 3	0.107 3	103.965 9	0.009 6	0.089 6	11.158 4
30	10.062 7	0.099 4	113.283 2	0.008 8	0.088 8	11.257 8
31	10.867 7	0.092 0	123.345 9	0.008 1	0.088 1	11.349 8
32	11.737 1	0.085 2	134.213 5	0.007 5	0.087 5	11.435 0
33	12.676 0	0.078 9	145.950 6	0.006 9	0.086 9	11.513 9
34	13.690 1	0.073 0	158.626 7	0.006 3	0.086 3	11.586 9
35	14.785 3	0.067 6	172.316 8	0.005 8	0.085 8	11.654 6
36	15.968 2	0.062 6	187.102 1	0.005 3	0.085 3	11.717 2
37	17.245 6	0.058 0	203.070 3	0.004 9	0.084 9	11.775 2
38	18.625 3	0.053 7	220.315 9	0.004 5	0.084 5	11.828 9
39	20.115 3	0.049 7	238.941 2	0.004 2	0.084 2	11.878 6
40	21.724 5	0.046 0	259.056 5	0.003 9	0.083 9	11.924 6
41	23.462 5	0.042 6	280.781 0	0.003 6	0.083 6	11.967 2
42	25.339 5	0.039 5	304.243 5	0.003 3	0.083 3	12.006 7
43	27.366 6	0.036 5	329.583 0	0.003 0	0.083 0	12.043 2
44	29.556 0	0.033 8	356.949 6	0.002 8	0.082 8	12.077 1
45	31.920 4	0.031 3	386.505 6	0.002 6	0.082 6	12.108 4
46	34.474 1	0.029 0	418.426 1	0.002 4	0.082 4	12.137 4
47	37.232 0	0.026 9	452.900 2	0.002 2	0.082 2	12.164 3
48	40.210 6	0.024 9	490.132 2	0.002 0	0.082 0	12.189 1
49	43.427 4	0.023 0	530.342 7	0.001 9	0.081 9	12.212 2
50	46.901 6	0.021 3	573.770 2	0.001 7	0.081 7	12.233 5

附表 9　复利系数表（i=9%）

年份 n	整付终值系数 $(1+i)^n$ $(F/P,i,n)$	一次偿付现值系数 $\frac{1}{(1+i)^n}$ $(P/F,i,n)$	等额支付系列终值系数 $\frac{(1+i)^n-1}{i}$ $(F/A,i,n)$	等额支付偿债基金系数 $\frac{i}{(1+i)^n-1}$ $(A/F,i,n)$	等额支付资金回收系数 $\frac{i(1+i)^n}{(1+i)^n-1}$ $(A/P,i,n)$	等额支付现值系数 $\frac{(1+i)^n-1}{i(1+i)^n}$ $(P/A,i,n)$
1	1.090 0	0.917 4	1.000 0	1.000 0	1.090 0	0.917 4
2	1.188 1	0.841 7	2.090 0	0.478 5	0.568 5	1.759 1
3	1.295 0	0.772 2	3.278 1	0.305 1	0.395 1	2.531 3
4	1.411 6	0.708 4	4.573 1	0.218 7	0.308 7	3.239 7
5	1.538 6	0.649 9	5.984 7	0.167 1	0.257 1	3.889 7
6	1.677 1	0.596 3	7.523 3	0.132 9	0.222 9	4.485 9
7	1.828 0	0.547 0	9.200 4	0.108 7	0.198 7	5.033 0
8	1.992 6	0.501 9	11.028 5	0.090 7	0.180 7	5.534 8
9	2.171 9	0.460 4	13.021 0	0.076 8	0.166 8	5.995 2
10	2.367 4	0.422 4	15.192 9	0.065 8	0.155 8	6.417 7
11	2.580 4	0.387 5	17.560 3	0.056 9	0.146 9	6.805 2
12	2.812 7	0.355 5	20.140 7	0.049 7	0.139 7	7.160 7
13	3.065 8	0.326 2	22.953 4	0.043 6	0.133 6	7.486 9
14	3.341 7	0.299 2	26.019 2	0.038 4	0.128 4	7.786 2
15	3.642 5	0.274 5	29.360 9	0.034 1	0.124 1	8.060 7
16	3.970 3	0.251 9	33.003 4	0.030 3	0.120 3	8.312 6
17	4.327 6	0.231 1	36.973 7	0.027 0	0.117 0	8.543 6
18	4.717 1	0.212 0	41.301 3	0.024 2	0.114 2	8.755 6
19	5.141 7	0.194 5	46.018 5	0.021 7	0.111 7	8.950 1
20	5.604 4	0.178 4	51.160 1	0.019 5	0.109 5	9.128 5
21	6.108 8	0.163 7	56.764 5	0.017 6	0.107 6	9.292 2
22	6.658 6	0.150 2	62.873 3	0.015 9	0.105 9	9.442 4
23	7.257 9	0.137 8	69.531 9	0.014 4	0.104 4	9.580 2
24	7.911 1	0.126 4	76.789 8	0.013 0	0.103 0	9.706 6
25	8.623 1	0.116 0	84.700 9	0.011 8	0.101 8	9.822 6
26	9.399 2	0.106 4	93.324 0	0.010 7	0.100 7	9.929 0
27	10.245 1	0.097 6	102.723 1	0.009 7	0.099 7	10.026 6
28	11.167 1	0.089 5	112.968 2	0.008 9	0.098 9	10.116 1
29	12.172 2	0.082 2	124.135 4	0.008 1	0.098 1	10.198 3
30	13.267 7	0.075 4	136.307 5	0.007 3	0.097 3	10.273 7
31	14.461 8	0.069 1	149.575 2	0.006 7	0.096 7	10.342 8
32	15.763 3	0.063 4	164.037 0	0.006 1	0.096 1	10.406 2
33	17.182 0	0.058 2	179.800 3	0.005 6	0.095 6	10.464 4
34	18.728 4	0.053 4	196.982 3	0.005 1	0.095 1	10.517 8
35	20.414 0	0.049 0	215.710 8	0.004 6	0.094 6	10.566 8
36	22.251 2	0.044 9	236.124 7	0.004 2	0.094 2	10.611 8
37	24.253 8	0.041 2	258.375 9	0.003 9	0.093 9	10.653 0
38	26.436 7	0.037 8	282.629 8	0.003 5	0.093 5	10.690 8
39	28.816 0	0.034 7	309.066 5	0.003 2	0.093 2	10.725 5
40	31.409 4	0.031 8	337.882 4	0.003 0	0.093 0	10.757 4
41	34.236 3	0.029 2	369.291 9	0.002 7	0.092 7	10.786 6
42	37.317 5	0.026 8	403.528 1	0.002 5	0.092 5	10.813 4
43	40.676 1	0.024 6	440.845 7	0.002 3	0.092 3	10.838 0
44	44.337 0	0.022 6	481.521 8	0.002 1	0.092 1	10.860 5
45	48.327 3	0.020 7	525.858 7	0.001 9	0.091 9	10.881 2
46	52.676 7	0.019 0	574.186 0	0.001 7	0.091 7	10.900 2
47	57.417 6	0.017 4	626.862 8	0.001 6	0.091 6	10.917 6
48	62.585 2	0.016 0	684.280 4	0.001 5	0.091 5	10.933 6
49	68.217 9	0.014 7	746.865 6	0.001 3	0.091 3	10.948 2
50	74.357 5	0.013 4	815.083 6	0.001 2	0.091 2	10.961 7

附表 10　复利系数表（i=10%）

年份 n	整付终值系数 $(1+i)^n$ $(F/P,i,n)$	一次偿付现值系数 $\frac{1}{(1+i)^n}$ $(P/F,i,n)$	等额支付系列终值系数 $\frac{(1+i)^n-1}{i}$ $(F/A,i,n)$	等额支付偿债基金系数 $\frac{i}{(1+i)^n-1}$ $(A/F,i,n)$	等额支付资金回收系数 $\frac{i(1+i)^n}{(1+i)^n-1}$ $(A/P,i,n)$	等额支付现值系数 $\frac{(1+i)^n-1}{i(1+i)^n}$ $(P/A,i,n)$
1	1.100 0	0.909 1	1.000 0	1.000 0	1.100 0	0.909 1
2	1.210 0	0.826 4	2.100 0	0.476 2	0.576 2	1.735 5
3	1.331 0	0.751 3	3.310 0	0.302 1	0.402 1	2.486 9
4	1.464 1	0.683 0	4.641 0	0.215 5	0.315 5	3.169 9
5	1.610 5	0.620 9	6.105 1	0.163 8	0.263 8	3.790 8
6	1.771 6	0.564 5	7.715 6	0.129 6	0.229 6	4.355 3
7	1.948 7	0.513 2	9.487 2	0.105 4	0.205 4	4.868 4
8	2.143 6	0.466 5	11.435 9	0.087 4	0.187 4	5.334 9
9	2.357 9	0.424 1	13.579 5	0.073 6	0.173 6	5.759 0
10	2.593 7	0.385 5	15.937 4	0.062 7	0.162 7	6.144 6
11	2.853 1	0.350 5	18.531 2	0.054 0	0.154 0	6.495 1
12	3.138 4	0.318 6	21.384 3	0.046 8	0.146 8	6.813 7
13	3.452 3	0.289 7	24.522 7	0.040 8	0.140 8	7.103 4
14	3.797 5	0.263 3	27.975 0	0.035 7	0.135 7	7.366 7
15	4.177 2	0.239 4	31.772 5	0.031 5	0.131 5	7.606 1
16	4.595 0	0.217 6	35.949 7	0.027 8	0.127 8	7.823 7
17	5.054 5	0.197 8	40.544 7	0.024 7	0.124 7	8.021 6
18	5.559 9	0.179 9	45.599 2	0.021 9	0.121 9	8.201 4
19	6.115 9	0.163 5	51.159 1	0.019 5	0.119 5	8.364 9
20	6.727 5	0.148 6	57.275 0	0.017 5	0.117 5	8.513 6
21	7.400 2	0.135 1	64.002 5	0.015 6	0.115 6	8.648 7
22	8.140 3	0.122 8	71.402 7	0.014 0	0.114 0	8.771 5
23	8.954 3	0.111 7	79.543 0	0.012 6	0.112 6	8.883 2
24	9.849 7	0.101 5	88.497 3	0.011 3	0.111 3	8.984 7
25	10.834 7	0.092 3	98.347 1	0.010 2	0.110 2	9.077 0
26	11.918 2	0.083 9	109.181 8	0.009 2	0.109 2	9.160 9
27	13.110 0	0.076 3	121.099 9	0.008 3	0.108 3	9.237 2
28	14.421 0	0.069 3	134.209 9	0.007 5	0.107 5	9.306 6
29	15.863 1	0.063 0	148.630 9	0.006 7	0.106 7	9.369 6
30	17.449 4	0.057 3	164.494 0	0.006 1	0.106 1	9.426 9
31	19.194 3	0.052 1	181.943 4	0.005 5	0.105 5	9.479 0
32	21.113 8	0.047 4	201.137 8	0.005 0	0.105 0	9.526 4
33	23.225 2	0.043 1	222.251 5	0.004 5	0.104 5	9.569 4
34	25.547 7	0.039 1	245.476 7	0.004 1	0.104 1	9.608 6
35	28.102 4	0.035 6	271.024 4	0.003 7	0.103 7	9.644 2
36	30.912 7	0.032 3	299.126 8	0.003 3	0.103 3	9.676 5
37	34.003 9	0.029 4	330.039 5	0.003 0	0.103 0	9.705 9
38	37.404 3	0.026 7	364.043 4	0.002 7	0.102 7	9.732 7
39	41.144 8	0.024 3	401.447 8	0.002 5	0.102 5	9.757 0
40	45.259 3	0.022 1	442.592 6	0.002 3	0.102 3	9.779 1
41	49.785 2	0.020 1	487.851 8	0.002 0	0.102 0	9.799 1
42	54.763 7	0.018 3	537.637 0	0.001 9	0.101 9	9.817 4
43	60.240 1	0.016 6	592.400 7	0.001 7	0.101 7	9.834 0
44	66.264 1	0.015 1	652.640 8	0.001 5	0.101 5	9.849 1
45	72.890 5	0.013 7	718.904 8	0.001 4	0.101 4	9.862 8
46	80.179 5	0.012 5	791.795 3	0.001 3	0.101 3	9.875 3
47	88.197 5	0.011 3	871.974 9	0.001 1	0.101 1	9.886 6
48	97.017 2	0.010 3	960.172 3	0.001 0	0.101 0	9.896 9
49	106.719 0	0.009 4	1 057.189 6	0.000 9	0.100 9	9.906 3
50	117.390 9	0.008 5	1 163.908 5	0.000 9	0.100 9	9.914 8

附表 11　复利系数表（i=12%）

年份 n	整付终值系数 $(1+i)^n$ $(F/P,i,n)$	一次偿付现值系数 $\frac{1}{(1+i)^n}$ $(P/F,i,n)$	等额支付系列终值系数 $\frac{(1+i)^n-1}{i}$ $(F/A,i,n)$	等额支付偿债基金系数 $\frac{i}{(1+i)^n-1}$ $(A/F,i,n)$	等额支付资金回收系数 $\frac{i(1+i)^n}{(1+i)^n-1}$ $(A/P,i,n)$	等额支付现值系数 $\frac{(1+i)^n-1}{i(1+i)^n}$ $(P/A,i,n)$
1	1.120 0	0.892 9	1.000 0	1.000 0	1.120 0	0.892 9
2	1.254 4	0.797 2	2.120 0	0.471 7	0.591 7	1.690 1
3	1.404 9	0.711 8	3.374 4	0.296 3	0.416 3	2.401 8
4	1.573 5	0.635 5	4.779 3	0.209 2	0.329 2	3.037 3
5	1.762 3	0.567 4	6.352 8	0.157 4	0.277 4	3.604 8
6	1.973 8	0.506 6	8.115 2	0.123 2	0.243 2	4.111 4
7	2.210 7	0.452 3	10.089 0	0.099 1	0.219 1	4.563 8
8	2.476 0	0.403 9	12.299 7	0.081 3	0.201 3	4.967 6
9	2.773 1	0.360 6	14.775 7	0.067 7	0.187 7	5.328 2
10	3.105 8	0.322 0	17.548 7	0.057 0	0.177 0	5.650 2
11	3.478 5	0.287 5	20.654 6	0.048 4	0.168 4	5.937 7
12	3.896 0	0.256 7	24.133 1	0.041 4	0.161 4	6.194 4
13	4.363 5	0.229 2	28.029 1	0.035 7	0.155 7	6.423 5
14	4.887 1	0.204 6	32.392 6	0.030 9	0.150 9	6.628 2
15	5.473 6	0.182 7	37.279 7	0.026 8	0.146 8	6.810 9
16	6.130 4	0.163 1	42.753 3	0.023 4	0.143 4	6.974 0
17	6.866 0	0.145 6	48.883 7	0.020 5	0.140 5	7.119 6
18	7.690 0	0.130 0	55.749 7	0.017 9	0.137 9	7.249 7
19	8.612 8	0.116 1	63.439 7	0.015 8	0.135 8	7.365 8
20	9.646 3	0.103 7	72.052 4	0.013 9	0.133 9	7.469 4
21	10.803 8	0.092 6	81.698 7	0.012 2	0.132 2	7.562 0
22	12.100 3	0.082 6	92.502 6	0.010 8	0.130 8	7.644 6
23	13.552 3	0.073 8	104.602 9	0.009 6	0.129 6	7.718 4
24	15.178 6	0.065 9	118.155 2	0.008 5	0.128 5	7.784 3
25	17.000 1	0.058 8	133.333 9	0.007 5	0.127 5	7.843 1
26	19.040 1	0.052 5	150.333 9	0.006 7	0.126 7	7.895 7
27	21.324 9	0.046 9	169.374 0	0.005 9	0.125 9	7.942 6
28	23.883 9	0.041 9	190.698 9	0.005 2	0.125 2	7.984 4
29	26.749 9	0.037 4	214.582 8	0.004 7	0.124 7	8.021 8
30	29.959 9	0.033 4	241.332 7	0.004 1	0.124 1	8.055 2
31	33.555 1	0.029 8	271.292 6	0.003 7	0.123 7	8.085 0
32	37.581 7	0.026 6	304.847 7	0.003 3	0.123 3	8.111 6
33	42.091 5	0.023 8	342.429 4	0.002 9	0.122 9	8.135 4
34	47.142 5	0.021 2	384.521 0	0.002 6	0.122 6	8.156 6
35	52.799 6	0.018 9	431.663 5	0.002 3	0.122 3	8.175 5
36	59.135 6	0.016 9	484.463 1	0.002 1	0.122 1	8.192 4
37	66.231 8	0.015 1	543.598 7	0.001 8	0.121 8	8.207 5
38	74.179 7	0.013 5	609.830 5	0.001 6	0.121 6	8.221 0
39	83.081 2	0.012 0	684.010 2	0.001 5	0.121 5	8.233 0
40	93.051 0	0.010 7	767.091 4	0.001 3	0.121 3	8.243 8
41	104.217 1	0.009 6	860.142 4	0.001 2	0.121 2	8.253 4
42	116.723 1	0.008 6	964.359 5	0.001 0	0.121 0	8.261 9
43	130.729 9	0.007 6	1 081.082 6	0.000 9	0.120 9	8.269 6
44	146.417 5	0.006 8	1 211.812 5	0.000 8	0.120 8	8.276 4
45	163.987 6	0.006 1	1 358.230 0	0.000 7	0.120 7	8.282 5
46	183.666 1	0.005 4	1 522.217 6	0.000 7	0.120 7	8.288 0
47	205.706 1	0.004 9	1 705.883 8	0.000 6	0.120 6	8.292 8
48	230.390 8	0.004 3	1 911.589 8	0.000 5	0.120 5	8.297 2
49	258.037 7	0.003 9	2 141.980 6	0.000 5	0.120 5	8.301 0
50	289.002 2	0.003 5	2 400.018 2	0.000 4	0.120 4	8.304 5

附表 12　复利系数表（i=15%）

年份 n	整付终值系数 $(1+i)^n$ $(F/P,i,n)$	一次偿付现值系数 $\frac{1}{(1+i)^n}$ $(P/F,i,n)$	等额支付系列终值系数 $\frac{(1+i)^n-1}{i}$ $(F/A,i,n)$	等额支付偿债基金系数 $\frac{i}{(1+i)^n-1}$ $(A/F,i,n)$	等额支付资金回收系数 $\frac{i(1+i)^n}{(1+i)^n-1}$ $(A/P,i,n)$	等额支付现值系数 $\frac{(1+i)^n-1}{i(1+i)^n}$ $(P/A,i,n)$
1	1.150 0	0.869 6	1.000 0	1.000 0	1.150 0	0.869 6
2	1.322 5	0.756 1	2.150 0	0.465 1	0.615 1	1.625 7
3	1.520 9	0.657 5	3.472 5	0.288 0	0.438 0	2.283 2
4	1.749 0	0.571 8	4.993 4	0.200 3	0.350 3	2.855 0
5	2.011 4	0.497 2	6.742 4	0.148 3	0.298 3	3.352 2
6	2.313 1	0.432 3	8.753 7	0.114 2	0.264 2	3.784 5
7	2.660 0	0.375 9	11.066 8	0.090 4	0.240 4	4.160 4
8	3.059 0	0.326 9	13.726 8	0.072 9	0.222 9	4.487 3
9	3.517 9	0.284 3	16.785 8	0.059 6	0.209 6	4.771 6
10	4.045 6	0.247 2	20.303 7	0.049 3	0.199 3	5.018 8
11	4.652 4	0.214 9	24.349 3	0.041 1	0.191 1	5.233 7
12	5.350 3	0.186 9	29.001 7	0.034 5	0.184 5	5.420 6
13	6.152 8	0.162 5	34.351 9	0.029 1	0.179 1	5.583 1
14	7.075 7	0.141 3	40.504 7	0.024 7	0.174 7	5.724 5
15	8.137 1	0.122 9	47.580 4	0.021 0	0.171 0	5.847 4
16	9.357 6	0.106 9	55.717 5	0.017 9	0.167 9	5.954 2
17	10.761 3	0.092 9	65.075 1	0.015 4	0.165 4	6.047 2
18	12.375 5	0.080 8	75.836 4	0.013 2	0.163 2	6.128 0
19	14.231 8	0.070 3	88.211 8	0.011 3	0.161 3	6.198 2
20	16.366 5	0.061 1	102.443 6	0.009 8	0.159 8	6.259 3
21	18.821 5	0.053 1	118.810 1	0.008 4	0.158 4	6.312 5
22	21.644 7	0.046 2	137.631 6	0.007 3	0.157 3	6.358 7
23	24.891 5	0.040 2	159.276 4	0.006 3	0.156 3	6.398 8
24	28.625 2	0.034 9	184.167 8	0.005 4	0.155 4	6.433 8
25	32.919 0	0.030 4	212.793 0	0.004 7	0.154 7	6.464 1
26	37.856 8	0.026 4	245.712 0	0.004 1	0.154 1	6.490 6
27	43.535 3	0.023 0	283.568 8	0.003 5	0.153 5	6.513 5
28	50.065 6	0.020 0	327.104 1	0.003 1	0.153 1	6.533 5
29	57.575 5	0.017 4	377.169 7	0.002 7	0.152 7	6.550 9
30	66.211 8	0.015 1	434.745 1	0.002 3	0.152 3	6.566 0
31	76.143 5	0.013 1	500.956 9	0.002 0	0.152 0	6.579 1
32	87.565 1	0.011 4	577.100 5	0.001 7	0.151 7	6.590 5
33	100.699 8	0.009 9	664.665 5	0.001 5	0.151 5	6.600 5
34	115.804 8	0.008 6	765.365 4	0.001 3	0.151 3	6.609 1
35	133.175 5	0.007 5	881.170 2	0.001 1	0.151 1	6.616 6
36	153.151 9	0.006 5	1 014.345 7	0.001 0	0.151 0	6.623 1
37	176.124 6	0.005 7	1 167.497 5	0.000 9	0.150 9	6.628 8
38	202.543 3	0.004 9	1 343.622 2	0.000 7	0.150 7	6.633 8
39	232.924 8	0.004 3	1 546.165 5	0.000 6	0.150 6	6.638 0
40	267.863 5	0.003 7	1 779.090 3	0.000 6	0.150 6	6.641 8
41	308.043 1	0.003 2	2 046.953 9	0.000 5	0.150 5	6.645 0
42	354.249 5	0.002 8	2 354.996 9	0.000 4	0.150 4	6.647 8
43	407.387 0	0.002 5	2 709.246 5	0.000 4	0.150 4	6.650 3
44	468.495 0	0.002 1	3 116.633 4	0.000 3	0.150 3	6.652 4
45	538.769 3	0.001 9	3 585.128 5	0.000 3	0.150 3	6.654 3
46	619.584 7	0.001 6	4 123.897 7	0.000 2	0.150 2	6.655 9
47	712.522 4	0.001 4	4 743.482 4	0.000 2	0.150 2	6.657 3
48	819.400 7	0.001 2	5 456.004 7	0.000 2	0.150 2	6.658 5
49	942.310 8	0.001 1	6 275.405 5	0.000 2	0.150 2	6.659 6
50	1 083.657 4	0.000 9	7 217.716 3	0.000 1	0.150 1	6.660 5

附表 13 复利系数表（i=20%）

年份 n	整付终值系数 $(1+i)^n$ $(F/P,i,n)$	一次偿付现值系数 $\frac{1}{(1+i)^n}$ $(P/F,i,n)$	等额支付系列终值系数 $\frac{(1+i)^n-1}{i}$ $(F/A,i,n)$	等额支付偿债基金系数 $\frac{i}{(1+i)^n-1}$ $(A/F,i,n)$	等额支付资金回收系数 $\frac{i(1+i)^n}{(1+i)^n-1}$ $(A/P,i,n)$	等额支付现值系数 $\frac{(1+i)^n-1}{i(1+i)^n}$ $(P/A,i,n)$
1	1.200 0	0.833 3	1.000 0	1.000 0	1.200 0	0.833 3
2	1.440 0	0.694 4	2.200 0	0.454 5	0.654 5	1.527 8
3	1.728 0	0.578 7	3.640 0	0.274 7	0.474 7	2.106 5
4	2.073 6	0.482 3	5.368 0	0.186 3	0.386 3	2.588 7
5	2.488 3	0.401 9	7.441 6	0.134 4	0.334 4	2.990 6
6	2.986 0	0.334 9	9.929 9	0.100 7	0.300 7	3.325 5
7	3.583 2	0.279 1	12.915 9	0.077 4	0.277 4	3.604 6
8	4.299 8	0.232 6	16.499 1	0.060 6	0.260 6	3.837 2
9	5.159 8	0.193 8	20.798 9	0.048 1	0.248 1	4.031 0
10	6.191 7	0.161 5	25.958 7	0.038 5	0.238 5	4.192 5
11	7.430 1	0.134 6	32.150 4	0.031 1	0.231 1	4.327 1
12	8.916 1	0.112 2	39.580 5	0.025 3	0.225 3	4.439 2
13	10.699 3	0.093 5	48.496 6	0.020 6	0.220 6	4.532 7
14	12.839 2	0.077 9	59.195 9	0.016 9	0.216 9	4.610 6
15	15.407 0	0.064 9	72.035 1	0.013 9	0.213 9	4.675 5
16	18.488 4	0.054 1	87.442 1	0.011 4	0.211 4	4.729 6
17	22.186 1	0.045 1	105.930 6	0.009 4	0.209 4	4.774 6
18	26.623 3	0.037 6	128.116 7	0.007 8	0.207 8	4.812 2
19	31.948 0	0.031 3	154.740 0	0.006 5	0.206 5	4.843 5
20	38.337 6	0.026 1	186.688 0	0.005 4	0.205 4	4.869 6
21	46.005 1	0.021 7	225.025 6	0.004 4	0.204 4	4.891 3
22	55.206 1	0.018 1	271.030 7	0.003 7	0.203 7	4.909 4
23	66.247 4	0.015 1	326.236 9	0.003 1	0.203 1	4.924 5
24	79.496 8	0.012 6	392.484 2	0.002 5	0.202 5	4.937 1
25	95.396 2	0.010 5	471.981 1	0.002 1	0.202 1	4.947 6
26	114.475 5	0.008 7	567.377 3	0.001 8	0.201 8	4.956 3
27	137.370 6	0.007 3	681.852 8	0.001 5	0.201 5	4.963 6
28	164.844 7	0.006 1	819.223 3	0.001 2	0.201 2	4.969 7
29	197.813 6	0.005 1	984.068 0	0.001 0	0.201 0	4.974 7
30	237.376 3	0.004 2	1 181.881 6	0.000 8	0.200 8	4.978 9
31	284.851 6	0.003 5	1 419.257 9	0.000 7	0.200 7	4.982 4
32	341.821 9	0.002 9	1 704.109 5	0.000 6	0.200 6	4.985 4
33	410.186 3	0.002 4	2 045.931 4	0.000 5	0.200 5	4.987 8
34	492.223 5	0.002 0	2 456.117 6	0.000 4	0.200 4	4.989 8
35	590.668 2	0.001 7	2 948.341 1	0.000 3	0.200 3	4.991 5
36	708.801 9	0.001 4	3 539.009 4	0.000 3	0.200 3	4.992 9
37	850.562 2	0.001 2	4 247.811 2	0.000 2	0.200 2	4.994 1
38	1 020.674 7	0.001 0	5 098.373 5	0.000 2	0.200 2	4.995 1
39	1 224.809 6	0.000 8	6 119.048 2	0.000 2	0.200 2	4.995 9
40	1 469.771 6	0.000 7	7 343.857 8	0.000 1	0.200 1	4.996 6
41	1 763.725 9	0.000 6	8 813.629 4	0.000 1	0.200 1	4.997 2
42	2 116.471 1	0.000 5	10 577.355 3	0.000 1	0.200 1	4.997 6
43	2 539.765 3	0.000 4	12 693.826 3	0.000 1	0.200 1	4.998 0
44	3 047.718 3	0.000 3	15 233.591 6	0.000 1	0.200 1	4.998 4
45	3 657.262 0	0.000 3	18 281.309 9	0.000 1	0.200 1	4.998 6
46	4 388.714 4	0.000 2	21 938.571 9	0.000 0	0.200 0	4.998 9
47	5 266.457 3	0.000 2	26 327.286 3	0.000 0	0.200 0	4.999 1
48	6 319.748 7	0.000 2	31 593.743 6	0.000 0	0.200 0	4.999 2
49	7 583.698 5	0.000 1	37 913.492 3	0.000 0	0.200 0	4.999 3
50	9 100.438 2	0.000 1	45 497.190 8	0.000 0	0.200 0	4.999 5

附表 14　复利系数表（i=25%）

年份 n	整付终值系数 $(1+i)^n$ $(F/P,i,n)$	一次偿付现值系数 $\frac{1}{(1+i)^n}$ $(P/F,i,n)$	等额支付系列终值系数 $\frac{(1+i)^n-1}{i}$ $(F/A,i,n)$	等额支付偿债基金系数 $\frac{i}{(1+i)^n-1}$ $(A/F,i,n)$	等额支付资金回收系数 $\frac{i(1+i)^n}{(1+i)^n-1}$ $(A/P,i,n)$	等额支付现值系数 $\frac{(1+i)^n-1}{i(1+i)^n}$ $(P/A,i,n)$
1	1.250 0	0.800 0	1.000 0	1.000 0	1.250 0	0.800 0
2	1.562 5	0.640 0	2.250 0	0.444 4	0.694 4	1.440 0
3	1.953 1	0.512 0	3.812 5	0.262 3	0.512 3	1.952 0
4	2.441 4	0.409 6	5.765 6	0.173 4	0.423 4	2.361 6
5	3.051 8	0.327 7	8.207 0	0.121 8	0.371 8	2.689 3
6	3.814 7	0.262 1	11.258 8	0.088 8	0.338 8	2.951 4
7	4.768 4	0.209 7	15.073 5	0.066 3	0.316 3	3.161 1
8	5.960 5	0.167 8	19.841 9	0.050 4	0.300 4	3.328 9
9	7.450 6	0.134 2	25.802 3	0.038 8	0.288 8	3.463 1
10	9.313 2	0.107 4	33.252 9	0.030 1	0.280 1	3.570 5
11	11.641 5	0.085 9	42.566 1	0.023 5	0.273 5	3.656 4
12	14.551 9	0.068 7	54.207 7	0.018 4	0.268 4	3.725 1
13	18.189 9	0.055 0	68.759 6	0.014 5	0.264 5	3.780 1
14	22.737 4	0.044 0	86.949 5	0.011 5	0.261 5	3.824 1
15	28.421 7	0.035 2	109.686 8	0.009 1	0.259 1	3.859 3
16	35.527 1	0.028 1	138.108 5	0.007 2	0.257 2	3.887 4
17	44.408 9	0.022 5	173.635 7	0.005 8	0.255 8	3.909 9
18	55.511 2	0.018 0	218.044 6	0.004 6	0.254 6	3.927 9
19	69.388 9	0.014 4	273.555 8	0.003 7	0.253 7	3.942 4
20	86.736 2	0.011 5	342.944 7	0.002 9	0.252 9	3.953 9
21	108.420 2	0.009 2	429.680 9	0.002 3	0.252 3	3.963 1
22	135.525 3	0.007 4	538.101 1	0.001 9	0.251 9	3.970 5
23	169.406 6	0.005 9	673.626 4	0.001 5	0.251 5	3.976 4
24	211.758 2	0.004 7	843.032 9	0.001 2	0.251 2	3.981 1
25	264.697 8	0.003 8	1 054.791 2	0.000 9	0.250 9	3.984 9
26	330.872 2	0.003 0	1 319.489 0	0.000 8	0.250 8	3.987 9
27	413.590 3	0.002 4	1 650.361 2	0.000 6	0.250 6	3.990 3
28	516.987 9	0.001 9	2 063.951 5	0.000 5	0.250 5	3.992 3
29	646.234 9	0.001 5	2 580.939 4	0.000 4	0.250 4	3.993 8
30	807.793 6	0.001 2	3 227.174 3	0.000 3	0.250 3	3.995 0
31	1 009.742 0	0.001 0	4 034.967 8	0.000 2	0.250 2	3.996 0
32	1 262.177 4	0.000 8	5 044.709 8	0.000 2	0.250 2	3.996 8
33	1 577.721 8	0.000 6	6 306.887 2	0.000 2	0.250 2	3.997 5
34	1 972.152 3	0.000 5	7 884.609 1	0.000 1	0.250 1	3.998 0
35	2 465.190 3	0.000 4	9 856.761 3	0.000 1	0.250 1	3.998 4
36	3 081.487 9	0.000 3	12 321.951 6	0.000 1	0.250 1	3.998 7
37	3 851.859 9	0.000 3	15 403.439 6	0.000 1	0.250 1	3.999 0
38	4 814.824 9	0.000 2	19 255.299 4	0.000 1	0.250 1	3.999 2
39	6 018.531 1	0.000 2	24 070.124 3	0.000 0	0.250 0	3.999 3
40	7 523.163 8	0.000 1	30 088.655 4	0.000 0	0.250 0	3.999 5
41	9 403.954 8	0.000 1	37 611.819 2	0.000 0	0.250 0	3.999 6
42	11 754.943 5	0.000 1	47 015.774 0	0.000 0	0.250 0	3.999 7
43	14 693.679 4	0.000 1	58 770.717 5	0.000 0	0.250 0	3.999 7
44	18 367.099 2	0.000 1	73 464.396 9	0.000 0	0.250 0	3.999 8
45	22 958.874 0	0.000 0	91 831.496 2	0.000 0	0.250 0	3.999 8
46	28 698.592 5	0.000 0	114 790.370 2	0.000 0	0.250 0	3.999 9
47	35 873.240 7	0.000 0	143 488.962 7	0.000 0	0.250 0	3.999 9
48	44 841.550 9	0.000 0	179 362.203 4	0.000 0	0.250 0	3.999 9
49	56 051.938 6	0.000 0	224 203.754 3	0.000 0	0.250 0	3.999 9
50	70 064.923 2	0.000 0	280 255.692 9	0.000 0	0.250 0	3.999 9

附表 15 复利系数表（i=30%）

年份 n	整付终值系数 $(1+i)^n$ $(F/P,i,n)$	一次偿付现值系数 $\frac{1}{(1+i)^n}$ $(P/F,i,n)$	等额支付系列终值系数 $\frac{(1+i)^n-1}{i}$ $(F/A,i,n)$	等额支付偿债基金系数 $\frac{i}{(1+i)^n-1}$ $(A/F,i,n)$	等额支付资金回收系数 $\frac{i(1+i)^n}{(1+i)^n-1}$ $(A/P,i,n)$	等额支付现值系数 $\frac{(1+i)^n-1}{i(1+i)^n}$ $(P/A,i,n)$
1	1.300 0	0.769 2	1.000 0	1.000 0	1.300 0	0.769 2
2	1.690 0	0.591 7	2.300 0	0.434 8	0.734 8	1.360 9
3	2.197 0	0.455 2	3.990 0	0.250 6	0.550 6	1.816 1
4	2.856 1	0.350 1	6.187 0	0.161 6	0.461 6	2.166 2
5	3.712 9	0.269 3	9.043 1	0.110 6	0.410 6	2.435 6
6	4.826 8	0.207 2	12.756 0	0.078 4	0.378 4	2.642 7
7	6.274 9	0.159 4	17.582 8	0.056 9	0.356 9	2.802 1
8	8.157 3	0.122 6	23.857 7	0.041 9	0.341 9	2.924 7
9	10.604 5	0.094 3	32.015 0	0.031 2	0.331 2	3.019 0
10	13.785 8	0.072 5	42.619 5	0.023 5	0.323 5	3.091 5
11	17.921 6	0.055 8	56.405 3	0.017 7	0.317 7	3.147 3
12	23.298 1	0.042 9	74.327 0	0.013 5	0.313 5	3.190 3
13	30.287 5	0.033 0	97.625 0	0.010 2	0.310 2	3.223 3
14	39.373 8	0.025 4	127.912 5	0.007 8	0.307 8	3.248 7
15	51.185 9	0.019 5	167.286 3	0.006 0	0.306 0	3.268 2
16	66.541 7	0.015 0	218.472 2	0.004 6	0.304 6	3.283 2
17	86.504 2	0.011 6	285.013 9	0.003 5	0.303 5	3.294 8
18	112.455 4	0.008 9	371.518 0	0.002 7	0.302 7	3.303 7
19	146.192 0	0.006 8	483.973 4	0.002 1	0.302 1	3.310 5
20	190.049 6	0.005 3	630.165 5	0.001 6	0.301 6	3.315 8

附表 16 复利系数表（i=35%）

年份 n	整付终值系数 $(1+i)^n$ $(F/P,i,n)$	一次偿付现值系数 $\frac{1}{(1+i)^n}$ $(P/F,i,n)$	等额支付系列终值系数 $\frac{(1+i)^n-1}{i}$ $(F/A,i,n)$	等额支付偿债基金系数 $\frac{i}{(1+i)^n-1}$ $(A/F,i,n)$	等额支付资金回收系数 $\frac{i(1+i)^n}{(1+i)^n-1}$ $(A/P,i,n)$	等额支付现值系数 $\frac{(1+i)^n-1}{i(1+i)^n}$ $(P/A,i,n)$
1	1.350 0	0.740 7	1.000 0	1.000 0	1.350 0	0.740 7
2	1.822 5	0.548 7	2.350 0	0.425 5	0.775 5	1.289 4
3	2.460 4	0.406 4	4.172 5	0.239 7	0.589 7	1.695 9
4	3.321 5	0.301 1	6.632 9	0.150 8	0.500 8	1.996 9
5	4.484 0	0.223 0	9.954 4	0.100 5	0.450 5	2.220 0
6	6.053 4	0.165 2	14.438 4	0.069 3	0.419 3	2.385 2
7	8.172 2	0.122 4	20.491 9	0.048 8	0.398 8	2.507 5
8	11.032 4	0.090 6	28.664 0	0.034 9	0.384 9	2.598 2
9	14.893 7	0.067 1	39.696 4	0.025 2	0.375 2	2.665 3
10	20.106 6	0.049 7	54.590 2	0.018 3	0.368 3	2.715 0
11	27.143 9	0.036 8	74.696 7	0.013 4	0.363 4	2.751 9
12	36.644 2	0.027 3	101.840 6	0.009 8	0.359 8	2.779 2
13	49.469 7	0.020 2	138.484 8	0.007 2	0.357 2	2.799 4
14	66.784 1	0.015 0	187.954 4	0.005 3	0.355 3	2.814 4
15	90.158 5	0.011 1	254.738 5	0.003 9	0.353 9	2.825 5
16	121.713 9	0.008 2	344.897 0	0.002 9	0.352 9	2.833 7
17	164.313 8	0.006 1	466.610 9	0.002 1	0.352 1	2.839 8
18	221.823 6	0.004 5	630.924 7	0.001 6	0.351 6	2.844 3
19	299.461 9	0.003 3	852.748 3	0.001 2	0.351 2	2.847 6
20	404.273 6	0.002 5	1 152.210 3	0.000 9	0.350 9	2.850 1

附表 17　复利系数表（i=40%）

年份 n	整付终值系数 $(1+i)^n$ $(F/P,i,n)$	一次偿付现值系数 $\frac{1}{(1+i)^n}$ $(P/F,i,n)$	等额支付系列终值系数 $\frac{(1+i)^n-1}{i}$ $(F/A,i,n)$	等额支付偿债基金系数 $\frac{i}{(1+i)^n-1}$ $(A/F,i,n)$	等额支付资金回收系数 $\frac{i(1+i)^n}{(1+i)^n-1}$ $(A/P,i,n)$	等额支付现值系数 $\frac{(1+i)^n-1}{i(1+i)^n}$ $(P/A,i,n)$
1	1.400 0	0.714 3	1.000 0	1.000 0	1.400 0	0.714 3
2	1.960 0	0.510 2	2.400 0	0.416 7	0.816 7	1.224 5
3	2.744 0	0.364 4	4.360 0	0.229 4	0.629 4	1.588 9
4	3.841 6	0.260 3	7.104 0	0.140 8	0.540 8	1.849 2
5	5.378 2	0.185 9	10.945 6	0.091 4	0.491 4	2.035 2
6	7.529 5	0.132 8	16.323 8	0.061 3	0.461 3	2.168 0
7	10.541 4	0.094 9	23.853 4	0.041 9	0.441 9	2.262 8
8	14.757 9	0.067 8	34.394 7	0.029 1	0.429 1	2.330 6
9	20.661 0	0.048 4	49.152 6	0.020 3	0.420 3	2.379 0
10	28.925 5	0.034 6	69.813 7	0.014 3	0.414 3	2.413 6
11	40.495 7	0.024 7	98.739 1	0.010 1	0.410 1	2.438 3
12	56.693 9	0.017 6	139.234 8	0.007 2	0.407 2	2.455 9
13	79.371 5	0.012 6	195.928 7	0.005 1	0.405 1	2.468 5
14	111.120 1	0.009 0	275.300 2	0.003 6	0.403 6	2.477 5
15	155.568 1	0.006 4	386.420 2	0.002 6	0.402 6	2.483 9
16	217.795 3	0.004 6	541.988 3	0.001 8	0.401 8	2.488 5
17	304.913 5	0.003 3	759.783 7	0.001 3	0.401 3	2.491 8
18	426.878 9	0.002 3	1 064.697 1	0.000 9	0.400 9	2.494 1
19	597.630 4	0.001 7	1 491.576 0	0.000 7	0.400 7	2.495 8
20	836.682 6	0.001 2	2 089.206 4	0.000 5	0.400 5	2.497 0

附表 18　复利系数表（i=50%）

年份 n	整付终值系数 $(1+i)^n$ $(F/P,i,n)$	一次偿付现值系数 $\frac{1}{(1+i)^n}$ $(P/F,i,n)$	等额支付系列终值系数 $\frac{(1+i)^n-1}{i}$ $(F/A,i,n)$	等额支付偿债基金系数 $\frac{i}{(1+i)^n-1}$ $(A/F,i,n)$	等额支付资金回收系数 $\frac{i(1+i)^n}{(1+i)^n-1}$ $(A/P,i,n)$	等额支付现值系数 $\frac{(1+i)^n-1}{i(1+i)^n}$ $(P/A,i,n)$
1	1.500 0	0.666 7	1.000 0	1.000 0	1.500 0	0.666 7
2	2.250 0	0.444 4	2.500 0	0.400 0	0.900 0	1.111 1
3	3.375 0	0.296 3	4.750 0	0.210 5	0.710 5	1.407 4
4	5.062 5	0.197 5	8.125 0	0.123 1	0.623 1	1.604 9
5	7.593 8	0.131 7	13.187 5	0.075 8	0.575 8	1.736 6
6	11.390 6	0.087 8	20.781 3	0.048 1	0.548 1	1.824 4
7	17.085 9	0.058 5	32.171 9	0.031 1	0.531 1	1.882 9
8	25.628 9	0.039 0	49.257 8	0.020 3	0.520 3	1.922 0
9	38.443 4	0.026 0	74.886 7	0.013 4	0.513 4	1.948 0
10	57.665 0	0.017 3	113.330 1	0.008 8	0.508 8	1.965 3
11	86.497 6	0.011 6	170.995 1	0.005 8	0.505 8	1.976 9
12	129.746 3	0.007 7	257.492 7	0.003 9	0.503 9	1.984 6
13	194.619 5	0.005 1	387.239 0	0.002 6	0.502 6	1.989 7
14	291.929 3	0.003 4	581.858 5	0.001 7	0.501 7	1.993 1
15	437.893 9	0.002 3	873.787 8	0.001 1	0.501 1	1.995 4
16	656.840 8	0.001 5	1 311.681 7	0.000 8	0.500 8	1.997 0
17	985.261 3	0.001 0	1 968.522 5	0.000 5	0.500 5	1.998 0
18	1 477.891 9	0.000 7	2 953.783 8	0.000 3	0.500 3	1.998 6
19	2 216.837 8	0.000 5	4 431.675 6	0.000 2	0.500 2	1.999 1
20	3 325.256 7	0.000 3	6 648.513 5	0.000 2	0.500 2	1.999 4

参 考 文 献

陈华友，等，2018．统计预测与决策[M]．北京：科学出版社．

陈平，等，2023．工程经济学[M]．北京：北京理工大学出版社．

陈中柘，李海庆，2020．工程经济学[M]．北京：机械工业出版社．

国家发展改革委员会，建设部，2006．建设项目经济评价方法与参数[M]．3 版．北京：中国计划出版社．

黄有亮，等，2021．工程经济学[M]．4 版．南京：东南大学出版社．

黄有亮，等，2022．土木工程经济分析导论[M]．2 版．南京：东南大学出版社．

姬昂，2020．Excel 在会计和财务中的应用[M]．7 版．北京：清华大学出版社．

李南，2018．工程经济学[M]．5 版．北京：科学出版社．

李忠富，杨晓冬，2016．工程经济学[M]．2 版．北京：科学出版社．

刘艾秋，2020．工程经济[M]．北京：清华大学出版社．

刘贵文，2023．工程经济学[M]．重庆：重庆大学出版社．

刘凌波，2018．Excel 在经济统计与分析中的应用[M]．2 版．北京：科学出版社．

刘蒙蒙，张鹏，吴新华，2019．工程经济学[M]．北京：中国建筑工业出版社．

刘思峰，菅利荣，米传民，2017．管理预测与决策方法[M]．3 版．北京：科学出版社．

刘晓君，张炜，李玲燕，2020．工程经济学[M]．4 版．北京：中国建筑工业出版社．

刘新梅，2017．工程经济学[M]．2 版．北京：北京大学出版社．

马锋，刘保华，张晓华，2019．工程经济学[M]．成都：西南交通大学出版社．

钱 • S. 帕克，2012．工程经济学[M]．邵颖红，译．5 版．北京：中国人民大学出版社．

全国注册咨询工程师（投资）资格考试参考教材编写委员会，2016．项目决策分析与评价（2017 年版）[M]．北京：中国计划出版社．

石振武，苏义坤，2017．工程经济学[M]．2 版．北京：科学出版社．

谭大璐，2021．工程经济学[M]．北京：中国建筑工业出版社．

王恩茂，2020．工程经济学[M]．北京：科学出版社．

武献华，宋维佳，屈哲，2020．工程经济学[M]．5 版．大连：东北财经大学出版社．

杨克磊，廖青虎，2021．工程经济学[M]．2 版．上海：复旦大学出版社．

杨晓冬，2021．工程经济学[M]．北京：机械工业出版社．

于立君，2023．工程经济学[M]．2 版．北京：清华大学出版社．

曾淑君，缑变彩，2020．工程经济学[M]．2 版．南京：东南大学出版社．

周晓冬，等，2008．工程咨询实务教程[M]．哈尔滨：东北林业大学出版社．

祝连波，2020．建设工程经济[M]．南京：东南大学出版社．